W0047782

Carl-Auer

Systemische Horizonte –
Theorie der Praxis

Herausgeber: Bernhard Pörksen

>*»Irritation ist kostbar.«*
>Niklas Luhmann

Die wilden Jahre des Konstruktivismus und der Systemtheorie sind vorbei. Inzwischen ist das konstruktivistische und systemische Denken auf dem Weg zum etablierten Paradigma und zur *normal science*. Die Provokationen von einst sind die Gewissheiten von heute. Und lange schon hat die Phase der praktischen Nutzbarmachung begonnen, der strategischen Anwendung in der Organisationsberatung und im Management, in der Therapie und in der Politik, in der Pädagogik und der Didaktik. Kurzum: Es droht das epistemologische Biedermeier. Eine Außenseiterphilosophie wird zur Mode – mit allen kognitiven Folgekosten, die eine Popularisierung und praxistaugliche Umarbeitung unvermeidlich mit sich bringt.

In dieser Situation ambivalenter Erfolge kommt der Reihe *Systemische Horizonte – Theorie der Praxis* eine doppelte Aufgabe zu: Sie soll die Theoriearbeit vorantreiben – und die Welt der Praxis durch ein gleichermaßen strenges und wildes Denken herausfordern. Hier wird der Wechsel der Perspektiven und Beobachtungsweisen als ein Denkstil vorgeschlagen, der Kreativität begünstigt.

Es gilt, die eigene Intelligenz an den Schnittstellen und in den Zwischenwelten zu erproben: zwischen Wissenschaft und Anwendung, zwischen Geistes- und Naturwissenschaft, zwischen Philosophie und Neurobiologie. Ausgangspunkt der experimentellen Erkundungen und essayistischen Streifzüge, der kanonischen Texte und leichthändig formulierten Dialoge ist die Einsicht: Theorie braucht man dann, wenn sie überflüssig geworden zu sein scheint – als Anlass zum Neu- und Andersdenken, als Horizonterweiterung und inspirierende Irritation, die dabei hilft, eigene Gewissheiten und letzte Wahrheiten, große und kleine Ideologien so lange zu drehen und zu wenden, bis sie unscharfe Ränder bekommen – und man mehr sieht als zuvor.

Bernhard Pörksen, Professor für Medienwissenschaft
an der Universität Tübingen

Rolf Arnold

Ach, die Fakten!

Wider den Aufstand
des schwachen Denkens

2018

Themenreihe »Systemische Horizonte«
hrsg. von Bernhard Pörksen
Umschlaggestaltung: Richard Fischer
Umschlagfoto: Richard Fischer · www.richardfischer.org
Satz: Drißner-Design u. DTP, Meßstetten
Printed in Germany
Druck und Bindung: CPI books GmbH, Leck

Erste Auflage, 2018
ISBN 978-3-8497-0226-7 (Printausgabe)
ISBN 978-3-8497-8132-3 (ePUB)
ISBN 978-3-8497-8131-6 (PDF)
© 2018 Carl-Auer-Systeme Verlag
und Verlagsbuchhandlung GmbH, Heidelberg
Alle Rechte vorbehalten

Bibliografische Information der Deutschen Nationalbibliothek:
Die Deutsche Nationalbibliothek verzeichnet diese Publikation
in der Deutschen Nationalbibliografie; detaillierte bibliografische
Daten sind im Internet über http://dnb.d-nb.de abrufbar.

Informationen zu unserem gesamten Programm, unseren Autoren
und zum Verlag finden Sie unter: **www.carl-auer.de**.

Wenn Sie Interesse an unseren monatlichen Nachrichten aus der Vangerowstraße haben,
abonnieren Sie den Newsletter unter http://www.carl-auer.de/newsletten

Carl-Auer Verlag GmbH
Vangerowstraße 14 · 69115 Heidelberg
Tel. +49 6221 6438-0 · Fax +49 6221 6438-22
info@carl-auer.de

»Natürlich können wir uns daran erinnern, was Faktum heißt. Es kommt
vom Lateinischen ›facer‹, und das heißt ›machen‹. Also ein Faktum ist
etwas, was wir gemacht, d. h. erfunden haben«
(von Foerster et al. 1988, S. 84).

»Beginnen wir also damit, alle Tatsachen beiseitezulassen, denn sie
berühren nicht unsere Frage. Man darf nicht die Untersuchungen, in die
man über dieses Thema eintreten kann, für historische Wahrheiten halten,
sondern nur hypothetische und bedingte Überlegungen, die mehr dazu
geeignet sind, die Natur der Dinge zu erhellen, als ihren wirklichen
Ursprung aufzuzeigen, und die denen ähnlich sind, die unsere Natur-
forscher alle Tage über die Entstehung der Welt anstellen«
(Rousseau 2003, S. 33).

Inhalt

Vorwort

Die Debatte über die Fakten ist in vollem Gange. Zu Recht empört man sich über die Lügen und die Verbreitung von Fake News oder »Alternative Facts«, deren sich der Populismus bedient, indem er Wirklichkeiten erfindet, für die es keine Belege gibt. Der vorliegende Essay wendet sich entschieden gegen dieses aufkeimende schwache Denken. Er ist ein flammendes Plädoyer für das Projekt der Aufklärung, welches das mythische Denken ablöste und für Tatsachenprüfung und Vernunftgebrauch sowie wertschätzenden Dialog warb. Dadurch wurden in der Menschheitsgeschichte behauptete Geltungsansprüche hinterfragbar, und auch gesellschaftliche Macht wurde endlich vernünftig regelbar, indem ihre Legitimation an konsensfähige Kriterien und universale Maßstäbe des Argumentierens und Interessenausgleichs rückgebunden wurde – eine Praxis, die sich noch keineswegs überall durchgesetzt hat und der ständigen Bedrohung durch autoritäre Führung (nicht bloß im Ausland) ausgesetzt bleibt.

Die Bezugnahme auf evidente Gegebenheiten wurde durch das Projekt der Aufklärung in *den* Fragen zum verbindlichen Charakteristikum vernünftiger Einigung, zu denen unstrittige Fakten ermittelbar und verfügbar sind. Freie Meinungsäußerung, Pressefreiheit und die Freiheit von Forschung und Lehre sowie die Demokratie garantieren seitdem *die* Diskurs- und Resonanzräume, in denen über die Evidenz der Fakten gestritten werden kann – getragen von dem Glauben an die Überzeugungskraft des besser belegten Arguments.

Nun wissen wir, dass solche harten und unausweichlichen Fakten keineswegs zu allen relevanten Themen und Zukunftsfragen unserer Gesellschaft mit der gleichen Überzeugungskraft des Augenscheines und der nüchternen Beurteilung zu haben sind. So sind die Wahrheiten der deskriptiven Statistik (z. B. zu Lebenserwartung, Einwohnerzahl etc.) meist unmittelbar verpflichtend, während kausale Wirkungszusammenhänge sich wesentlich schwieriger evidenzbasiert eindeutig bestimmen lassen. Während wir uns z. B. kaum darüber streiten, wie viele Schüler in europäischen Universitäten ihr Studium frühzeitig abbrechen, konfrontiert uns die Frage, weshalb sie dies tun, mit einer schier unüberschaubaren Vielzahl von unterschiedlichen

Variablen, die nur schwer zu faktenähnlichen Befunden verdichtet werden können. Liegt dieser Studienabbruch an der Fremdheit des akademischen Milieus im Unterschied zu den im jeweiligen Herkunftsmilieu der Studierenden verbreiteten Einstellungen, Selbsteinschätzungen und Haltungen? Oder hat er etwas mit der finanziellen Situation dieser Studierenden oder gar mit ihrem unterentwickelten Selbstwirksamkeitsvertrauen zu tun? Oder intervenieren beim Studienabbruch gar Variablen, die wir noch überhaupt nicht in den Blick gerückt haben und die vielleicht von skandinavischen, chilenischen oder indischen Sozialforschern in den Vordergrund ihrer Betrachtungen gerückt werden?

Überhaupt bleibt die Frage nach dem persönlichen – biografisch-emotionalen – Subtext der wissenschaftlichen Beobachtung bei der Debatte über die Fakten weitgehend ausgeblendet. Dies ist erstaunlich, sind doch auch Wissenschaftlerinnen und Wissenschaftler lediglich Beobachterinnen und Beobachter, die die Welt kaum anders in den Blick zu nehmen vermögen als in der Weise, in der sie gelernt haben, die Welt zu betrachten, sich in ihr zu entwickeln und zu profilieren – eng geführt und bisweilen gar genötigt von der erdrückenden Macht der erwartbaren und als zulässig angesehenen Formen des Denkens, Fühlens und Publizierens. Es ist diese interne Plausibilität, die uns sehen lässt, was wir sehen können, und auch die von unseren Forschungen zutage geförderten »Fakten« liegen keineswegs objektiv zutage, sondern sind Ergebnis unseres zwar methodisch disziplinierbaren, aber gleichwohl persönlichen Blicks auf das Geschehen. Unser Umgang mit den Fakten sagt deshalb – ob uns das gefällt oder nicht – meist auch mehr über uns selbst und unser Sehen aus als über das, was den Gegenstand unseres Interesses bewirkt. Deshalb braucht die Bemühung um Fakten die Erweiterung um einen Blick hinter die Fakten – die *metafaktische Reflexion*. Sie kann uns helfen, die wissenschaftliche Beobachtung der Gegebenheiten um eine Beobachtung zweiter Ordnung zu erweitern: *um die Frage, wie wir beobachten, und um die Einsicht, dass die Befunde, zu denen wir neigen, auch nicht allein deshalb evidenzbasiert erwiesen sind, weil wir sie hervorgebracht haben und für »gewiss« zu halten geneigt sind.*

Wer diese metafaktische Wende beim Umgang mit Fakten versäumt, ist nicht bloß in der Gefahr, alles, was ihm der Fall zu sein scheint, bereits für faktisch gegeben zu halten, er reproduziert vielmehr auch unaufhörlich seine bisherige Sicht der Dinge, weil er den eigenen blinden Fleck (»Blind Spot«) der Wahrnehmung nicht bei sich selbst (höchstens bei anderen) erkennt und seine eigene Form des Umgangs mit den Gegebenheiten auch für andere für faktisch unbestreitbar hält. Seine Faktenorientierung ist dann seine ganz spezifische Form, sich treu zu bleiben. Er ist dabei gar nicht immer an den Fakten selbst orientiert, sondern dementiert diese Fakten in bisweilen ganz ähnlicher Art, wie er dies bei den Populisten zu Recht kritisiert – wenn auch in subtilerer Aufbereitung und meist elaborierterer Kommentierung. Gleichwohl bleibt dies dem aufmerksamen Leser dieser Kommentierungen meist nicht verborgen. Er erkennt, dass er es – wieder einmal – mit einer sich selbst erfüllenden Form der Wirklichkeitskonstruktion zu tun hat, deren Annahmen bereits in die Art der selektiven Beobachtung eingeflossen sind.

»Wir können nicht hinter die Fakten zurück – dort, wo wir sie haben und mit anderen im Konsens teilen können!« Dort, wo die Wirkungszusammenhänge hingegen nicht offen zutage liegen, benötigen wir den erkenntnis- und beobachtungstheoretischen sowie selbstreflexiven Blick auf unseren eigenen Subtext des Erkennens, um nicht im Brustton der Gewissheit als Faktum auszugeben, was uns immer schon der Fall gewesen zu sein schien. Faktenorientierung benötigt deshalb eine metafaktische Reflexion, damit wir das, was wirkt, erkennen und durch wirksame Weisen der Gestaltung und Intervention verändern können. Denn letztlich zeigt sich die »Wahrheit« einer Interpretation nicht in der Übereinstimmung der Beurteilung durch die zufällig am Diskurs Beteiligten, sondern in der Wirksamkeit und Akzeptanz der aus der Interpretation ableitbaren Handlungen.

Es ist also viel komplizierter, als es auf den ersten Blick zu sein scheint: Wer sich bloß für Faktenorientierung starkmacht, ohne zugleich zwischen augenscheinlicher Evidenz und interpretativ erschließbarer Emergenz zu differenzieren, der hantiert mit einem unterkomplexen Faktenbegriff. Schlimmer noch: Auch er tendiert dazu, letztlich faktische Wirkungszusammenhänge für entdeckbar zu halten, wo nur ein Nachvollzug der Bedeutungsverleihung der Akteure sowie spürende Vernunft uns näher an das heranzuführen vermögen, was tatsächlich im Gegenübersystem am Wirken ist. Vertreter einer einheitswissenschaftlichen Empirie der Berechenbarkeit neigen, indem sie die Beobachtertheorie bewusst ausblenden und sich meist den Gesetzen der Mathematik unterwerfen, ebenso wie die Vertreter einer materialistischen Erkenntnistheorie zu solchen Vereinfachungen. Beide tendieren dazu, Faktisches zu behaupten, wo bloß Perspektivisches zu haben ist – eine Reduktion von Komplexität, die durchaus Parallelen zu den Vereinfachungen der im Populismus zu Recht kritisierten Behauptungswahrheiten aufweist. Beiden Tendenzen zugrunde liegt ein geschlossenes Weltbild – nicht frei von der Gefahr, einem freiheitsbedrohenden Totalitarismus zuzuarbeiten (vgl. Popper 1992). Während der rechte Populismus die schuldzuweisende Vereinfachung der schlichten Parole bevorzugt, wählt der kritische Populismus gerne die Form eines dogmatisch-anmaßenden Intellektualismus. Beide halten die Erkennbarkeit der Welt – ihrer Welt – für unstrittig. Sie verbindet auch ein mehr oder weniger deutliches Feindbild und ein ausgrenzender Gestus, welcher dem Andersdenken seine Berechtigung vollständig abspricht (vgl. Peglau 2017), ihn abwertet und bekämpft, häufig offen beschimpft und als minderwertig, bisweilen als »unnötig« und »widersinnig« (vgl. Pongratz 2014) – man beachte die Rechthaberei, die aus solchen Bewertungen spricht! – charakterisiert. Im einen Fall bietet dafür die ethnische Fremdheit den Anlass, im anderen Fall der mehr oder weniger deutlich artikulierte Vorwurf eines von dunklen Mächten ausgelösten und genutzten – »falschen« – Bewusstseins.

Der vorliegende Essay greift an einigen wenigen Stellen auf bereits publizierte Arbeiten des Autors zurück. Diese Arbeiten wurden gründlich überarbeitet, ergänzt und aktualisiert sowie mit der Ursprungsquelle ausgewiesen. Gleichwohl wurde auch hier und da großzügig mit der Frage des Selbstplagiats umgegangen, damit der Text insgesamt nicht mit Verweisen überfrachtet wird. Mein Dank gilt meinen Kollegen an der TU Kaiserslautern sowie den Vertretern zahlreicher Beratungs- und Begleitkontexte für ihre kritischen Anregungen zu den aufgeworfenen Fragen. Ohne diese Rückbindung wären diese Fragen kaum mit ihren tief greifenden Implikationen für die Thematik der Veränderung und Gestaltung überprüfbar gewesen, was insofern schade gewesen wäre, als mein vorrangiges Anliegen darin besteht, theoretische Klärungen stets im Blick auf die Nutzbarkeit der gewonnen Einsichten voranzubringen – nicht motiviert durch das abgehobene Bemühen, eine Deutung immer detaillierter auszufalten, der ich bereits anhing, bevor ich begann, mich mit diesen Fragen und ihren Implikationen für die Praxis der Gestaltung, Veränderung und Begleitung zu beschäftigen.

Rolf Arnold, im Januar 2018

Einleitung

Von John Maynard Keynes ist die Äußerung überliefert:

> »Wenn sich die Fakten ändern, ändere ich meine Meinung. Und Sie, was machen Sie?« (zit. nach Chamberland 2016, S. 191) –

... eine Frage, die uns mit unserer eigenen Praxis des Denkens und Beurteilens konfrontiert. Sind wir wirklich in der Lage, lieb gewonnene Einschätzungen aufzugeben, wenn nüchterne Analysen uns eines Besseren belehren? Welche Gefühle beschleichen uns, wenn wir erkennen müssen, dass wir uns geirrt haben? Korrigieren wir uns, oder insistieren wir, indem wir uns darum bemühen, einen Teil unserer bisherigen Überzeugungen beizubehalten? Oder argumentieren wir gar in Unkenntnis der Gegebenheiten – Belege erfindend, die es nicht gibt, bloß um recht zu bekommen? Vielen ist dies nicht genug: Sie erfinden nicht bloß Belege, sondern verbreiten sie auch. Dadurch gewinnen sie eine soziale Bedeutung, welche sie zwar nicht ihrer Wahrheit, wohl aber ihrer Verbreitung verdanken. Längst schon sind die willkürlich erfundenen Fakten eine soziale Tatsache eigener Art. Im Cyberspace gibt es keine Qualitätskontrolle mehr, die dafür sorgt, dass sich bloß verbreiten kann, wofür es wirkliche Belege gibt. Nicht mehr das geprüfte Faktum, sondern das penetrante Novum bestimmt die Themen der Öffentlichkeit. Gezielte Desinformation ist zu einem Mittel der Steuerung von Politik und Öffentlichkeit geworden – mit verheerenden Folgen für das Klima und die Dialogkultur in unserer Gesellschaft. So titelte das *Time Magazine* vom April 2017 mit der Frage »Is Truth Dead?« und bejahte diese Frage u. a. mit einer detaillierten Analyse der Lügen des amerikanischen Präsidenten Trump:

> »Trump hat im 21. Jahrhundert etwas über die Erkenntnistheorie entdeckt. Die Wahrheit mag richtig sein, aber die Lüge funktioniert oft besser. [...] In der rigorosen Demokratie der sozialen Medien haben sogar die Retweets von empörten Wahrheitsfanatikern den Wiederholungseffekt falscher Nachrichten. Kontroverse hebt die Botschaft hervor. [...] ›Diese großen Lügen sind anders‹, erklärt Bill Adair, der PolitFact hervorbrachte, die journalistische Seite zur Faktenüberprüfung, die einen Pulitzer-Preis gewann. ›Sie sind wie eine Neutronenbombe. Sie

ergreifen Besitz von der Diskussion und löschen viele andere Dinge aus, die wir diskutieren sollten«« (Frizell et al. 2017, p. 25; Übers.: R. A.).

In der Jubiläumsausgabe des Nachrichtenmagazins *DER SPIEGEL* beschreibt Klaus Brinkbäumer (2017, S. 12) anlässlich des 70-jährigen Bestehens, worum es geht:

> »Es geht heute um Freiheit, Aufklärung, Demokratie, es geht wieder oder immer um alles. [...] Postfaktisch wird die Gegenwart genannt, da für viele Menschen Lügen so unterhaltsam und bald so wahr sind wie die Wahrheit. Wenn Algorithmen zu Chefredakteuren werden, werden Menschen, die rassistische Texte lesen wollen, mit rassistischen Texten beliefert. So wird die Welt endlich logisch und der Rassist endlich mächtig. [...] Lügner müssen Lügner genannt werden. Rassisten sind zu entlarven als das, was sie sind. Auch Facebook und Twitter sind zu beschreiben: als manipulative Medienkonzerne, die Verantwortung tragen für das, was sie verbreiten. All das sollten wir nicht unterschätzen. Unsere Art zu leben, die Pressefreiheit, viele andere Freiheiten und die Demokratien des Westens stehen auf dem Spiel.«

Im Grunde genommen geht es in diesem *peinliche[n] Zeitalter* (Pörksen 2017) um die Wirksamkeit der Aufklärung. Aufklärung bezeichnet nicht bloß eine Epoche der Geistesgeschichte (etwa 1650 bis 1800), in der die Bemühungen um vernünftige Lösungen den Aberglauben mehr und mehr abzulösen begannen, sondern auch den Beginn einer nüchternen Tatsachenprüfung, durch welche Wissenschaft und Technik, aber auch Philosophie und Demokratie in der Form, wie wir sie heute kennen, überhaupt erst möglich wurden. Überkommene Formen der Geltungsbegründung von Einsichten, Einschätzungen oder Folgerungen wurden nachdrücklich von der Aufforderung abgelöst, sich des »eigenen Verstandes zu bedienen«, wie dies Immanuel Kant in seiner berühmten Schrift *Beantwortung der Frage: Was ist Aufklärung?* ausformulierte (Kant 1784). Damit ist gemeint, nicht alles zu glauben, was man hört, sondern nach Belegen, Widersprüchen sowie Beweisen und Prüfungen zu fragen.

Doch ist diese Hinwendung zu den wahren Gegebenheiten tatsächlich der einzige Stoff, aus dem wir unsere Weltbilder und unsere Wirkungen speisen? Lebt nicht das Stellungnehmen auch von dem ganz persönlichen Bemühen in uns, gesehen, anerkannt und ernst genommen zu werden – selbst in den Bereichen, in denen wir nicht über Sachverstand verfügen? Erklärt sich vielleicht aus diesem Bemühen eines jeden Einzelnen das wiederholte Erstarken der Unvernunft im 20. und 21. Jahrhundert?

Der vorliegende Text folgt der These des verstorbenen Soziologen, Diplomaten und US-Senators Daniel Patrick Moynihan:

> »Jeder Mensch hat das Recht auf seine eigene Meinung, aber nicht auf seine eigenen Fakten!« (zit. nach Roll 2016).

Moynihan war ein nüchterner Analyst. In zahlreichen seiner Studien hielt er bereits in den 1960er-Jahren der amerikanischen Gesellschaft ihren Spiegel vor, indem er die Mechanismen der Entstehung von Armut schonungslos aufdeckte (z. B. Moynihan 1969). Er führte uns unabweisbar vor Augen, dass es »oft unklar und umstritten ist, woraus sich Fakten generieren« (Banaji u. Greenwald 2015, S. 15). Doch wie kommen solche aufdeckenden und ernüchternden Analysen, wie sie Moynihan vorlegte, an? Wie *müssen* sie ankommen, bei denen, die ihre gefühlsbedingten Vorurteile und Meinungen zwar nicht zu belegen vermögen, aber trotzdem gesehen und ernst genommen werden wollen? Sind sie durch Nachweise und bessere Argumente zu überzeugen, oder erhöhen Nachweise und bessere Argumente bloß ihren Groll und verstärken ihre Bereitschaft, populistischen Parolen zu folgen, die zwar nicht wahr sind, aber emotional anschlussfähig, weil vorurteilsgemäß? Denn: Endlich dürfen auch sie sich mit ihren Vorurteilen, d. h. ihrer gefühlten Konstruktion von Wirklichkeit, treu bleiben, können sie sich doch vermeintlich auf Fakten beziehen – auf »alternative Fakten«, wie Kellyanne Conway, die Beraterin des amerikanischen Präsidenten Trump, ihre erlogenen Zahlen der seiner Inauguration tatsächlich beiwohnenden Zuschauermassen (vgl. Abb. 3) nannte:

> »Die besondere Qualität dieser Lüge besteht darin, dass sie ohne jede Vorbildung nur mit der Kraft der eigenen Wahrnehmung von jedem durchschaut werden kann. Es ist gewissermaßen ihr Zweck, der Wahrnehmung zu widersprechen« (Weisband 2017).

In der *Süddeutschen Zeitung* schrieb Jagoda Marinic (2016): »Man darf nicht erblinden am Hochmut des Gelingens« – ein weiterer wichtiger Zwischenruf zur Fakten- und Evidenzorientierung unseres Weltbildes und Weltumgangs. Die Fakten nämlich stärken uns nicht bloß als Menschheit, sie schwächen uns auch als Einzelne – was wir erst auszuhalten lernen müssen, bevor wir uns für Aufklärung und Fortschritt zu begeistern vermögen. Es ist diese Einsicht in die eigene Unvollkommenheit als fühlende Beobachter, aus welcher das ständige Bemühen um noch genauere und bessere Einblicke in die Zusammenhänge seine Energie bezieht. Die Wahrheit ist somit nichts für Schwächlinge, sie wird aber bedroht, wenn das Gelingen, welches sie ermöglicht, immer mehr Menschen »abhängt« – wie man heute so gerne sagt – und es in Kauf nimmt, dass diese Abgehängten sich ihre eigene Welt erfinden und vehement oder gar extrem für sie einstehen.

Deshalb braucht die Faktenorientierung die Menschenorientierung, d. h. die Rückbindung an die Akzeptanz durch den Menschen. Der Liedermacher Konstantin Wecker fasste diese innige Wechselbezüglichkeit in einem Interview mit den Worten zusammen:

> »Wenn die Ratio nicht gebunden ist an das Menschsein, führt sie in den Wahnsinn, in die Zerstörung der Erde. Leider ein aktuelles Thema« (Wecker 2017, S. 54).

Diese Balance zu entwickeln und zu sichern ist eine Bildungsaufgabe, aber auch eine Kultur- und Politikfrage. Nicht die technische Überlegenheit oder gar die Maßlosigkeit, alles zu tun, was möglich ist, sondern die Verbindung der Erkenntnis mit den Lebenszwecken der Menschen ist das Gebot der Stunde. Die Aufklärung setzt sich nicht von alleine durch; sie braucht die Akzeptanz und das Engagement an ihrer Seite. Fakten können nur dann zu unseren besten Freunden werden, wenn ihre Nutzung in Entwürfen ihren Ausdruck findet, deren Sinnhaftigkeit verstehbar sowie erlebbar ist und (mit)geteilt werden kann. Diese persönliche Dimension der Faktenorientierung als Element der Subjektivierung wurde bislang auch von den Wissenschaftstheorien häufig viel zu wenig beachtet. In den modernen Gesellschaften beschränkte man sich vielmehr auf das Bemühen, »die institutionelle Verortung der Wissensproduktion« (Eder 1998, S. 103) eindeutig zu regeln. Dieser Verortung liegen folgende Überlegungen zugrunde:

> »Es kommt darauf an, wer welche Elemente von Wissen wie zusammenstellt. Die Gesellschaft produziert Wissen über die Natur in besonderen Kontexten, in denen Ereignisse als relevant selegiert werden und dann in einem Modell zusammengefügt werden. Nichtrelationierte Fakten sind dann irrelevante Fakten. Sie mögen existieren, aber sie werden

nicht in die Kommunikation zugelassen; das gilt für wissenschaftliche wie für Alltagskommunikation. Wissensproduktion ist also ein durch soziale Regeln gesteuerter Prozess der Selektion relevanter Fakten. Wie die selegierten Fakten verknüpft werden, variiert. Es handelt sich immer um Regeln, sei es des analogischen Schließens, sei es der popperschen Falsifikation, sei es der interpretativen Erschließung. Welche dieser Regeln des Schließens gelten sollen, ist wiederum eine soziale Konvention, die variiert« (ebd., S. 103).

Erst, indem wir die Faktenorientierung auch als Ausdruck einer sozialen und mithin persönlichen Frage zu verstehen beginnen, können wir auch im Kampf gegen den Populismus bestehen. Wenn wir uns hingegen darauf beschränken, recht zu haben und uns selbst in dieser wohltuenden Trance der Berechtigung zu genügen, werden wir scheitern, selbst wenn wir recht haben. Denn Rechthaben muss man sich leisten können – emotional sowie gesellschaftlich und ökonomisch. Wem nichts bleibt außer seiner Enttäuschung und Wut, dem kann man nicht bloß mit einer erdrückenden Faktenlage und überlegenen Formen des Argumentierens kommen. Auch er möchte eine Berechtigung spüren – und sei es um den Preis falscher Einschätzungen und unberechtigter Schlussfolgerungen.

Bislang haben wir die emotionale Kraft des Falschen unterschätzt.

Auch die Fälschung entwickelt sich mehr und mehr zu einem Faktum ganz eigener Art – einem Faktum, welches die Faktenorientierung als Maßstab des humanen Zusammenlebens infrage zu stellen droht und an deren Stelle dem Ressentiment Raum gibt. Die Lüge missachtet den Menschen. Zu lügen heißt auch, den Einzelnen

> »tendenziell nicht als vernunftfähiges, freies Subjekt ernst zu nehmen, ihn vielmehr als Objekt kommunikativer Fremdsteuerung zu behandeln, nicht zuletzt auch Betroffene in ihrer Ehre als Person bewusst zu verletzen« (Rößner u. Hain 2017, S. 13).

In diesem Zusammenhang weist der früh verstorbene Soziologe Helmut Dubiel (1946–2015) bereits in den 1980er-Jahren darauf hin, dass sich eine populistische Bewegung zumeist

> »eben auf jene Ressentiments, Vorurteilsstrukturen und Angstaffekte (stützt), die durch den Ausschluss der unteren Schichten von Macht und Bildung erst erzeugt worden sind« (Dubiel 1985, S. 646) –

... eine wegweisende Spur zum Verständnis der Ausbreitung des schwachen Denkens, welche aber gerade im Hinblick auf die soziale Zusammensetzung der aktuellen populistischen Bewegungen differenzierter betrachtet werden muss. Diese Bewegungen beziehen ihren Zulauf nämlich keineswegs bloß aus den unteren Schichten, vielmehr handelt es sich auch um den »Protest der gut situierten Mittelschicht« – getragen von tief verwurzelten Ressentiments gegenüber den Eliten mit ihrer meinungsbildenden Dominanz, wie eine Studie der TU Dresden darlegt (Vorländer, Herold u. Schäller 2015).

Das *schwache Denken* entspringt somit nicht zwangsläufig der sozioökonomischen Schwäche, einem Empfinden des Übersehen- und Verdrängtwerdens, sondern einer wahrscheinlich auch angstgesteuerten kognitiv-emotionalen Disposition, der mit Aufklärung allein schwer beizukommen ist. Die aufgeklärten Argumentationen werden vielmehr häufig auch als arrogant und dominant – auf alle Fälle: infrage stellend – erlebt und entsprechend abgelehnt. Die naheliegende Lösung, die Lüge mit eindeutigen Beweisen zu widerlegen, droht deshalb bisweilen das Symptom selbst eher zu stärken als zu überwinden. Verschwörungstheorien, Panik und Apokalypseängste wurzeln nämlich in tieferen Strukturen der Persönlichkeit, welche dem Argument unzugänglich sind. Es scheint auch deutliche Zusammenhänge zwischen der Disposition zur Angstapokalypse und ihrer Inszenierung durch Amoklauf im Sinne eines »erweiterten Suizids« (vgl. Zeibig 2015) oder gar politischer Gräueltaten zu geben, wie u. a. Helm Stierlin (1995) in seinen Analysen der Kindheitserfahrungen von Hitler herausgearbeitet hat. Auch weniger dramatische – aber für zahlreiche der maßgeblichen Denker und Denkerinnen gleichwohl grundlegende – emotionale Einspurungen als »Kriegskinder« oder »Kriegsenkel« scheinen den Sachverhalt zu belegen, dass wir die Welt in ihren Fakten nicht nur so deuten, wie sie sich uns zeigt, sondern vielmehr so, wie wir dies auszuhalten vermögen. Im »Nebel« der diffusen Angst, »selbst verschlungen zu werden« (Süss 2015, S. 37) finden Versprechungen offene Ohren. Eine Bildungsbewegung ganz eigener Art hingegen würde sich den eigenen frühen emotionalen Entbehrungen sowie den Denkformen und Weltbildern, aber auch Formen der Vermeidung von Unsicherheit zuwenden können und die charakteristischen (Ent-)Täuschungen des »Nebelkindes« hinter sich lassen, »eines Menschen also, der nicht sehr weit blicken kann, weder zurück noch nach vorne« (ebd., S. 36).

Wirklichkeit teilt sich uns bloß außerhalb der eigenen biografischen Nebelschwaden mit. Diese Nebelschwaden trüben unseren Blick und drohen, uns noch mehr in unseren Gefühlen der Gewissheit einzuschließen – ohne uns mit den Fakten selbst wirklich in Berührung kommen zu lassen.

Erster Schritt zur Vermeidung schwachen Denkens: Akzeptanz

Als »wahr« können im gesellschaftlichen Diskurs nicht automatisch solche Befunde Geltung entfalten, die sich auf Fakten zu stützen vermögen, sondern solche, deren Aussagegehalt zudem ausgehalten und akzeptiert werden kann – von den Einzelnen, über Milieugrenzen hinweg und im öffentlichen Diskurs. Akzeptanz ist dabei ein soziales Phänomen, kein durch Exaktheit, Logik und Methode erzwingbares. Sie verbreitet sich bei sozialer Kohärenz, nicht in einem Gesellschaftsklima der sozialen Segmentation, der Ausgrenzung oder des Abgehängtseins.

Frage:

Sind die Argumentationen, Entwürfe und Ergebnisse verstehbar, erlebbar und mitteilbar sowie rückgebunden an die Lebenszwecke der Menschen?

---

1 Popularisierung gegen Populismus

In seinem Buch *Die Abstiegsmoderne. Über das Aufbegehren in der regressiven Moderne* (Nachtwey 2016) lotet der Autor schonungslos die Auflösungserfahrungen, mit denen das Erleben der Modernisierung für viele Menschen verbunden ist, aus. An diesen Menschen wird Anerkennung versäumt, wie der französische Philosoph Paul Ricœur in seinem Buch *Wege der Anerkennung* (2006) verdeutlicht; er spricht von einem »Kampf um die Anerkennung« (ebd., S. 274). Wo sie vermisst wird, wächst die Gefahr des Populismus. Der kann, wie u. a. der britische Soziologe Colin Crouch (2008) in seinen Studien herausgearbeitet hat, als Reaktion auf die misslungene Integration wachsender Teile der Bevölkerung gedeutet werden, die infolge der Globalisierung befürchtet wird – für Deutschland (anders als für die USA und die meisten der europäischen Nachbarn) empirisch mit allerdings weit weniger dramatischen Begleiterscheinungen (vgl. Dauth et al. 2017). Gleichzeitig weiten sich neue Formen der Bürgerbeteiligung aus (z. B. »Stuttgart 21«, Fluglärmproteste) und stärken die lebendige Demokratie, doch können sie die gefühlte Akzeptanzschere – so die These – keinesfalls schließen, da nicht selten auch

> »die soziale Basis dieser neuen Demokratie tendenziell oligarchische Züge besitzt, mit der Konsequenz eines Nachlassens egalitärer Politikinhalte« (Jörke 2011, S. 5).

Dies bedeutet, dass die elaborierten Diskursstile, in denen relevante Beteiligung stattfindet, gleichzeitig von denen als fremd und ausgrenzend erlebt werden *müssen*, die sich ihrer nicht zu bedienen wissen oder dies nicht wollen. Zu diesen Ausgrenzungselementen zählen:

- die Fähigkeit zur nüchternen Tatsachenprüfung
- die Fähigkeit, die eigene »emotionale Konstruktion der Wirklichkeit« (Arnold 2005) zu reflektieren
- die Fähigkeit zur begründenden Rede
- die Fähigkeit zum verständlichen Ausdruck
- die Fähigkeit, Komplexität und Unübersichtlichkeit auszuhalten
- die Fähigkeit zur sachbezogenen Argumentation
- die Fähigkeit, überzeugbar zu bleiben.

Alle diese Beteiligungsfähigkeiten setzen letztlich eine mitbürgerliche Bildung voraus, die über die Dichte des Eigenen hinausweist und sich gegenüber dem anderen zu öffnen weiß. Wer, in seinen Ängsten gefangen, lediglich für Standpunkte, Entscheidungen und Positionen zugänglich ist, die ihm eine warme Gewissheit der Berechtigung stiften, ist ebenso potenziell autistisch unterwegs wie jemand, der im gesellschaftlichen Miteinander rücksichtslos nur seinen eigenen Vorteil zu realisieren sucht. In seinen viel beachteten autobiografischen Klärungen, *Rückkehr nach Reims* (2016), reflektiert Didier Eribon, »einer der wohl wichtigsten Intellektuellen Frankreichs«, wie es auf dem Klappentext der deutschen Ausgabe heißt, auch seine »Herkunftsscham« (ebd., S. 19) – eine innere Bewegung, die ihn auch

> »auf jene Aspekte der Subjektivierung hätte bringen können, ja bringen müssen, die von sozialen Zugehörigkeiten und der Inferiorisierung ›niedrigerer‹ Klassen bestimmt sind. [...]
>
> Um eine neue Weltsicht zu eröffnen und neue politische Perspektiven anzubieten, muss man als Erstes die internalisierten Wahrnehmungs- und Bedeutungsmuster sowie die soziale Trägheit, die aus ihnen folgt, aufbrechen« (ebd., S. 21, 46).

Die Sicherung von Demokratie, Frieden und Freiheit allein aus einer Kultivierung des eigenen »Ich-Gesichtswinkels« (Mann 1948) heraus, wie der ehemalige Leiter der Breslauer Volkshochschule das bildungsbürgerliche Engagement bezeichnete, kann deshalb auch nicht gelingen. Es bewirkt im Gegenüber nicht automatisch Aufklärung – dies war bereits der »Neuen Richtung« der deutschen Erwachsenenbildung in der Zeit nach dem Ersten Weltkrieg bewusst. Diese neue Richtung sah deshalb die vornehmste Aufgabe der Volkshochschulen nicht in

> »der Unterhaltung und der popularisierenden Belehrung in der Art der bisher üblichen Veranstaltungen des freien Bildungswesens. Ihr Endziel ist nicht die Vermittlung von Kenntnissen, von Bildungsrohstoff, sondern Ausbildung des Denk- und Urteilsvermögens« (Henningsen 1960, S. 155).

Diese Fokussierung auf das »Denk- und Urteilsvermögen« beinhaltet auch im Hinblick auf den Umgang mit Fakten wichtige Anregungen. Die erwähnte »institutionelle Verortung der Wissensproduktion«

(Eder 1998, S. 103) *allein* genügt nämlich nicht, um die Akzeptanz-schere zwischen *Intellektualismus* und *Populismus* in den modernen Gesellschaften zu schließen. Es bedarf vielmehr einer anderen und stärker anschlussfähigen Neubegründung des nüchternen Vernunft-gebrauchs. Sie bezieht sich nicht bloß aus der Kraft des Faktischen, sondern ist auch um Verständlichkeit und »Popularisierung von Wissenschaft« (Conein et al. 2004) bemüht – Bestrebungen, in denen auch das tatsächliche Bemühen um soziale Inklusion (und mithin Akzeptanz) statt Exklusivität (und mithin Ausgeschlossen- oder Ab-gehängtsein) ihren überzeugendsten Ausdruck findet (vgl. Langner, Schulz von Thun u. Tausch 2015). Der Populismus findet nämlich auch und gerade in dem Unpopulären seine Nahrung – insbesondere, wenn die sprachliche Inszenierung unnötig komplex gerät:

> »In manchen Fällen verbirgt der Wissenschaftler hinter seiner nebu-lösen Sprache bloß Unsicherheit. Oder der Autor will zeigen, dass er zum exklusiven Klub der Gelehrten gehört. Manche Forscher formu-lieren aus Angst undeutlich; sie blieben unscharf, um nicht angreifbar zu sein, sagt Ludwig Eichinger, Präsident[1] des Instituts für Deutsche Sprache. Eine elegante Prosa gelte nichts. ›Sie schreiben ja schön.‹ Für viele Wissenschaftler gebe es kein schlimmeres Kompliment. ›Leider herrscht immer noch das Vorurteil, dass die Komplexität eines Textes mit der Tiefe der Gedanken korrespondiert‹, klagt Eichinger« (de Souza Soares 2012).

Dem Populismus kann deshalb durch Popularisierung – dieser verlo-renen und bisweilen diskreditierten[2] Kunst – entgegengewirkt werden.

Das Bemühen um Verständlichkeit sowie um populärwissen-schaftliche Aufbereitung und Verbreitung spezialisierter Erkenntnis und reflexiver Denkformen war bereits ein ganz zentrales Anliegen der

---

1 Ludwig Eichinger ist nicht Präsident, sondern Direktor des Instituts für Deutsche Sprache (IDS) in Mannheim.
2 Ein jüngeres Beispiel sind die Polemiken gegen populärwissenschaftliche Darstellun-gen der Ergebnisse der Hirnforschung. Sie diskreditieren nicht bloß die Reputation und Seriosität des jeweiligen Autors offen und teils sehr persönlich, sie messen ihn auch an ungeeigneter Elle. Ins Spiel gebracht werden wissenschaftliche Karrierekriterien (Ausge-wiesenheit sowie professorale Würden), statt dass »ohne Ansehen der Person« nüchtern die Exaktheit der populärwissenschaftlichen Darstellungen und vor allem ihre Öffentlich-keitswirksamkeit beurteilt würden, zumal von Letzterer mehr Impulse zur Überwindung der erwähnten Akzeptanzschere ausgehen als von so manchen Insider-Publikationen der maßstabsbildenden Wissenschaftler. Ein besonders entgleisendes Beispiel dieses Äpfel-Birnen-Vergleiches ist die »Abrechnung« des *ZEIT*-Journalisten Martin Spiewak mit Gerald Hüther u. a. (vgl. Spiewak 2013).

Arbeiter- und Volksbildungsansätze im 19. Jahrhundert. Die Popularisierung des wissenschaftlichen Wissens sowie des Wissen-Schaffens ist das *eine* zentrale Standbein des Volksbildungsgedankens, das Bemühen um die Förderung der Denk- und Urteilsfähigkeit der Teilnehmenden das *andere*. Die Volksbildung wusste sich in diesem doppelten Sinne dem Anspruch der Aufklärung verpflichtet und erkannte gerade in der wissenschaftlichen Faktenorientierung eine grundlegende Dimension für das Entstehen einer aufgeklärten demokratischen Öffentlichkeit. Die Popularisierung der Wissenschaften war »Teil eines emanzipatorischen Bildungsprogrammes« (Nöthlich et al. 2005, S. 244). Die Arbeit von Populisatoren erwies sich in diesem Zusammenhang geradezu als die grundlegende Voraussetzung für einen allmählichen *Strukturwandel der Öffentlichkeit* (Habermas 1971; vgl. auch Habermas 2004). In dessen Verlauf konnten sich auch *die* Ausdrucks- und Diskursformen verbreiten, die es letztlich mit ermöglichten, Entscheidungen an sozial anerkannten und eingespielten sowie institutionalisierten Verfahrens- und Vernunftregeln zu orientieren und dadurch Macht sowie Gewalt oder gar Willkür als Legitimationsformen dessen, was gilt, zurückzudrängen. Wo dieser Strukturwandel misslingt oder seine verbindenden Muster verliert, da sei die gesellschaftliche Integration in Gefahr – so die frühen Warnungen von Jürgen Habermas. In seinen *Beiträgen zur Diskurstheorie des Rechts und des demokratischen Rechtsstaates* (ursprünglich aus dem Jahre 1998) findet sich der Hinweis, dass

> »(sich) die Öffentlichkeit am ehesten als ein Netzwerk für die Kommunikation von Inhalten und Stellungnahmen (beschreiben lässt); dabei werden die Kommunikationsflüsse so gefiltert und synthetisiert, dass sie sich zu themenspezifisch gebündelten öffentlichen Meinungen verdichten. Wie die Lebenswelt insgesamt, so reproduziert sich auch die Öffentlichkeit über kommunikatives Handeln, für das die Beherrschung einer natürlichen Sprache ausreicht; sie ist auf die Allgemeinverständlichkeit der kommunikativen Alltagspraxis eingestellt« (Habermas 2014, S. 436).

Aus diesen Argumentationen lässt sich ein weiterer Schritt zum angemessenen Umgang mit Fakten ableiten:

Zweiter Schritt zur Vermeidung schwachen Denkens: Beteiligung
Sich über Wahrheit zu verständigen setzt gesellschaftliche Gleichheit und Beteiligung voraus. Grundlegende Bedingungen für beides sind

---

die breite Entwicklung von Beteiligungsfähigkeiten einerseits und die Vermeidung eines sich mehr oder weniger bewusst separierenden Intellektualismus andererseits. Popularisierung hilft, Populismus zu vermeiden.

Frage:

Werden die Fakten und ihre Interpretationen allgemeinverständlich und kommunikativ anschlussfähig präsentiert, oder verbleibt die Darstellung im Rahmen geschlossener – innerwissenschaftlicher – Referenzsysteme mit mehr oder weniger offen zur Schau getragenem Überlegenheitsgestus?

Die kommunikative Anschlussfähigkeit von Forschungsergebnissen bürgt für ihre gesellschaftliche Akzeptanz. Sie beginnt allerdings viel früher, nämlich bereits mit der Frage, *welche* – faktischen – Zusammenhänge denn *wie* in den Blick genommen werden sollen und welche nicht, denn bisweilen

>»erfasst die Datengrundlage politischer Entscheidungen [...] eigentlich nur deren Äußerlichkeiten« (Nuissl 2017, S. 8).

Will man dies spürbar ändern, erweist es sich als kontraproduktiv, sich ausschließlich auf die Freiheit von Forschung und Lehre zu berufen, ohne zu würdigen, dass auch die soziale Praxis selbst ihre Fakten kennt – ebenso, wie auch die vorgeblich nüchterne Tatsachenprüfung Ausdruck subjektiver Denkstile, Milieu- sowie Fokussierungsgewohnheiten ist – eine Verhaltensdimension des *Homo academicus* (Bourdieu 1992), welche er bisweilen als eine Art der »Selbstaufgabe« inszeniert und dabei doch einem selbsterhöhenden Mechanismus folgt, der darauf setzt,

>»durch die wissenschaftliche Arbeit und im Namen der Wissenschaft über verworrene Streitfälle und Debatten als Richter oder Schlichter zu befinden, sich als im Feld engagiertes Subjekt nur aufzuheben, um schließlich, umgeben vom Glorienschein der Objektivität und Transzendenz, ›über dem Handgemenge‹ wiederaufzutauchen« (ebd., S. 38) –

... so Pierre Bourdieu in seiner »kritischen Reflexion auf die wissenschaftliche Praxis« (ebd., S. 9), die geeignet ist, dem Kampf um die Fakten viel von seiner – ungewollt – distanzierenden oder gar überheblichen und deshalb ausgrenzenden Wirkung zu nehmen. Gibt es einen deutlicheren Hinweis auf die »Fabrikation« (vgl. Knorr Cetina 1984) und auch latente Selbstbezüglichkeit der hochgelobten und vielleicht auch oft überschätzten Wissenschaftlichkeit? Diese Wissenschaftlichkeit bürgt vielleicht für die »Richtigkeit ihrer Ergebnisse« – wenn auch nicht quasiautomatisch und in jeglicher Version. Sie benötigt aber auch die »Philosophie«, die – wie Habermas bereits 1956 in seiner frühen Besprechung der jasperschen Philosophie feststellte – »darüber hinaus für die Wichtigkeit ihrer Erkenntnisse (bürgt)« (zit. nach Müller-Doohm 2014, S. 78). Hinzutreten muss allerdings noch die erwähnte, auf Popularisierung und die Entwicklung von Denk- und Urteilsfähigkeit gerichtete Bemühung, will Wissenschaft nicht ungewollt selbst daran mitwirken, dass ihre Theorien und Ergebnisse letztlich die öffentliche Basis selbst demontieren, der sie ihre Akzeptanz und Berechtigung verdanken. Das Hinaustreten aus dem »Traumaschatten« (Süss 2015, S. 37) der eigenen Selbstwerdung markiert zudem eine wichtige – persönliche – Bewegung der Wissen-Schaft(l)er und Wissen-Schaft(l)erinnen, damit sie den Subjektivierungsnebeln entkommen können, welche das Warum und vor allem das Wie ihrer Wahrheitssuche mitbestimmen.

Durch die Nebel der eigenen Subjektivierung können sich auch der wissenschaftlichen Reflexion letztlich nur die Fakten zeigen, die man gelernt hat »auszuhalten«.

Vielleicht ist der Begriff des »Aushaltens« in diesem Zusammenhang etwas irreführend, ist die eingeübte Wahrnehmungsverzerrung doch in aller Regel nicht mit Schmerzen verbunden. Es sei denn, es gibt so etwas wie den Schmerz der Berechenbarkeit und der Langeweile – beide führen unweigerlich zum Tod der Wissenschaft als des Bemühens um unvoreingenommene, offene und frische Suche nach dem, was auf uns wirkt und uns selbst auch durchwirkt – stets rückgebunden an eine Haltung, die nicht vergessen hat,

> »wie wertvoll institutionalisierte Kritik und das Ernstnehmen von Evidenzen ist. In genau diesem Sinne ist Wissenschaft unersetzlich und das Beste, was wir haben, wenn uns an der Wahrheit liegt« (Ladwig 2017, S. 423).

Aus diesen Überlegungen lässt sich ein weiterer Schritt zur Vermeidung schwachen Denkens ableiten:

Dritter Schritt zur Vermeidung schwachen Denkens: Selbstdistanzierung

Sich gegenüber den Fakten und der Anschlussfähigkeit des eigenen Arguments zu öffnen, setzt den Austritt aus den eigenen Subjektivierungsnebeln voraus. Gemeint ist damit eine selbstreflexive Distanz gegenüber den bisher bevorzugten Sichtweisen, die ja nicht allein deshalb auch im konkreten Fall zutreffend sein können, bloß weil der wissenschaftliche Beobachter ihnen selbst schon ein ganzes Wissenschaftlerleben lang anhängt.

Frage:

Inwieweit sind die eigenen Befunde erwartungsgemäß und nutzen die Wirklichkeit bloß als Belegstelle für das eigene bewährte Vorurteil? Oder, andersherum gefragt: Welche Vorerwartung konnte durch die spezifische Besonderheit des konkreten Falles infrage gestellt und verändert werden?

2 Wie faktisch ist die Wirklichkeit?

Die Fakten sind auch nicht mehr das, was sie einmal waren – oder sein wollten, aber doch niemals gewesen sind. Und dennoch können wir nicht davon absehen, »dass Empirie mehr ist als ein diffuses Gefühl von Gewissheit« (Pörksen 2017, S. 97) – nur was? Sicherlich: Sie ist vielleicht alles, was wir erreichen können – durchsetzt mit Zweifeln und berechtigten Hinterfragungen sowie Vorläufigkeit und Irrtum. Doch führt uns auch die Empirie nicht aus der Welt unserer eigenen Erfahrungen hinaus, sie verbessert bloß unsere Fähigkeiten, angemessener mit ihr umzugehen. Auch empirische Fakten sind »Fakten« – Gemachte. Als Faktum vermag uns nämlich bloß in Erscheinung zu treten, was unserer Wahrnehmung und unserem Denkvermögen zugänglich ist, wofür *wir* Begriffe haben und was sich den Anerkennungsmechanismen der Gesellschaft bzw. der Scientific Community erfolgreich zu stellen vermag. Dies bedeutet: Auch die Fakten sind in der Form, wie die Beobachter sie zu deuten und zu interpretieren vermögen, »menschengemacht«, d. h.,

> »die Produktion und Akzeptanz von wissenschaftlichen Theorien und von Konstatierungen von Fakten (hängt) von methodologischen Regeln ab, die historisch auf kontingente Weise wechseln«,

wie Wolfgang Detel (2002, S. 67) seine sozialkonstruktivistischen Einschätzungen zusammenfasst. Konkret bedeutet dies, dass Beobachter grundsätzlich *nicht* in der Lage sind, eine »Kopie der Wirklichkeit« herzustellen; Erkenntnisse sind vielmehr das »Ergebnis von Anpassung« und nicht »Erkenntnis einer objektiven Wirklichkeit«, wie Ernst von Glasersfeld nicht müde wurde zu betonen (etwa von Glasersfeld 1992, S. 29 f.). Auch der immer wieder ins Feld geführte Tisch ist mithin kein Tisch, dessen Faktizität sich uns unmittelbar mitteilt. Vielmehr benötigt meine Beobachtung, die einen Tisch als solchen zu erkennen vermag, »eine Struktur, die mir die verschiedenen Manifestationen einer Beschreibung errechnet« (von Foerster 1985, S. 25 f.). Wo eine solche Struktur nicht zur Verfügung steht bzw. nicht herausgebildet werden konnte, ist auch der Tisch kein Tisch bzw. nicht als Tisch real, sondern vielmehr eine operativ nützliche Illusion:

»Der Tisch ist real, aber er ist kein Tisch. Wir haben ein Konzept in unserem Geist, mit dem wir den Tisch als Tisch bezeichnen. Mit diesem Konzept sind bestimmte Ideen verbunden. Wenn ich zum Beispiel meine Tasse Tee dort hinaufstelle, fällt sie nicht hindurch, sondern bleibt stehen. [...] Also im Allgemeinen habe ich einen Tisch in meinem Wohnzimmer, um meine Tasse dort abzustellen, und sie bleibt stehen – sehr praktisch. Aber – das Konzept des Tisches ist eine Illusion. Wenn zum Beispiel eine Gruppe von Kindern kommt und sich unter dem Tisch versteckt, wird der Tisch zu einem Schutz, zu einer Festung oder einer Burg. So schnell kann etwas seine Eigenschaft oder Identität verlieren. Einfach alleine dadurch, dass es auf eine andere Art und Weise genutzt wird. Also wenn die Funktion des Tisches das Abstellen von Dingen ist und diese Funktion ganz einfach umgeändert werden kann in ein schützendes Dach, ist das Konzept Tisch willkürlich und unbeständig. Dadurch, dass der Tisch so schnell seine Funktion ändern kann, ist das Konzept Tisch Illusion. Zugegeben, im alltäglichen Leben eine sehr nützliche Illusion, aber eben eine Illusion« (Blog Daochan 2012, S. 1).

Vielleicht ist diese Desillusionierung des Faktischen am Beispiel des Tisches nicht wirklich gut geeignet dafür, der Strukturdeterminiertheit unserer Wahrnehmung und unseres Denkens auf die Spur zu kommen. Und vielleicht ist die These, dass wir die Welt bloß in Abhängigkeit von unseren operativ bewährten Konzepten als das zu erkennen vermögen, was sie uns zu sein scheint, auch überhaupt nicht relevant, da wir schließlich in weiten Bereichen des Alltags mit »unseren« Bildern des Gegebenen ganz gut zurechtkommen und uns auch mit anderen erfolgreich darüber verständigen können, womit wir es gerade zu tun haben. Diese Verständigungstheorie der Wahrheit war insbesondere dem deutschen Philosophen Jürgen Habermas genug, weshalb er jeglicher Letztbegründungsdebatte auswich. Er entwickelte eine Rationalitätstheorie, der zufolge Rationalität und mithin Faktenorientierung sich alleine in der intersubjektiven Verständigung vollziehe und darüber hinausweisende Geltungsbegründungen nicht in Anspruch nehmen könne:

»Wahrheit, als die Berechtigung des in einer Behauptung implizierten Geltungsanspruchs, zeigt sich nicht, wie die Objektivität der Erfahrung, im erfolgskontrollierten Handeln, sondern allein in der erfolgreichen Argumentation, durch die der problematisierte Geltungsanspruch eingelöst wird« (Habermas 1977, S. 388).

Für Humberto Maturana ist diese pragmatistische Position allerdings nicht befriedigend. Die Strukturdeterminiertheit ist ihm immerhin Anlass genug, »Objektivität« stets in Anführungszeichen zu schreiben, um nicht hinter die einzig mögliche Gewissheit zurückzufallen,

> »dass nichts unabhängig von den Unterscheidungen existiert, die ein Beobachter trifft. Der Beobachter konstituiert mit anderen Worten, was unterschieden wird« (Maturana 2001, S. 29).

Diese Feststellung ist für die alltägliche Praxis der Verständigungen in Kooperation und Führung sowie in Lehr-Lern-Prozessen von grundlegender Bedeutung. Da diese Prozesse sich häufig eben gerade *nicht* um den diskursiven Austausch über Geltungsansprüche bemühen (können), bleiben die vorgetragenen Gewissheiten und Anforderungen vielen Akteuren äußerlich. Ihre eigenen Voraussetzungen, Überlegungen und Erfahrungen werden in der Erarbeitung dessen, was gelten soll, zumeist nicht berücksichtigt – ein Vorgehen, welches inneren Widerstand auslösen, aber auch innovative Anregungen durch »frisches Denken« oder schlichtweg »anderes Denken« verpassen kann.

Welches Potenzial in einer Lösung von überlieferten und vertrauten Formen des Beobachtens schlummert, beleuchtet u. a. Ortfried Schäffter mit seiner ironisch pointierenden Frage: »Substanziierst du noch, oder relationierst Du schon?« Damit rückt er die Kontingenz der wissenschaftlichen Gegenstände in den Blick, deren

> »begriffliche und kategoriale Fassung auch anders möglich wäre, als sie aufgrund der historisch und kontextuell vorgegebenen ›basic assumptions‹ zunächst als ›evident‹ erscheint und somit als ›taken for granted‹ hingenommen wird« (Schäffter 2012, S. 32).

Schäffter illustriert diese andere Möglichkeit der begrifflich-kategorialen Erschließung von Wirklichkeit am Beispiel des Konstrukts »Behinderung«. Er schreibt:

> »Wie sollte man einen querschnittsgelähmten Rollstuhlfahrer auch nicht als ›Behinderten‹ identifizieren und ihn als hilfsbedürftig betrachten, wenn der Bahnhof über keinen öffentlich zugänglichen Fahrstuhl verfügt? Kontingenz tritt erst dann ein, wenn eine derartige ›Evidenz‹ im Rahmen eines gesellschaftspolitischen Zugangs fragwürdig wird, weil nun ›Behinderung‹ nicht als ein individuell zuschreibbares Merkmal,

sondern als kontextabhängige Lebenslage aufgrund einer›>behindern-den‹ Infrastruktur gedeutet werden kann. ›Behinderung‹ wird dann zum besonderen Merkmal eines Bahnhofs, der einer anwachsenden Diversität menschlicher ›Lebensformen‹ eigenen Rechts nicht mehr gerecht werden wird. Das Konstrukt ›Behinderung‹ wird so als ein sozialer Prozess und nicht mehr als körperliche Eigenschaft gedeutet« (ebd., S. 32 f.).

Bei diesem Perspektivenwechsel geht es nicht darum, die Tatsache der körperlichen Einschränkung eines Menschen zu ignorieren; Schäffter wendet sich bloß gegen die »Verabsolutierung einer substanziellen Zuschreibung« (ebd., S. 33), die nicht bloß in ihren Interpretationen, sondern auch in ihren Veränderungsstrategien als unterkomplex und traditionell sowie einschränkend empfunden werden muss. So bezeichnet z. B. auch die Rede vom »schwierigen Schüler« zwar zunächst ein Gegenüber, legt zugleich aber auch den Blick auf dieses Gegenüber und die sich ihm erschließenden Handlungsperspektiven fest: Der »schwierige Schüler« z. B. erscheint diesem Blick als Defizitwesen, dem es mit geeigneten pädagogischen Interventionen zu Leibe zu rücken gilt. Ihm entgeht, dass auch dieser Schüler nur im Kontext seiner inneren und äußeren Bezogenheiten (= Relationen) verstanden und gewürdigt werden kann, deren Beschaffenheit und Wechselbezüglichkeit nur beobachtet und erschlossen, aber nicht beurteilt werden kann. Der reflexive Umgang mit den eigenen »Strukturbesonderheiten« ist für ein resonantes und mithin wirkungswahrscheinliches Handeln grundlegend – ein Sachverhalt, der u. a. in den Debatten der Erziehungswissenschaft über die Frage nach Angemessenheit erzieherischer Interventionen stark diskutiert wurde und wird. Dabei gelangte man u. a. zu folgenden Perspektiven auf die Erziehung und Erziehbarkeit:

> »Die Strukturbesonderheiten der eigenen Herkunftskontexte, in denen wir selbst aufgewachsen sind, haben wir uns nicht ausgesucht oder bei Amazon bestellt, sie prägen uns aber. Denn: Als soziale Wesen bestimmen nicht nur unsere physischen Ausstattungen das, was wir werden können. Entscheidend ist vielmehr, in welchen Umgebungen wir heranwachsen, wie in diesen Umgebungen auf uns reagiert wird und wie wir allmählich lernen, den Erwartungen und Botschaften dieser Umgebungen zu entsprechen – wie immer diese auch sein mögen. Als Kinder brauchten wir nämlich diese Umwelt wie die Muttermilch, und wir haben uns seelisch an dem genährt, was man uns anbot. Dabei

ist eine Gewissheitsbasis in uns entstanden, mit der wir dereinst gut überleben konnten, mit der unsere Kinder aber nichts zu tun haben. Deshalb muss die Suche nach passenden Erziehungsreaktionen stets damit beginnen, dass wir uns selbst kennen und von dem zu lösen vermögen, was wir an Routinen in uns tragen, und wir die Gründe für aktuelle Erziehungsprobleme nicht nur im Verhalten unseres Kindes, sondern im ersten Schritt immer in der möglichen Wirkung unserer eigenen Erziehungserfahrungen suchen« (Arnold 2016a, S. 54 f.).

Der fragende Blick einer solchen selbsteinschließenden Suchbewegung des Denkens, Fühlens und Handelns ist dann substanziell nicht länger darauf beschränkt, wie die letztlich eigenen Schwierigkeiten im Umgang mit dem Gegenüber (»schwieriger Schüler«) minimiert oder gar überwunden werden können, in den Fokus kann vielmehr die Frage nach den möglichen Schwierigkeiten treten, in denen das Gegenüber sich selbst sieht und spürt (»Schwierigkeiten für den Schüler«). Was in den Relationen, in denen Lehrer und Schüler stehen, jeweils Faktum ist, erschließt sich keiner »sprachlich fest verankerten substanzialistischen Denkweise«, sondern bloß der behutsamen Rekonstruktion »fluider Interdependenzgeflechte« (Schrape 2013, S. 1). Was dies für den Umgang mit Fakten konkret bedeutet, hat bereits Mustafa Emirbayer in seinem bekannten *Manifesto for a relational sociology* in folgender Weise auf den Punkt gebracht (p. 287; Übers.: R. A.):

> »Relationale Theoretiker lehnen die Vorstellung ab, dass man diskrete, vorgegebene Einheiten, wie das Individuum oder die Gesellschaft, als ultimative Ausgangspunkte der soziologischen Analyse postuliert (wie in der eigenhandelnden Perspektive). Individuen, ob strategisch oder der Norm folgend, sind unabtrennbar in transaktionalen Kontexten eingebettet [...]. Ebenso sind Strukturen leere Abstraktionen, neben verschiedenen Elementen, aus welchen sie aufgebaut sind; Gesellschaften ihrerseits sind nichts als Pluralitäten von zugehörigen Individuen.«

Die alles überwölbende Frage einer relationalen Konzeption des Beobachteten ist demnach: Wie können seine offenen und selbstorganisierten Wirkungszusammenhänge als Fakten in Erscheinung treten, ohne sich dem Beobachter lediglich in vorgefertigten Annahmen zu präsentieren? Beurteilungen – gerade solche, die sich auf Expertenschaft und professionelle Erfahrung berufen – basieren in aller Regel auch auf »mitgebrachten« Strukturbesonderheiten bzw. Unterscheidungen, die Ausdruck einer »unweigerlich willkürlichen Unterschiedsbildung« sind (Schwehm 2017, S. 32). Es sind demgegenüber aber stets die Relationen des Gegenübers selbst – seine eigene Strukturdeterminiertheit –, die darüber bestimmen, welche Zuschreibung *Resonanz* zu entfalten vermag und welcher Intervention eine Wirkungschance zukommt. Der Resonanzbegriff, wie ihn der Soziologe Hartmut Rosa (2016) zur Begründung einer *Soziologie der Weltbeziehung* eingeführt hat, bringt diese *Schubumkehr des professionellen Umgangs* mit den Strukturbesonderheiten sowie Strukturdeterminiertheiten des Denkens, Fühlens und Handelns deutlich zum Ausdruck. Er schreibt:

> »Resonanz entsteht also nur, wenn durch die Schwingung des einen Körpers die Eigenfrequenz des anderen angeregt wird« (ebd., S. 282) –

... ein schönes, doch zunächst noch rein physikalisches Bild. Hartmut Rosa geht es jedoch um mehr. Er nutzt diese Metapher zur Auslotung der Möglichkeiten und Formen von Veränderung:

> »Im Blick auf eine Theorie der Weltbeziehung beschreibt Resonanz sodann einen Modus des In-der-Welt-Seins, das heißt eine spezifische Art und Weise des In-Beziehung-Tretens zwischen Subjekt und Welt. [...] Als Kernmoment lässt sich die Idee isolieren, dass sich die beiden Entitäten der Beziehung in einem schwingungsfähigen Medium (oder Resonanzraum) wechselseitig so berühren, dass sie als aufeinander antwortend, zugleich aber auch mit eigener Stimme sprechend, also als ›zurücktönend‹ begriffen werden können. Resonanz ist daher, wie gesagt, strikt zu unterscheiden von Formen der kausalistischen oder instrumentalistischen (›linearen‹) Wechselwirkung (im Sinne mechanischer Koppelung), in der die Berührung als erzwungene Beeinflussung eine starre, genau vorhersagbare Wirkung erzeugt« (ebd., S. 285 f.).

Es gibt für Rosa viele gute Gründe dafür,

> »das Verhältnis zwischen Psyche und Körper (oder Geist und Leib) eines Menschen einerseits und zwischen dem Menschen und seiner Umwelt andererseits in den Kategorien von (blockierten oder ausgebildeten) Resonanzbeziehungen zu beschreiben« (ebd.).

Für den hier zu klärenden Aspekt der Strukturdeterminiertheit im Kontakt mit Gegenübersystemen ergibt sich aus dem Resonanzbegriff folgende Justierung des Umgangs mit Fakten:

Wenn das faktenbezogene Erkennen sowohl von der Strukturdeterminiertheit des Gegenübers und der mit dieser möglichen Resonanz absieht als auch die sich im Erkennen ausdrückende Kontingenz der Perspektive übersieht und die Dinge einfach – so wie durch die eigenen Strukturbesonderheiten beobachtet – auf den Begriff bringt und mitteilt sowie überliefert, dann verlieren diese »Fakten« viel von der notwendigen Resonanz, um als Fakten überhaupt wirksam werden zu können. Zudem schleift sich eine Wahrnehmungsroutine ein, welche uns dazu verführen kann, das gedankenlose Übereinstimmen der Deutungen vieler als ausreichenden Wahrheitsbeweis misszuverstehen.

Die Beobachterabhängigkeit und Resonanzgebundenheit, mithin Konstruktivität allen Erkennens von Fakten entgeht dem oberflächlichen Denken, welches letztlich so tut, »als gäbe es keinen Strukturdeterminismus« (Maturana 2001, S. 58). Diese Ignoranz leugnet die insbesondere vom Konstruktivismus vertretene Auffassung einer wechselseitigen Vorausgesetztheit von Erkennen und Handeln.[3] Die erkenntnistheoretische Ausblendung dieser Wechselwirkung lenkt den Einzelnen ab und führt zu der verbreiteten Illusion, ein operativ eingespieltes und sozial verbreitetes Konzept wäre auch ein Beleg dafür, dass die Realität so sei wie in dem Konzept dargelegt – mit dem Ergebnis: »Ein Tisch ist ein Tisch!«, »Behinderung« wird mit »Behindertsein« (nicht mit »Behinderndsein«) und »der schwierige Schüler« mit den Schwierigkeiten, die er mir macht, substanziell gefüllt. Möglichkeiten eines substanziellen Erkennens scheitern somit oft fast unbemerkt an der konnotativen Engführung des Sprachgebrauchs. Oder in den Worten des im *Manifesto for a relational sociology* (Emirbayer 1997) zitierten Soziologen Norbert Elias (1897–1990):

> »Unsere Sprachen sind so konstruiert, dass wir in vielen Fällen eine ständige Bewegung, einen kontinuierlichen Wandel nur so ausdrücken können, dass wir ihm beim Sprechen und Denken zunächst den Cha-

---

3 In seiner Evaluationsstudie zur systemischen Aufstellungsarbeit schreibt Gert Höppner (2006, S. 105): »Für den radikalen Konstruktivisten ist Kausalität nichts anderes als ›Erzeugung‹ einer Konsistenz von Wahrnehmen und Handeln. Dieser Zirkelschluss sieht folgendermaßen aus: Unser Erkennen erschafft unser Handeln, und unser Handeln erschafft die Wirklichkeit, die wir erkennen. Durch den ›Trick‹, Ursache-Wirkung-Beziehungen zu definieren, strukturieren wir die Zeit und schaffen dadurch eine kohärente Verbindung zwischen vergangenem und gegenwärtigem Erleben. Diese Wirklichkeitskonstruktion ist die ›Eigenlösung‹ des Organismus, der aus seinem Handeln und Erkennen eine kohärente Einheit bildet.«

rakter eines isolierten Objektes im Zustand der Ruhe geben und dann, gewissermaßen nachträglich, durch die Hinzufügung eines Verbs zum Ausdruck bringen, dass sich das normalerweise Ruhende bewegt« (Elias 1978, p. III f.; Übers.: R. A.).

Sicherlich kann man nicht ganz von der Hand weisen, dass die konstruktivistische Erkenntnistheorie sich gerne mit der Gegenposition eines naiven Realismus auseinandersetzt, der allzu leichtfertig den Begriff mit dem zu Begreifenden in eins setzt – eine Position, die in dieser Form eigentlich kaum noch von ernst zu nehmenden Denkern vertreten wird (vgl. Saalmann 2007). Andererseits hantieren Kritiker des Konzeptes der Strukturdeterminiertheit allen Erkennens gerne mit vordergründigen Parallelitätsannahmen, die die Unterschiede zwischen Abbild und Realität eher verwischen – bevorzugt zudem illustriert mit Beispielen operativ bewährter Gleichsetzungen, wohl mit der hintergründigen Absicht, die Parallelitätsannahme für sämtliche Annahmen über die Realität zu empfehlen. Dies lässt sich u. a. bei Ralf Nüse feststellen, wenn er, ebenfalls auf den erwähnten Tisch bezogen, feststellt (1995, S. 194):

»Für den alltäglichen Wahrheitsbegriff etwa ist es gar nicht einzusehen, wieso der fehlende Zugang zur Wirklichkeit überhaupt relevant sein soll. Wenn jemand im Alltag sagt, dass es nicht wahr sei, dass die Vase auf dem Tisch stehe, so wird im gegenteiligen Fall sogar ein Radikaler Konstruktivist sagen, dass er besser hinschauen solle: Die Vase steht nämlich doch auf dem Tisch. Im Alltag interessiert es überhaupt nicht, ob die Vase auch in der ›absoluten Wirklichkeit‹ auf dem Tisch steht. Es ist nur wichtig, ob es in der Weise, wie man als Mensch die Welt wahrnimmt, gilt, dass die Vase auf dem Tisch steht. Eine Vase steht auf dem Tisch, wenn man hinsehen kann und feststellt, dass sie auf dem Tisch steht.«

Zwar befasst sich Ralf Nüse hier vorgeblich bloß mit dem »alltäglichen Wahrheitsbegriff« und wählt zur Abwehr des Arguments der Strukturdeterminiertheit des Beobachtens auch ein Beispiel aus dem Bereich der harten Fakten, doch zielt seine Argumentation auf die Desavouierung jeglicher Strukturdeterminiertheit. Mit diesem Trick erweckt er den Anschein, als hätten es Wahrnehmung und soziales Handeln bei genauerer Betrachtung eigentlich stets mit Augenscheinlichkeit, geteiltem Konsens und bewährter Nutzbarkeit zu tun. Dadurch entgeht seiner Argumentation die »Zwei-Welten-Theorie«, an welche in der Wissenschaftstheorie seit Wilhelm Windelbrand, Wilhelm Dilthey

oder auch Max Horkheimer und Theodor W. Adorno mit unterschiedlichen Akzentsetzungen festgehalten wurde. Auch der Systemiker
Fritz B. Simon weist auf diese zwei Welten hin, indem er weiche und
harte Faktoren der Wirklichkeit unterscheidet. In seinem Buch *Gemeinsam sind wir blöd?* (2004) skizziert er Annäherungsformen und
Gestaltungswege im Umgang mit Wirklichkeiten, die »ausschließlich
in den Köpfen der Beteiligten (existieren)« (S. 44). Er schreibt (S. 44 f.):

> »Es sind virtuelle Einheiten, die dadurch entstehen, dass bestimmten
> Verhaltensweisen eine Bedeutung gegeben wird, die über ihre un-
> mittelbare physische Wirkung hinausreicht. Erst dadurch, dass den
> Unterschriften unter Verträgen ein Sinn zugeschrieben wird, der über
> die Blau- oder Schwarzfärbung des Papiers hinausgeht, werden aus
> Menschen, die bis dahin nichts miteinander zu tun hatten, Ehe- oder
> Geschäftspartner, Vorgesetzte und Untergebene, Kunden und Dienst-
> leister, Lieferanten und ihre Abnehmer, Käufer und Verkäufer usw.
> Und erst auf diese Weise können soziale Einheiten wie Ehepaare und
> Unternehmen entstehen.«

Dieser Kommentar verdeutlicht, dass unser Erkennen mit unter-
schiedlichem Erfolg mit Parallelitätsannahmen zurechtkommt, wobei
dieses Zurechtkommen in dem Bereich der harten Fakten eine andere
Substanz aufweist als in dem Bereich der weichen Fakten bzw. der
»Welt der symbolischen Formen«, von der Ernst Cassirer (1874–1945)
sprach (Cassirer 1995).

Während wir in vielen Bereichen von Naturwissenschaft und Technik mit der (er)klärenden Vernunft nicht bloß in unserem subjektiven
Empfinden, sondern auch durch die Mechanismen der kommunikativen Prüfung und Validierung zu beeindruckenden Ausprägungen im
Hinblick auf Eindeutigkeit, Konsens/Kohärenz und schließlich Wirksamkeit zu gelangen scheinen (vgl. Tab. 1), ist dies in den Bereichen
der Geistes- und Sozialwissenschaften sehr viel schwieriger.

Die Geistes- und Sozialwissenschaften deuten und interpretieren
die wirksamen Motive und Handlungslogiken der Akteure, ja erzeugen geradezu ihren Gegenstand erst durch diese Sinnzuschreibung
und gelangen eher selten und schon gar nicht endgültig zu einer
breit konsensfähigen oder auch nur kohärenten Interpretation der
Zusammenhänge. Deshalb sind sie auch bloß schwer in der Lage,
veränderungswirksame – soziale – Technologien bereitzustellen;
ein Sachverhalt der ihnen immer mal wieder zum Vorwurf gemacht

wird, nicht selten auch mit der deutlichen Zielsetzung, diesen Wissenschaften ihre Wissenschaftlichkeit und damit auch ihre Berechtigung abzusprechen (vgl. Arnold y Nittel 2015). Und trotzdem übersehen solche Äpfel-Birnen-Vergleiche Grundlegendes: So entgeht ihnen, dass auch Natur- und Technikwissenschaftler nicht bloß in der Welt der harten Fakten leben, sondern auch in Liebes- und Freundschaftsbeziehungen, deren Erfolge sie nicht nach den Maßgaben einer erklärenden Vernunft erfolgreich gestalten können. Denn soziale Beziehungen funktionieren nicht richtig oder falsch, sie gestalten sich in symbolischer Übereinstimmung und Wechselwirkung der Akteure, wobei es nicht darum geht, welche Intentionen sie offiziell verfolgen, sondern darum, welche erhaltenden oder labilisierenden Wirkungen in der Interaktion selbst entstehen. Andreas Reckwitz (2003, S. 293) verweist in seiner Analyse der unterschiedlichen Handlungslogiken u. a. auf die Bedeutung der »implizite(n) Motiv-/Emotionskomplexe, die einer Praxis inhärent sind, in die die einzelnen Akteure ›einrücken‹ und sie dann möglicherweise als ›individuelle Interessen‹ umdefinieren«. Diese Motiv-/Emotionskomplexe prägen gleichzeitig das generelle Weltbild der Akteure und sind letztlich auch dafür ausschlaggebend, in welchen Welten sie handeln wollen und können.

Die Unterschiedlichkeit der zwei Welten verdeutlicht in idealtypischer Zuspitzung Gegenüberstellung in Tabelle 1.

Harte Fakten	←← »Zwei-Welten-Theorie« →→	Weiche Fakten
(er)klärende Vernunft		verstehende Vernunft
augenscheinliche Wahrheit	Eindeutigkeit	interpretierte Wahrheit
breit geteilter Konsens	Konsens Kohärenz Kommunikation Kooperation Kontrolle (= 5-K-Gewissheit)	perspektivenabhängiger Konsens
bewährte Nutzbarkeit	Wirksamkeit	verändernde Nutzbarkeit

Tab. 1: Die Zwei-Welten-Theorie

Was diese Gegenüberstellung zeigt, ist Folgendes: Wir leben in einer Welt – der Welt der erklärenden Vernunft –, in der wir dem Augenschein insofern vertrauen können, als wir uns über das, was wir sehen, mit anderen verständigen sowie im Hinblick darauf erfolgreich kooperieren können. Missverständnisse können ausgeräumt und Irrtümer aufgeklärt werden – sofern die Beteiligten sich an die vereinbarten oder üblichen Regeln halten. In dieser durch Sprache vermittelten Welt trägt uns die Gewissheit der »5 K« (vgl. Tab. 1). Ein breit geteilter Konsens ist uns insbesondere in *den* Bereichen möglich, in denen wir uns durch die nüchterne Sprache der Berechenbarkeit leicht auf eine unausweichliche Deutung einigen und die Wirksamkeit unserer operativen Schlussfolgerungen prüfen können – gestützt durch Kausalitäts- und Logikkonzepte, auf die noch einzugehen sein wird. Diese Welt stiftet uns die Vorstellung vernünftigen Beobachtens und Handelns. Doch genau diese Vorstellung ist es, die uns häufig auch den Blick dafür trübt, dass es gleichzeitig eine Welt der Uneindeutigkeit gibt, deren Wirkungszusammenhänge durch andere als beobachtbare und berechenbare oder gar kontrollierbare Bedingungen geprägt sind – eine Besonderheit, auf die ebenfalls noch vertieft einzugehen sein wird.

Hieraus ergibt sich:

Vierter Schritt zur Vermeidung schwachen Denkens: Uneindeutigkeit

Wer sich um Fakten bemüht, tut gut daran, die Welt der harten, durch erklärende Vernunft handhabbaren Fakten zu unterscheiden von der Welt der weichen Fakten. Bei Ersterer fällt es leichter, einer Illusion der Subjekt-Objekt-Trennung anzuhängen, während man in der Welt der weichen Fakten nicht übersehen kann, dass sie durch Sinnstiftung, Perspektive und Interpretation der Interagierenden entsteht – es mithin des Nachvollzugs ihrer Bedeutungsverleihungen bedarf, will man verstehen, was in ihr Wirkung zu entfalten vermag.

Frage:

Wo erliegt die eigene Schlussfolgerung einem Sphärenirrtum, indem sie die Welt des Sozialen und Interaktiven mit den Mitteln einer ausschließlich erklärenden Vernunft (Mathematisierung, Kausalitätsnachweis etc.) zu verstehen versucht und dadurch eine Scheineindeutigkeit um den Preis der Unterkomplexität hervorbringt?

Diese implizite Maßstabsfunktion der (er)klärenden Vernunft erweist sich aber auch in der Welt der harten Fakten bloß auf den ersten Blick als uneingeschränkt gültig. Die vermutete Härte ist alles andere als wirklichkeitsnäher, wie Physiker bereits früh erkannten. Allen voran ist in diesem Zusammenhang Werner von Heisenberg (1901–1976) zu erwähnen, der bereits in den 20er-Jahren des letzten Jahrhunderts über den »Begriff des Verstehens in der modernen Physik« (vgl. Heisenberg 1973, S. 25 ff.) nachdachte und u. a. zu dem durchaus umstürzenden Ergebnis gelangte, dass sich »die Vorstellung einer objektiven Realität verflüchtigt hat« und der »Mensch nur noch sich selbst gegenüber(steht)« (ebd.). Ernüchternd ist sein Abgesang auf die Welt der vermeintlich harten Fakten:

> »Die naturwissenschaftliche Methode des Absonderns, Erklärens und Ordnens wird sich der Grenzen bewusst, die ihr dadurch gesetzt sind, dass der Zugriff der Methode ihren Gegenstand verändert und umgestaltet, dass sich die Methode also nicht mehr vom Gegenstand distanzieren kann. Das naturwissenschaftliche Weltbild hört damit auf, ein naturwissenschaftliches zu sein« (ebd.)

... es gerät vielmehr in eine Nähe zur verstehenden oder gar zur spürenden Vernunft. Auch andere bekannte Vertreter der Welt der harten Fakten haben sich früh von dem überlieferten Bild einer vermeintlich rein objektiv zu Werke gehenden Naturwissenschaft gelöst und zugeben müssen, dass auch die von ihnen als faktische Wirklichkeit ausgegebenen Einblicke in die Funktionsweisen der physikalischen Welt letztlich auch nur »unseren eigenen Annahmen und unserer Vorgeschichte entspringen« (Bohm 2011, S. 37), die »wie Computerprogramme in den Köpfen stecken« (ebd., S. 43) und letztlich dazu führen, dass wir die Fakten der uns umgebenden Welt »durch unsere Annahmen« (ebd., S. 134) konstruieren. David Bohm (1917–1992) geht sogar so weit zu schreiben: »Der Beobachter *ist* das Beobachtete« (ebd., S. 135; Hervorh. im Orig.) – eine erkenntnistheoretische Einsicht, welche dazu tendiert, auch die Welt der harten Fakten in einer verstehenden Vernunft aufzulösen. Diese idealistische Deutung klingt auch bei einem anderen bedeutenden Physiker durch: bei Carl Friedrich von Weizsäcker (1912–2007). In seinem Buch *Der Mensch in seiner Geschichte* (1991) skizziert von Weizsäcker das Programm einer Physik, die es auch nicht einfach mit Fakten zu tun hat, sondern stets mit beobachteten Fakten, in denen auch die Logik der Beobachtung bzw. Messoperation selbst ihren Ausdruck findet. Für von Weizsäcker

»(sind) Messergebnisse, wenn sie gewonnen sind, Fakten; sie sind dann unabänderlich geschehen. [...] Wenn die Quantentheorie richtig ist, so ist [...] die Wirklichkeit in Strenge faktisch. Wenn die heutige Physik richtig ist, so ist der Objektbegriff selbst, auf dem ebendiese Physik beruht, nur eine Approximation« (ebd., S. 96).

Mehr ist wohl nicht zu haben als eine Approximation, d. h. eine Annäherung an die auch in der Welt der harten Fakten wirkenden Zusammenhänge. Diese Approximation bedient sich jedoch mathematischer Verfahren und logischer Folgerungen, die sie mit einer schlussfolgernden Unausweichlichkeit ausstatten, zu der sozialwissenschaftliche Fakten selten gelangen. Deren Zusammenwirken folgt nämlich keinen logischen Regeln, sondern den Bedeutungszuschreibungen der Akteure selbst; und deren Beobachten, Schlussfolgern und Handeln folgt einer lebenswelt- und biografiebezogenen sowie auch emotionalen Logik. In dieser Welt begegnen wir üblicherweise vielfältigen Interpretationen, die das Handeln der Akteure bestimmen. Sie folgen Sinnperspektiven, die sie mit ihren Handlungen verbinden, und Änderungen sowie Wirksamkeit sind bloß erreichbar, wenn diese Innenperspektiven sich zu wandeln vermögen. Der Hermeneutiker Ulrich Oevermann (geb. 1940) spricht deshalb von »zwei verschiedenen Empiriebegriffen«: der »Lesbarkeit von Sinnstrukturen« einerseits und der »Wahrnehmbarkeit von stochastischen Welten« andererseits (Oevermann 2002, S. 2). Zur besonderen Logik der Sozial-, Kultur- und Geisteswissenschaften schreibt er:

»Eine angemessene Methodologie [...] muss mit der alten Anschauung brechen, der zufolge die Gegenstände der Erfahrungswissenschaften an die sinnliche Wahrnehmbarkeit gebunden und insofern konkret seien. Sinn- und Bedeutungsstrukturen sind grundsätzlich abstrakt. Sie lassen sich als solche sinnlich nicht wahrnehmen, aber sie sind dennoch empirisch und als empirische erfahrungswissenschaftlich analysierbar. Sinnlich wahrnehmen lässt sich an den Sinngebilden bzw. den Ausdrucksgestalten immer nur der ausdrucksmateriale Träger, in dem sie faktisch protokolliert sind – also die Weiße des Papiers eines bedruckten Textes und die Farbe und Form der typografischen Zeichen, der auf dem Oszillografen abbildbare Klang der mündlichen Rede, die plastische Textur eines gestalteten Gegenstandes usf.; aber was, da wahrgenommen wird, ist nicht selbst die Bedeutung oder der Sinn der Ausdrucksgestalt, sondern nur deren materiales Substrat. Weil Bedeutung und Sinn selbst nicht wahrnehmbar sind, sie aber gleichzeitig genau das konstituieren, was die Lebenspraxis des Menschen, sein Handeln und dessen Objektivationen als Erfahrungsgegenstand kategorial ausmacht und von der Naturdinglichkeit menschlicher Erscheinungen systematisch unterscheidet, müssen wir mit dem auf David Hume zurückgehenden Begriff von Empirie brechen, für den empirisch nur das ist, was durch die Wahrnehmungssinne in den erkennenden Geist gelangt (›Nihil est in intellectu, quod non fuerit in sensu‹), und alles, was dieses Kriterium nicht erfüllt, metaphysisch und damit außerhalb der Reichweite der Erfahrungswissenschaften liegt. Deshalb überschreitet die objektive Hermeneutik die mit dem humeschen Empiriebegriff gekoppelte implizite dogmatische Ontologisierung von Realität und erfahrbarer Welt und folgt einem methodologischen Realismus, indem sie als empirisch alles das ansieht, was sich durch Methoden der Geltungsüberprüfung in der Gegenständlichkeit erfahrbarer Welt nachweisen lässt. Das trifft auf die objektiven Sinn- und Bedeutungsstrukturen von Ausdrucksgestalten fraglos zu« (ebd., S. 2 f.).

Nicht nur die Forschung, sondern auch der Diskurs über die Gültigkeit von Bedeutungs- und Sinngehalten ist durch diese besondere Logik des Sozialen gekennzeichnet. Aufklärung z. B. gelingt in dieser Welt des Verstehens in aller Regel nicht durch bessere Argumente. Die Überwindung bloßer Meinung kann allenfalls durch *passendere* Argumente angebahnt werden – ob und inwieweit das Gegenüber sich dem besseren Argument anzuschließen vermag, hat viele persönliche Gründe. Voraussetzung für das Gelingen von Aufklärung ist deshalb, dass wir unser Selbst weitgehend aus diesen Operationen des Erkenntnisbemühens herauszunehmen in der Lage sind und auch die in uns wirkende Logik – uns, d. h. unserer bisherigen Sichtweise und Argumentation, denen wir um nahezu jeden Preis treu bleiben wollen – zu erkennen und hinter uns zu lassen vermögen. Es ist diese *Persistenz des Eigenen,* welche die Verständigung erschwert, wenn nicht gar ausschließt und zu einer Langweile der erwartbaren Sichtweisen und Stile beiträgt. Die Hirnforscher und Konstruktivisten Francisco Varela et al. (2002) sprechen in diesem Zusammenhang von einer »intuitiven Evidenz« und schreiben im Anschluss an Edmund Husserl (p. 50; Übers.: R. A.):

»Somit lässt sich sagen, dass die Synthese, durch welche Sie ein Gespür bekommen (Veranschaulichung), von einer passiven Absicht ausgeht, die dazu neigt, in der Erkenntnis des Objektes verwirklicht zu werden. Insofern erfahren Sie eine Leere in der Erfüllung, welche als Spannung, ein Antrieb zur Fülle der verkörperten Großzügigkeit empfunden wird. Anders formuliert, die Struktur der Erfüllung hat einen immanenten Mangel: Wenn wir die Intention analysieren, die auf ein Objekt abzielt, erkennen wir eher die Tendenz zu intuitiver Fülle als das intuitiv erkannte Objekt als erarbeitetes und definitives Ergebnis.«

Wer über Fakten redet, tut deshalb gut daran, sich die Mechanismen ihres Aufscheinens genauer zu betrachten. Bei ihnen handelt es sich in stärkerem Maße um Ergebnisse und Ausdrucksformen intuitiv veranlasster Inside-out-Mechanismen, als uns bewusst oder auch lieb ist. Dieser Sachverhalt wurde insbesondere von der psychoanalytischen Erkenntnistheorie (vgl. u. a. Warsitz u. Küchenhoff 2015) wie auch von der systemisch-konstruktivistischen Beobachtertheorie tief ausgelotet, wobei Letztere vielfach als integrative Bewegung auftritt,

>»den erkenntnistheoretischen, interaktionistischen und psychoanalytischen Kränkungen menschlicher Vernunft Rechnung (zu tragen)«
> (Westhofen 2012, S. 392).

Leitmotto dieser erkenntnistheoretischen Auslotungen ist die bekannte Feststellung von Humberto Maturana (1982, S. 34):
»Alles, was gesagt wird, wird von einem Beobachter gesagt«, wobei Maturana mit dieser Feststellung dazu einlädt, sich fokussiert den eigenen Wahrnehmungsmechanismen zuzuwenden, mit denen ein beobachtender Organismus »das zu erklärende Phänomen erzeugt« (ebd.). Dies kann nämlich bloß gelingen, wenn es für den Beobachter

>»zumindest einen anderen Gegenstand gibt, von dem er ihn unterscheiden kann, und wenn er Interaktionen oder Relationen zwischen beiden beobachten kann« (ebd.) –

... eine Blick- bzw. Schubumkehr der Erkenntnis, die sich »selbsteinschließend« (Varela et al. 1992) vorantastet. Indem diese als parallele Achtsamkeitsbewegung in Forschungskontexten mitschwingt, kann die Gefahr minimiert werden, dass man den Untersuchungsgegenstand zwar als ein für alle ähnliches Feld darstellt, ohne aber zu gewärtigen, dass seine Beobachtung und die erarbeiteten Sachverhalte stets auch als Ausdruck eigener Meinungen, thematischer Affinität, emotionaler Bewertungen und tief verankerter Wahrnehmungsmuster gewertet werden müssen. So leuchten selbsteinschließende Führungsforschungen auch die Eigenerfahrungen der Forschenden im Umgang mit Autorität – erduldeter ebenso wie selbst ausgeübter Autorität – aus, während kontrafaktisch auf die Zusammenhänge blickende Bildungsforscher mehr oder weniger unverhohlen dazu neigen, die Welt der Nachwachsenden durch die Brille ihrer eigenen »verbliebenen Kindlichkeit« (Fürstenau 1992) zu beobachten. Ähnliches gilt für die Vermessbarkeits- und Berechenbarkeitsillusionen so mancher einseitig mathematisierend sich bewegender Forscherinnen und Forscher. Sie wissen meist nichts über ihre eigenen Angstmuster im Umgang mit Unsicherheit, deren sie letztlich durch ein Forschen im Modus der Berechnung glauben Herr werden zu können (vgl. Müller 2011), da diese Herangehendweise ihnen eine Welt erzeugt, in deren vermeintlicher Eindeutigkeit sie sich auch ganz persönlich aufgehoben und geborgen fühlen können, ohne zu bemerken, dass auch die Zahlen letztlich menschliche Erfindungen sind, worauf Heinz von Foerster und Ernst von Glasersfeld verschiedentlich hinwiesen.[4]

Es sind insbesondere die verzerrenden Kräfte der eigenen Strukturdeterminiertheit bzw. eines verbliebenen Eigenen, welche uns die Wirklichkeit oft bloß in Umrissen erschließen lassen. Sobald wir sie (uns) auszumalen beginnen, erhält alles unsere typische Färbung – wir haben es dann meist unauflösbar stets mit beidem zu tun: dem um nüchternen Zugang bemühten Ertasten von Umrissen *und* dem persönlich gefärbten Bild. Die weiterführende Frage ist: »Seit wann haben Sie das?« (Arnold 2012b, c).

---

4 Etwa in *Wie wir uns erfinden* (von Foerster u. von Glasersfeld 2010) wird festgestellt: »Der Wiener Kreis hat gesagt, [...] die Mathematik ist eine Erfindung. Es ging sogar so weit, dass sie sagten, das sei alles ein Spiel. Wir erfinden uns die Regeln, und dann folgen wir den Regeln. Wenn sie auf diesem oder jenem Gebiet nicht anwendbar sind, dann erfinden wir uns neue Regeln. [...] Die negativen Zahlen entstehen nicht, weil wir sie entdecken, sondern weil wir eine Rechnung machen wollen, die eine Lösung hat, nämlich zwei weniger drei. Solange du nur positive Zahlen hast, kriegst du da keine Lösung. Also erfindet man etwas, um aus zwei weniger drei eine Lösung zu bekommen. [...] In der Physik zum Beispiel, wo man immer glaubt, es handelt sich um Teilchen, die gefunden werden. Die Teilchen werden nicht gefunden, sie werden *er*funden, um eine Ungleichung in eine Gleichung zu verwandeln. Das Energieprinzip sagt, Energie soll erhalten bleiben. Jetzt macht man ein Experiment, und auf einmal bleibt die Energie nicht erhalten, auf einmal fehlt da etwas. Ja was fehlt denn? Ach so, das muss ein Teilchen sein. Also wird ein Teilchen in das Loch gestopft. Ein Teilchen wird erfunden, und die schöne Energiegleichung geht wieder auf« (zit. nach Köhler-Ludescher 2014, S. 207).

> **Fünfter Schritt zur Vermeidung schwachen Denkens: Strukturdeterminiertheit**
>
> Damit wir das Faktische (= das Gemachte) angemessen verstehen können, ist es hilfreich, zu erkennen, dass wir es bloß in Abhängigkeit unserer eigenen operativ bewährten Konzepte als das zu erkennen vermögen, was es uns zu sein scheint. Dadurch sind wir in unserer Wahrnehmung festgelegt und verpassen mögliche Alternativen.
>
> *Frage:*
>
> Wo bleibe ich mit meiner eigenen Perspektive den Strukturbesonderheiten meiner gewordenen Gewissheit treu, und wie vermeide ich dadurch, dass sich mir die Wirklichkeit anders bzw. eine andere Wirklichkeit zu zeigen vermag?

Exkurs: Kausalität, Linearität und Logik

Der Welt der »harten Fakten« entstammen auch unsere Vorstellungen von Kausalität, Linearität und Logik. Die entstehenden Bilder der Wirklichkeit sind von der Annahme bestimmt, dass alle Veränderungen auf letztlich erkenn- und berechenbare Wirkungen zurückgeführt werden können – nach dem Motto: »Alles Wirken ist ein Bewirktwerden« (Stegmüller 1969, S. 431). Es gehe deshalb der wissenschaftlichen Erkenntnis darum, die bestimmenden Faktoren zu identifizieren und die Logik ihrer Wirkungen zu verstehen. Diese Vorstellung entstammt einem ontologischen Naturalismus, welche auch als »Nullhypothese der Naturwissenschaft« (Neukamm 2009) bezeichnet wird. »Nullhypothese« deshalb, weil davon ausgegangen wird, dass »es keine Götter oder übernatürlichen Kräfte gibt« (Löffler 2014, S. 104) und die Welt aus sich selbst heraus, d. h. mit ihren eigenen Mitteln, erkannt, erklärt und berechnet werden könne – als sei dies die einzige Alternative, vor der wir stehen!

Was einem der Fall zu sein scheint, wird für bare Münze genommen – besonders, wenn es in die Sprache der Statistik gefasst werden kann. Ob und inwieweit es vielleicht einfach die komplexe Selbstorganisation des Wirklichen ist, welche uns den Überblick über die steuernden Variablen verstellt, gerät dabei gar nicht zur Frage. Die Journalistin Stephanie Kara schreibt dazu in einem viel beachteten Beitrag in der Wochenzeitschrift *DIE ZEIT*:

»Auf den ersten Blick erscheinen Zahlen vertrauenswürdig. Man sieht ihnen aber nicht an, was hinter ihnen steckt. Und wer. Und mit welcher Absicht. Zahlen sind nämlich nicht einfach da. Sie werden hergestellt. Und jeder Zahlenproduzent hat lautere Motive – oder auch nur ausreichende Kenntnisse der Statistik. [...] Darauf basieren die vermeintlichen, zu Ziffern geronnenen Wahrheiten aus Nachrichten und Talkshows: Schätzungen, Interpretationen von Umfragen nach Belieben, Auswahl praktischer, aber ungeeigneter Kennzahlen, Fehldefinitionen, unzulässige Hochrechnungen – ja sogar reine Erfindungen. Die Tricks der Zahlenspieler sind so vielfältig wie ihre Interessen« (Kara 2017, S. 33 f.).

Das quantifizierende Weltbild (ver)führt aber häufig auch zum Verlust gerade *der* substanziellen Einsichten und Sinnzuschreibungen, die Perspektiven erschließen, tiefes Denken anregen und anschlussfähige Veränderungen ermöglichen könnten (vgl. Arnold 2017a). Wer darauf hinweist, wie u. a. der bekannte Philosoph Byung-Chul Han von der Universität der Künste in Berlin, stemmt sich gegen den Zeitgeist mathematisierter Beschreibungen, deren Verfahren sich auf das Ob beschränken und das Warum vollständig ausblenden. Byung-Chul Han (2016, S. 10 f.) schreibt:

»Die Korrelation ist die primitivste Wissensform, die nicht einmal in der Lage ist, das Kausalverhältnis, d. h. das Verhältnis von Ursache und Wirkung, zu ermitteln. Es ist so. Die Frage nach dem Warum erübrigt sich. Es wird also nichts begriffen. Wissen ist Begreifen. So macht Big Data das Denken überflüssig. Wir überlassen uns bedenkenlos dem Es-ist-so.

Das Denken hat Zugang zum ganz anderen. Es kann das Gleiche unterbrechen. Darin besteht sein Ereignischarakter. Das Rechnen ist dagegen eine endlose Wiederholung des Gleichen. Im Gegensatz zum Denken kann es keinen neuen Zustand hervorbringen. Es ist ereignisblind. Ein wirkliches Denken ist dagegen ereignishaft. Auf Französische heißt digital numérique. Das Numerische macht alles zählbar und vergleichbar.«

Und doch orientiert man sich in den modernen Wissenschaften zunehmend am Gesetz der großen Zahl, ohne den Substanzverlust, der mit der Numerik einhergeht, überhaupt zu bemerken: Man bewegt sich vielmehr im Vordergründigen, dem das Fremde, andere und Neue meist unbekannt bleibt. Alles wird über bereits erprobte Algorithmen erschlossen, es bleibt dadurch Wiederholung, statt zur »Ent-Deckung« zu werden. Diese Flucht in die Gleichung eines mathematisierten Denkens löst alle Spannungen im Numerischen auf und übersieht,»dass die Dinge gerade von ihrem Gegenteil, vom anderen ihrer selbst, belebt werden« (ebd., S. 13). Fakten erhärten sich durch Häufigkeitsnachweise, statistische Wahrscheinlichkeitsberechnungen und logische Prüfungen, die das Dritte mehr und mehr ausschließen (»Tertium non datur!«).

Nach diesem logischen Prinzip wird die Wirklichkeit zweiwertig gedeutet: Eine Aussage kann demzufolge entweder richtig oder falsch sein; dazwischen gibt es keine Wahrheit. U. a. Fritz B. Simon (2013, S. 14) hat auf die Unterkomplexität dieses Ausschlusses von Widersprüchen hingewiesen:

> »Im wahren Leben geht das nicht so einfach. Widersprüche sind nicht nur unvermeidlich, sondern nützlich, und es ist geradezu gemeingefährlich, sie zu übersehen, zu übergehen oder sie zu unterdrücken. Das aber geschieht, wo versucht wird, die Strukturen von psychischen oder sozialen Prozessen den Strukturen der Logik und ihren vermeintlich eindeutigen Wahrheiten anzupassen.«

Simon möchte die zweiwertige Logik nicht ignorieren, wohl aber in ihre Schranken verweisen:

> »Sie [die zweiwertige Logik] ist die bewährte Spielregel für vernünftiges, schlüssiges Argumentieren. Deswegen ist sie für wissenschaftliche Diskussionen unverzichtbar. Und das kann sie angesichts des Unterschieds zwischen Logik und Leben nur sein und bleiben, weil ihre Anwendung auf sich selbst (Selbstbezüglichkeit) zu Paradoxien und damit an ihre Grenze – die Unentscheidbarkeit der Wahrheit oder Falschheit von Aussagen – führt« (ebd.).

Mit dieser Justierung der Frage nach den Fakten steht Fritz B. Simon nicht allein. Rückendeckung erhält er insbesondere von Atom- und Quantenphysikern, die mit ihren Versuchen der Vorausberechenbarkeit von Entwicklungen nach den Gesetzen der newtonschen Physik an ihre Grenzen gestoßen sind. Werner Heisenberg (1955, S. 24 ff.) zeichnete in diesem Zusammenhang den Weg von einem letztlich deterministischen Weltbild zu einem der statistischen Wahrheit nach, welche einem anderen Kausalitätsverständnis folgt. Und es war der bereits erwähnte Carl Friedrich von Weizsäcker, der deutlich auf den Punkt brachte, warum die klassische Kausalitätsannahme spätestens in der Quantenphysik an ihr Ende kommt; dieser gehe es nämlich um die »Definition eines kontingenten Zustandes« (1990, S. 345) – eines Zustands der Welt, der es ausschließt, dass »Ereignisse« vorausgesagt werden können. Vielmehr reduziert sich die Leistung der Quantenphysik auf die Voraussage der »Wahrscheinlichkeiten von Ereignissen« (ebd., S. 359).

Faktische Wirkungszusammenhänge sind deshalb ungesichert. Was bleibt, ist die Identifizierung von »causal networks as oracles for interventions« (Pearl 2009, p. 22), was deutlich weniger ist als die (Er-)Klärung harter Fakten, die ein tatsächlich wirkungssicheres Handeln überhaupt möglich werden ließe.

Demgegenüber ist in der Welt der weichen Fakten mit Rekursivität, Multikategorialität und Wechselbezüglichkeit zu rechnen, weshalb es schier unmöglich ist, Wirkungen sicher auf isolierte Interventionen zurückführen zu können. Vielmehr ist bei jeder Intervention von Nebenwirkungen und Fehlwirkungen auszugehen, da man verstanden hat, dass Systeme nicht allein auf die erfahrene Intervention, sondern auch – und zumeist vornehmlich! – auf sich selbst reagieren. Das transitive Weltbild löst sich auf und macht einem intransitiven Denken Platz. Fakten sind im intransitiven Weltbild von deutlich anderer Qualität als in der Welt der harten Fakten.

Statistische Wahrheiten erweisen sich für einen mehr oder weniger angemessenen Umgang mit dieser intransitiven Welt als viel zu grobkörnig. Alles, was der statistischen Berechnung bei der Annäherung an die Gegebenheiten möglich ist, ist eine Vermessung des Individuums »in Abweichung vom Durchschnitt – der Maßeinheit der Moderne«, wie Christoph Kucklick in seinem Buch *Die granulare Gesellschaft* (2015, S. 9) schreibt. Er arbeitet heraus, dass diesem Blick das Spezifische entgeht, da er das Einzelne im Durchschnitt auflöst. Eine solche Generalisierung bleibt aber nichtssagend, um nicht zu sagen: überflüssig, denn

> »jeder Mensch ist ein Unikat, ein Singularium [...]« (ebd., S. 48) – »Wenn man die Einzelheiten hinreichend gut kennt, dann ist der Gruppendurchschnitt irrelevant« (ebd., S. 38).

Demgegenüber plädiert Kucklick für ein anderes Vorgehen, welches auf Vertiefung setzt und nicht den Täuschungen der großen Zahl erliegt. Nicht die Verbreiterung oder gar Repräsentativität (der Stichprobe) ist das Ziel, sondern das Verstehen des Einzelfalles gerade in der Abgrenzung zu den anderen Fällen. An die Stelle der Generalisierung tritt die Differenz bzw. eine Differenzrevolution, welche »bislang verborgene Unterschiede hervortreten lässt, auch zwischen uns Menschen« (ebd., S. 11), wie er schreibt. Er spricht von einer »neuen Auflösung«, welche auch uns selbst »radikal vereinzelt, singularisiert« (ebd.). Es zeichnet sich eine »Krise der Gleichheit« (ebd.) ab, welche nicht allein Arbeitswelt und Gesellschaft, sondern auch die Wissenschaft und Praxis dazu drängt, neu in Erscheinung zu treten; eine Entwicklung, die jedoch nicht nur neue – bisher ungeahnte – Möglichkeiten, sondern auch neue Zugriffe durch eine »Quantifizierung des Sozialen« (so Mau 2017) entstehen lässt, die auch die Frage nach den Fakten neu aufwirft. Diese Fakten werden nämlich keineswegs mit den immer größeren Datenmengen, die zur Verfügung stehen, unstrittiger. Es zeigt sich vielmehr:

> »Soziologisch betrachtet, haben wir es bei solchen quantifizierenden Selbstbeschreibungen nicht mit der bloßen Widerspiegelung einer vorgelagerten Realität zu tun, sie können vielmehr als generativer Modus der Herstellung von Differenz angesehen werden. Quantitative Repräsentationen kreieren die soziale Welt nicht, sie rekreieren sie. Sie sind demzufolge als Realität sui generis anzusehen« (ebd., S. 10).

Die neue Leitkategorie ist die Singularität, womit nichts anderes in den Blick genommen wird als die Eigenart, Vielfalt und Unberechenbarkeit des Subjektes, welches mehr aus sich heraus in Erscheinung treten lassen kann als das, was die in den Beobachterkategorien vorgesehenen Ausprägungsformen hergeben. Diese vorgesehenen Ausprägungsformen setzen zumeist sehr grob granuliert an und müssen dies wohl auch. Sie errechnen nämlich statistisch »wahre« Durchschnittswerte, welche aber mit der konkreten Situation, mit denen uns das Leben konfrontiert, meist wenig zu tun haben. Demgegenüber vermag uns die »selbsteinschließende Reflexion« (Varela et al. 1992, S. 50) dafür zu sensibilisieren, wie wir durch die in unseren Beobachtungsroutinen enthaltenen Weltsichten letztlich *die* Fakten hervorbringen, die uns im kategorialen Rahmen unseres Erkennens vorgegeben sind. Dadurch kann auch eine spezifische Haltung entstehen, die es uns ermöglicht, anders mit kognitiv-emotionalen Strukturbesonderheiten – eigenen und denen anderer – umzugehen. Dies ist uns grundsätzlich fremd und widerspricht meist unserem spontanen Impuls. Fremd ist uns auch, welche Interventionen im Gegenüber welche Wirkungen zu erzielen vermögen. Ein solchermaßen informierter Blick

> »hilft uns, eine systemische Haltung zum selbstreflektierten Umgang mit der eigenen Beobachtung zu entwickeln sowie mit den eigenen Mustern der Interpretation und Bewertung des Gegenübers, die uns die Verantwortung für das, was wir fühlen und für gewiss halten, gnadenlos selbst aufbürdet« (Arnold 2014, S. 20).

Diese Neubestimmung der Wirkungsfrage ist für eine systemische Sicht auf das menschliche Leben und die Wechselwirkungen, in denen es sich vollzieht, grundlegend. Sie geht davon aus, dass man heute kaum noch allein linear-mechanistischen Konzepten folgen kann, welche für jede Lage auch ihre Ursache eindeutig zu kennen meinen oder in Anbetracht von mehr oder weniger bedrohlichen Entwicklungen klare Verhaltensmaßnahmen vorgeben. Die Möglichkeit, dass Interventionen in komplexe Wirkungszusammenhänge (wie z. B. Familie, Organisationen, internationale Beziehungen) auch tatsächlich wirkungssicher gelingen können, wird von der Forschung schon seit Längerem äußerst skeptisch beurteilt. Verbreitet sind demgegenüber Versuche, mit dem Gegenüber, wie unverständlich, bedrohend oder gar zerstörerisch es sich auch verhalten mag, in einen Dialog einzutreten, um einen gemeinsamen Prozess der Kooperation und Koevolution einzuleiten oder am Leben zu erhalten. Das »Wissen über das Gegenüber« – so die Erfahrungen – muss dabei von ihm selbst genährt werden, es darf keiner eigenen vorschnellen Beurteilung entstammen, will man den Fakten tatsächlich näher kommen und nicht den eigenen Sichtweisen und Beurteilungen verhaftet bleiben. Ein bekanntes Beispiel ist in diesem Zusammenhang der Vergleich, welchen Hillary Clinton zwischen Putin und Hitler zog. Dieser Vergleich löste Kritik, Relativierungen, aber auch Zustimmung aus, ohne dass die Akteure merkten, welche Festlegung sie dadurch für ihre eigene Beobachtung trafen. Eine unvoreingenommene Würdigung der jeweils neuen historischen Gegebenheiten wird durch solche Festlegungen nahezu unmöglich.

Demgegenüber geht es einer nüchternen Faktenorientierung um etwas anderes. Sie ist stets darum bemüht, nicht von einem »Wissen über das Gegenüber«, sondern von einer nüchternen und möglichst genauen »Beobachtung des Verhaltens des Gegenübers« auszugehen. Dies ist auch in politisch weniger im Fokus stehenden Kontexten notwendig, in denen wir uns z. B. die Frage gefallen lassen müssen, welchen Vergleichsgrößen wir verhaftet bleiben, wenn wir Schülerinnen und Schüler als schwierig oder Mitarbeitende als renitent beurteilen. Allzu rasch berufen wir uns in solchen Lagen auf unsere Erfahrungen und unsere Expertise, ohne uns einzugestehen, dass auch sie uns festlegen und einengen. Wir folgen dann mit unseren Einschätzungen meist unseren Vor-Urteilen, nicht aber dem, was ein nüchtern prüfender – neuer – Blick hätte in Erscheinung treten lassen. Fritz B. Simon spricht in diesem Zusammenhang im Anschluss an Heinz von Foerster von einem »Errechnen der Realität« und beschreibt:

>»Menschen sind nichttriviale Maschinen. Das gilt nicht nur für ihre Psyche, die sich im Laufe ihrer Geschichte verändert (d. h. vergangenheitsabhängig ist), sondern auch für ihren Körper. Dieser behält zwar viele Merkmale seiner Struktur, solange er lebt, aber auch er ist lernfähig. Das Gehirn verändert im Laufe der Lerngeschichte eines Individuums seine neuronalen Verknüpfungen, und das Immunsystem entwickelt Abwehrmechanismen gegenüber Erregern, mit denen es in Kontakt gekommen ist. All diese internen Veränderungen führen dazu, dass die Reaktionen des Organismus, der immer nur im Hier und Jetzt operiert, unvorhersehbar bleiben, was die Zukunft betrifft. Ob er eine Krankheit entwickeln wird oder nicht, ist – zumindest im Hinblick auf die meisten Krankheiten (d. h. nicht alle) – nicht gradlinig-kausal determiniert. Dasselbe gilt für die Verhaltensweisen, die ein Individuum zeigen wird. Auch sie sind nicht berechenbar, obwohl dankenswerterweise nur wenige Menschen ihre Nichttrivialität wirklich ausleben und sich so unberechenbar verhalten, wie sie eigentlich könnten« (Simon 2006, S. 40).

Nachhaltige Veränderungen sozialer Systeme können deshalb nicht von außen her, z. B. bevorzugt durch wohldurchdachte und selbst penibel begründete Interventionen, gelingen. Damit sich tatsächlich dauerhaft etwas verändern kann, ist es unverzichtbar, dass sich die bislang tragenden Deutungen und Interpretationen der verantwortlichen Akteure selbst wandeln (können). Diese Einsicht lässt Veränderung zu einem Lernprozess werden, der nur entstehen kann, wenn sich diese Akteure wertgeschätzt und angenommen fühlen und auch bereit sein können, Vertrautes loszulassen, um Neues zu erproben. Damit das gewährleistet ist, ist es hilfreich, gemeinsam nüchtern auf die Wirkungen zu blicken. Peter Senge et al. (2011, S. 365) folgen deshalb in ihren wissenschaftlichen Klärungs- sowie in beratenden Begleitprozessen der Leitmaxime »Es geht nicht darum, was die Vision ist, sondern was sie bewirkt«. Daher begleiten sie Verantwortliche in Gegenübersystemen, deren Veränderung angeregt, ausgelöst und unterstützt werden soll, indem sie den Hauptfokus der Klärungsbewegung darauf richten, »Energie und Commitment in Ihrer eigenen Organisation« (ebd., S. 367) zu entdecken. Dies ist der erste und grundlegende Schritt einer Veränderungsstrategie, die Wirkungen zu entfalten vermag: Die Anleitung zu einer beobachtenden »Errechnung« der spezifischen – inneren – Wirklichkeit des jeweiligen Gegenübersystems. Diese Anleitung verspricht nur, was sie zu halten vermag, und kann deshalb auch eher halten, was sie verspricht: die Öffnung gegenüber anderen Wegen im Vertrauen auf die eigene Zuständigkeit und Verantwortlichkeit für das, was geschehen kann. Die »Prozessverantwortlichen«, wie man Führungskräfte, externe Berater oder Trainer häufig – irritierenderweise – bezeichnet, delegieren in Wahrheit dabei die Prozessverantwortlichkeit an diejenigen, bei denen sie sich de facto auch befindet. Ihnen bleibt die Zielverantwortlichkeit, d. h. das Bemühen, den Veränderungsprozess in Richtung einer Verbesserung (z. B. des Teamgeistes, der Arbeitsabläufe) zu moderieren. Sie arbeiten dabei aber nur mit dem, worüber sie tatsächlich selbst auch verfügen können: ihre Beobachtung und ihre Kontextsteuerung durch Varietät und Diversität. Dabei gehen sie bewusst vielfältig vor und werden darin bestärkt, nicht bloß ihre überlieferten Bilder und Defizitblicke hinter sich zu lassen, sondern auch ihre Kausalitätsvermutungen, d. h. ihre Vorstellungen davon, welche Bedingungen welche Wirkungen begünstigen und welche nicht. Ganz im Sinn von de Shazer wäre der weitreichende Vorschlag von de Shazer:

> »Vielleicht sollten wir einen wittgensteinschen Schritt machen und sagen, da wir über Kausalität nichts wissen können, könnten wir genauso gut so tun, als ob sie nicht existiere, und sehen, was passiert« (de Shazer 2006, S. 98).

Eine solche weitreichende Infragestellung bisheriger Vorstellungen ist nicht sehr populär. In der Regel erwartet man für professionelle Handlungen eine abgesicherte Erklärung der Ursachen und eine angemessene Therapie. Damit diese Therapie wirken kann, muss sie sich möglichst auf die – faktischen – Ursachen beziehen; man erwartet aber auch dort eine Technologie, wo sie kaum zu haben ist, weil das Gegenüber unberechenbar, eigenwillig oder gar selbstreferenziell geschlossen operiert.[5] Diese selbstreferenzielle Geschlossenheit findet darin ihren Ausdruck, dass andere selbst mit den wohlgemeintesten und bestens begründeten Vorschlägen und Interventionen so umgehen können, wie sie dies aufgrund ihrer Erfahrungen, Erwartungen und Routinen in der Lage sind zu tun. Sie sind dabei nicht im Widerstand, sondern in der Kontinuität – ein Sachverhalt, der auch dem deutschen Systemtheoretiker Niklas Luhmann erst nach seiner autopoietischen Wende seit 1984 mehr und mehr bewusst wurde.[6]

Aus solchen Hinweisen entstand ein neuer Blick auf die Umgangs- und Gestaltungsmöglichkeiten im Bereiche der weichen Tatsachen, bei denen sowohl Beobachter als auch professionelle Gestalter es mit der selbstreferenziellen Welt des Sozialen und des Geistes zu tun haben. Veränderungen können im Umgang mit solchen Gegenübersystemen angeregt, aber nicht zielerreichend gestaltet werden. Deshalb helfen im professionellen Umgang auch keine Technologien, die auf einer Wenn-dann-Logik basieren, sondern allenfalls Selbsttechnologien. Sie »vermitteln« und »verändern« nichts beim Gegenüber, sondern eröffnen lediglich einladende Wege zu einer Selbstbildung und Selbstveränderung (vgl. Arnold 2013; 2016b). Sie erzeugen auch nichts, sondern ermöglichen allenfalls Lernen sowie Kompetenz- und Identitätsreifung – vorausgesetzt, die Gestaltung der Kontexte rückt deutlicher in

---

5 Mit diesem Vorwurf hatten Niklas Luhmann und H.-E. Schorr (1979) seinerzeit die Erziehungswissenschaften aufgeschreckt, indem sie aufzeigten, dass diese Wissenschaften keine instrumentell nutzbaren und mehr oder weniger wirkungssicheren Verfahren bereitzustellen vermögen.

6 Dies blieb auch in der Pädagogik und Erziehungswissenschaft lange Zeit weitgehend unbemerkt – außer bei Dieter Lenzen. Dieser hat nämlich recht früh erkannt, dass die emergenten Wirkungsgefüge der pädagogischen Felder andere Begriffe und Konzepte nahelegen als die Input-Erwartungen, die mit den überlieferten Konzepten verbunden sind (vgl. Lenzen 1997). In der von ihm gesamtredaktionell betreuten Denkschrift der Vereinigung der Bayerischen Wirtschaft mit dem programmatischen Titel *Bildung neu denken! Das Zukunftsprojekt* heißt es – am Beispiel der Pädagogik – zu der überlieferten Unterrichtstechnologie im Sinne eines »linearen, einseitig vom Lehrer ausgehenden Vorganges«: »In den Kognitionswissenschaften wird Unterricht heute nicht mehr als eine ausschließliche Aktivität des Lehrers, sondern des Lernenden begriffen. Der Lernende benötigt eine komplexe, differenzierte ›Lernumgebung‹, die ihn zum Lernen herausfordert. Diese komplexe ›Irritation‹ führt zu einer kognitiven Ausdifferenzierung des Gehirns. Es kommt also darauf an, eine Lernumwelt so zu gestalten, dass sie zum Lernen veranlasst. Dies bedeutet, dass der Lehrer sich von dem Bild verabschieden muss, eine Wahrheit zu verwalten und zu vermitteln. Seine Aufgabe hat neben der pädagogisch-erzieherischen Komponente durchaus Ähnlichkeit mit der eines (Wissens-)Ingenieurs. Er ›konstruiert‹ mit seinem Unterricht eine Lernumwelt. [...] Für den Vollzug von Unterricht bedeutet dies, dass er sowohl ›direktiv‹, z. B. bei der Mitteilung und Erläuterung von Sachverhalten im klassischen Sinne, als auch ›situiert‹ im Sinne der Schaffung von realitätsnahen Lernanlässen sein muss« (Vereinigung ... 2003, S. 88).

den Vordergrund der professionellen Planung und des Arrangements geeigneter Lernumgebungen digitaler und analoger Art. Damit verbunden ist ein grundlegender Wandel der gestaltenden Funktionen des Lehrens, Führens, Beratens oder Begleitens. Die Professionalisierung dieser Funktionen folgt nämlich nicht mehr den quasiingenieurwissenschaftlichen Vorstellungen und Erwartungen eines linear-mechanistischen Wirkungsbegriff, sondern dem Konzept der »selbsteinschließenden Reflexion« (Varela et al. 1992, S. 50), dessen erst vereinzelt aufgegriffene Anregungen (vgl. Siebert 2011) auf eine *doppelt reflexive Bewegung* der oder des Professional verweisen.

Diese reflexive Professionalisierung impliziert eine doppelte Bewegung der Professionals. Sie orientieren sich – penibel und unvoreingenommen beobachtend – an der Eigenbewegung des jeweiligen Gegenübersystems (sei dies eine einzelne Person, eine Gruppe oder eine Organisation) – mit der Absicht, es zu verstehen, zu begleiten und zu fördern. Darüber hinaus basiert diese reflexive Professionalität auf einer tiefen Einsicht in die Selbstgebundenheit der eigenen Wahrnehmungs- und der eigenen Gestaltungspräferenzen. Professionals wissen, wie sie in dem, was sie zu erkennen vermögen, durch Eigenes festgelegt sind, was es beständig zu berücksichtigen und zu relativieren gilt, will man sich der Logik des Gegenübersystems tatsächlich öffnen, statt Eigenes zu rekonstellieren.

Michelle Foucault spricht in einem ganz ähnlichem Sinne von den »Techniken und Technologien des Selbstverhältnisses« (Foucault 2009, S. 18), und er markiert damit ein den vorstehenden Ausführungen durchaus verwandtes Technologieverständnis. Diesem Technologieverständnis geht es nicht um die Entwicklung von Modellen, Algorithmen und Methoden zur Bearbeitung einer kontrafaktisch gegebenen Problemstellung, sondern vielmehr um eine systematische Nutzung von Verfahren der Selbstbeobachtung und Selbstkritik (vgl. Moldaschl 2000). In diesem Sinne schreibt Josef Kucklick (2014, S. 19):

> »Die Welt der Neuen Auflösung, in die wir uns begeben, hält zwar viele Fallstricke und Gefahren bereit. Aber sie wird auch dazu führen, dass wir uns intensiver mit dem beschäftigen werden, was uns als Menschen kennzeichnet. Wir gehen nicht der Entmenschlichung, der Roboterisierung entgegen, sondern im Gegenteil: der Präzisierung dessen, was uns eigentlich ausmacht. Die neuen Maschinen und Algorithmen fordern uns heraus, und wir werden uns verändern müssen, um ihnen erfolg-

reich begegnen zu können, aber genau darin liegt unsere Stärke: Wir sind die Wesen, die sich neu erfinden können.«

Wenn es um die Frage nach den gesellschaftlichen Fakten geht, braucht eine moderne Bildungs- und Veränderungswissenschaft andere Beobachtungsformen, Konzepte und Modelle. Sie fokussieren ihren Gegenstandsbereich nicht intentional, sondern versuchen, ihn rekonstruierend zu verstehen. Dadurch stiften die dem professionellen Handeln eine Sicht der Dinge, welche es ermöglichen kann, funktional bzw. – besser – relational anzusetzen, indem es funktional äquivalente Kontexte zu gestalten und ihre Wirkungen zu beobachten versucht, um Begleitung und viable Veränderung zu ermöglichen.

Soziale Technologien sind möglich – allerdings bloß als Werkzeuge der Selbstreflexion (Arnold u. Nittel 2016). Solche Werkzeuge versuchen nicht, die Angesprochenen selbst zu passiven Objekten von Intervention und Beeinflussung simplifizieren. Vielmehr konstruieren sie die Angesprochenen als aktive Wesen und sind darum bemüht, sie zu Eigenbewegungen anzuregen, ihnen Zugänge zu eröffnen und Arrangements sowie Entwicklungskontexte (z. B. Lernlandschaften) als Erfahrungsräume zu gestalten. Um in ihnen mit Regeln als Werkzeugen der Selbstreflexion zu arbeiten, sollten Forscher und Begleiter gleichermaßen versuchen, an den Emergenzpunkten des Selbstausdrucks und der Selbstbewegung des Gegenübers anzusetzen und sie durch Irritations- oder Perturbationshandlungen herauszufordern. Ob und in welcher Weise das Gegenüber die damit einhergehende »emotionale Labilisierung« (Erpenbeck u. Sauter 2016) auch tatsächlich zur Kompetenzreifung zu nutzen vermag, bleibt seiner eigenen autonomen Entscheidung vorbehalten. Es gibt keine wirkungssichere »Technologie«, mit deren Hilfe das gewünschte Verhalten »effektiv« erzwungen und nachhaltig gewährleistet werden kann. Die reflexive Technologie arbeitet zwar mit Zweck-Mittel-Kalkülen, muss aber de facto ohne sie auskommen; sie kann allenfalls beobachtend relationieren (= in Beziehung setzen), aber nicht bewirken, wie u. a. die erwähnten Klärungen von Ortfried Schäffter (2012) zeigten.

Mit dieser Orientierung auf die Selbsttechnologien lösen sich die Sozialwissenschaften auch von den vorherrschenden Bemühungen, die Einbettung ihres Gegenstandes in kausale Wirkungszusammenhänge zu ihrem Hauptfokus werden zu lassen. Damit greifen sie eine alte Denkrichtung der Philosophie und Geisteswissenschaften wieder auf. Denn die Begrenztheit des Kausalitätsprinzips wurde in diesen Wissenschaften mehrfach grundlegend festgestellt, erfreut sich aber nach wie vor einer ungebrochenen Beliebtheit. Mehr noch: Das, was Wissenschaft sein soll und kann, wird zunehmend mit aus Korrelationen errechneten Zusammenhängen, die nicht selten vorschnell mit Kausalitätsnachweisen gleichgesetzt werden, identifiziert. Dabei vergisst man häufig, dass

>»eine Korrelation zwischen zwei Variablen eine notwendige, aber keine hinreichende Voraussetzung für kausale Abhängigkeiten (ist)« (Bortz 1989, S. 288).

Besonders fragwürdig ist die kausale Interpretation von Korrelationen in *den* Bereichen, in denen wir es mit einer Überkomplexität bedingender Variablen zu tun haben, darunter auch Aneignungs- und Interpretations- sowie Handlungstendenzen der einzelnen Subjekte, die ihnen (noch) nicht selbstreflexiv verfügbar sind, obgleich sie spürbar musterhaft wirken und das Handeln hinter dem Rücken der Akteure beeinflussen.

Die Feststellung von Wittgenstein: »Der Glaube an den Kausalnexus ist der Aberglaube« (Wittgenstein, zit. nach Kenny 1996, S. 29) konnte den Siegeszug des vorherrschenden technisch-ingenieurwissenschaftlichen Denkens bislang nicht wirklich tief erschüttern, weshalb bis zum heutigen Tag linear-kausale sowie instrumentalistische Vorstellungen in Bezug auf Themen wie Kommunikation, Intervention, Erziehung, Bildung, Führung sowie Familien- oder Organisationsentwicklung nicht nur die Selbsthilfeliteratur, sondern auch die meisten wissenschaftlichen Arbeiten und Lehrbücher dominieren. Die mechanistisch-linearen Erwartungen sind allerdings nicht bloß unterkomplex, da sie die Wirkungszusammenhänge vordergründig auf Reiz-Reaktions-Ketten zu reduzieren neigen, sie sind auch zumeist überhaupt nicht in der Lage, die Akteure »als Teil eines gemeinsam entwickelten Musters« zu verstehen, zwischen dessen Elementen »Milliarden von Interaktionspfeile zu ziehen (sind), stellvertretend für den Prozess der Transaktionen in einem komplexen Feld« (von Schlippe u. Schweitzer 2012, S. 150 f.). Arist von Schlippe und Jochen Schweitzer bringen deshalb ihre Einschätzung des Kausalitätsprinzips sehr pointiert zum Ausdruck:

»Kausalität allgemein und insbesondere lineare Kausalität wird in einer systemischen Sichtweise nicht als ein hilfreiches Erklärungsprinzip angesehen. Das Kind wird weder als ›krank gemacht‹ noch ›als Opfer‹ der es ›ausbeutenden‹ oder ›kranken‹ Mutter bzw. Eltern betrachtet. Familie macht nicht krank! In Familien kann jedes Mitglied vielmehr Teilnehmer an einem ›Beziehungstanz‹ (Ritscher 2007, S. 17) werden, der mit Leid einhergehen kann. Ein Symptom wird eher als Signal verstanden, vielleicht als Hilferuf für die ganze Familie – daher wird der ›Patient‹ auch oft als ›Indexpatient‹ bezeichnet, um seine Rolle als ›Anzeiger‹ im System zu verdeutlichen.«

Eine faktenorientierte bzw. evidenzbasierte Ausrichtung der Forschung ist deshalb gut beraten, sich nicht auf einen unterkomplex mathematisierten Umgang mit Wirklichkeit reduzieren zu lassen. Sie muss erkennen, dass es unterschiedliche Empiriebegriffe und deshalb auch unterschiedliche methodische Formen der Welterschließung gibt und dass die Mathematisierung der Verfahren gerade dann die Wirklichkeitserschließung ihrer Substanz beraubt, wo es um komplexe und nur begrenzt bewusstseinspräsente Motive und Handlungsbegründungen der Akteure zu gehen scheint.

Diese Überlegungen lassen sich zu folgendem sechsten Schritt zur Vermeidung schwachen Denkens verdichten:

Sechster Schritt zur Vermeidung schwachen Denkens: Zirkularität

Die kausalen Ursachen des faktischen Geschehens zu bestimmen ist immer eine rückblickende Interpretation. Sie ist von Zuschreibungen getragen, die von den Denkbewegungen des Beobachters gestiftet werden. Sie gewährleisten deshalb keineswegs eine sicherere Intervention. Ob und in welcher Weise Interventionen gelingen können, ist vielfach auch von der Überraschungsoffenheit derer abhängig, die glauben zu wissen, was wirkt.

Frage:

Bin ich in der Lage, meine eigene Beobachtung und daraus abgeleitete Handlungsimpulse zu relativieren und mich als Teil eines komplexen Wirkungsgefüges zu verstehen?

---

3 Aufklärung: Die Karriere der Vernunft

Der Glaube an die Vernunft ist in der Menschheitsgeschichte vergleichsweise jungen Datums. Über viele Jahrtausende lebten die Menschen im Kontext magischer oder mythisch-theologischer Welterklärungen, und auch heute noch konnte sich das Modell der Evidenzbasierung keineswegs überall Geltung verschaffen. Der Mechanismus der präfaktischen Weltsicht ist immer der gleiche: *Nicht das, was der Fall ist, bildet die Basis von Information, Debatte und Schlussfolgerung, sondern das, worüber Aufmerksamkeit erzeugt werden kann und wodurch gefühlte Vorannahmen bestätigt werden – unabhängig von ihrer Prüfbarkeit und Widerspruchsfreiheit zu dem, was anderenorts oder von anderen herausgefunden und überzeugend belegt wurde.*

Am Anfang der Aufklärung stand die Aufforderung von Immanuel Kant (1784): »Habe Mut, sich deines eigenen Verstandes zu bedienen!« Vorausgegangen waren Vordenker wie René Descartes (1596–1650) oder John Locke (1632–1704). Letzterer stellte die nüchterne Beobachtung über alles und verortete im Buch 2 des *Versuches über den menschlichen Verstand* (2016 [1690]) lapidar den Ausgangspunkt allen Erkennens in der menschlichen Wahrnehmung: »Es existiert sicherlich nur das, was wahrnehmbar ist« – so sein Diktum, aus dem auch im Umkehrschluss gefolgert werden kann, dass wir die Welt verändern oder gar erschaffen, indem wir unsere Wahrnehmung entwickeln, unsere Sinne schärfen, erweitern oder gar disziplinieren. Die Aufklärung kann ebenso gut als der Beginn des Versuches angesehen werden, auch *die* Zusammenhänge zu erkennen, die wir nicht oder noch nicht wahrnehmen, aber vielleicht berechnen oder gar imaginieren können.

Sich von den Fakten zu lösen markiert deshalb einen deutlichen Rückschritt in der Menschheitsentwicklung, die sich über viele Jahrhunderte mühsam aus der Vorherrschaft kontrafaktischer – magischer – Weltbilder befreien musste. Dieser Befreiungskampf wurde nicht selten auch mit Feuer und Schwert ausgetragen, war es doch nicht allein ein Kampf um die Wahrheit, sondern ein Kampf um Interessen. Diesen Zusammenhang hat der deutsche Soziologe und Philosoph Jürgen Habermas in seinem 1968 erschienenen Werk *Er-*

kenntnis und Interesse ausgelotet und dabei die These stark gemacht, dass »radikale Erkenntniskritik nur als Gesellschaftstheorie möglich ist« (Habermas 1977, S. 9), da letztlich jede gesellschaftliche Regelung der Interessengegensätze durch subtile Mechanismen nur *die* Weltbilder zulasse, stärke und fortentwickle, die den Fortbestand des vorherrschenden Interessenausgleichs sichern. Erkenntnis – so kommentiert sein Biograf Stefan Müller-Doohm (2014, S. 183)– »bringt etwas zu Bewusstsein, und ihr Gehalt hängt davon ab, wie sich Herrschaft historisch manifestiert.«

Außenseitern des Mainstreams kommt im Reigen der »zulässigen« Weltbilder deshalb eine grundlegende Aufklärungsfunktion zu. Sie entziehen sich dem Konformitätszwang und stellen die etablierten Wahrnehmungs- und Denkgewohnheiten immer wieder neu infrage. Der Psychologe Norbert Groeben (2017) charakterisiert Außenseiter des Denkens deshalb als konstruktive »Nonkonformisten«, »weil sie über ihre Relation zur Gruppe und deren Normen reflektieren müssen.« Er schreibt (S. 595):

> »Non-Konformismus ist die reflektierte, begründete Entscheidung gegen, aber ggf. ebenso für bestimmte Normen und Konventionen. Wie für Individuen gilt auch für Gruppen, dass sie sich nur durch solche Reflexion und wo nötig Veränderung von Werthaltungen, Einstellungen etc. weiterentwickeln können. Dementsprechend spielen Außenseiter für das Fortbestehen von Gruppen (nicht nur, aber besonders auch in der Wissenschaft) eine essenzielle Rolle. [...] Das Fehlen von Außenseitern ist daher ein Fluch für die Mehrheitsgemeinschaft und ihre Weiterentwicklung. [...]

> Man muss sich darüber im Klaren sein, dass einen die Mehrheit, wenn man ihr dauernd mit Protest begegnet, nicht übermäßig freundlich umarmen wird. Aber das Bedürfnis nach Anschluss und vor allem Wirksamkeit bleibt trotzdem bestehen und macht die Sanktionen der Mehrheit belastend. [...] Außenseitertum bedeutet daher, je konstruktiver es ist, umso mehr das Aushalten von unerfüllter Hoffnung. Und als Steigerung dieses Aushaltens sogar die Bereitschaft zum Scheitern: ›Er war seiner Zeit weit voraus. Leider bog die dann in eine andere Richtung ab‹ (Willi Feld). Oder man ist vielleicht doch nicht ›außen‹ genug? Denn: ›Oft hat weder die Majorität noch die Minorität recht, sondern eine dritte Partei, gegen welche die Minorität eine Majorität ist‹ (Jean Paul).«

Die Ausgrenzung des Außenseiters, welcher durch seinen Vernunftgebrauch zu anderen Zugängen, Denkbewegungen und mutigen Infragestellungen gelangt, wird auch in den Wissenschaften durch Konformitätszwang, nicht selten auch durch Beschimpfungen bewerkstelligt
(vgl. Pongratz 2014). Zu erwähnen ist in diesem Zusammenhang
aber auch die seriöser daherkommende Form der Abwehr frischen
Denkens: die soziale Kontrolle des »Zulässigen« durch sogenannte
Peer-Review-Verfahren, bei denen ausgewählte Forscherpersönlich-
keiten darüber urteilen, welches Forschungsergebnis es »wert« ist,
in einem anerkannten sowie breitenwirksamen Publikationsorgan
(in der Regel einer Fachzeitschrift) veröffentlicht zu werden und
welches nicht – ein Verfahren, das zumindest darum bemüht ist, der
Subjektivität von Einzelbeurteilungen durch die Entwicklung einer
»Streitkultur« vorzubeugen,

> »in der sich unterschiedliche Urteile über wissenschaftliche Güte
> in ihrer eigenen Güte laufend selbst beobachten und kontrollieren«
> (Hirschauer 2005, S. 81) –

eine Wertschätzung, welche derselbe Autor an anderer Stelle bereits
selbst kritisch einschätzt, wenn er schreibt, dass

> »der Peer-Review kein wissenschaftliches Messverfahren für die Güte
> von Publikationen (ist), sondern eine soziale Einrichtung zur Kalibrie-
> rung der Lesezeiten einer Disziplin« (Hirschauer 2004, S. 62).

Zahlreiche Studien der vergangenen Jahre zeigen, dass es um die Zuverlässigkeit der Review-Verfahren selbst keineswegs zum Besten bestellt ist. So gelangen Gabi Reinmann et al. (2010) zu der Einschätzung,
dass diese Verfahren wegen der langen Dauer den wissenschaftlichen
Austausch gerade in dynamischen Kontexten der Wissensentwicklung
gravierend verzögerten und darüber hinaus auch die Auswahl der
Gutachter vielfach Intransparenz aufweise, welche die Gültigkeit der
Review-Begutachtung insgesamt infrage stellen. Diese Auswahl

> »kann zufällig erfolgen oder aber bewusst gelenkt werden, um bestimm-
> te Ergebnisse zu erzielen. Vor allem interdisziplinäre und innovative
> Arbeiten laufen durch eine schlechte Passung Gefahr, unangemes-
> sen bewertet zu werden. Als besonders gravierend schließlich gilt das
> Problem, dass verschiedene Gutachter zu unterschiedlichen Urteilen

kommen oder explizite Mängel (einschließlich Plagiat und Betrug) gar nicht erkannt werden. In dem Fall geht man davon aus, dass ungültige Einschätzungen der Gutachter vorliegen« (ebd., S. 218 ff).

Die Zweifel an der kollegialen Kontrolle durch Peer-Review-Review-Verfahren sind in den letzten Jahren gewachsen. Vielfach wurde deutlich, dass diese Verfahren weder zuverlässige noch gültige Ergebnisse gewährleisten. Vieles gleicht einem Zufallsverfahren, bei dem nicht der Evidenzgehalt und nachvollziehbare Vernunftgebrauch der Forscherinnen und Forscher angemessen begutachtet werden, sondern sich vielmehr eine soziale Praxis ganz eigener Formen des Umgangs mit dem Schisma von Überforderung einerseits und Sorgfaltspflicht andererseits vollzieht (vgl. Titz 2010). Erschreckend sind die Resultate dieser für viele Wissenschaftlerkarrieren und damit für die Entwicklung der Wissenschaft insgesamt zentralen Form der sozialen Kontrolle. Bereits in den 1980er-Jahren führte man den Versuch durch, einmal bereits positiv begutachtete und publizierte Artikel eineinhalb Jahre später derselben Zeitschrift nochmals zur Begutachtung anzubieten. Ausgewählt wurden dafür zwölf anerkannte psychologische Fachzeitschriften – eine Doppelung, welche bloß drei von 38 Referees auffiel. Aufschlussreicher hingegen war der Sachverhalt, dass acht von neun dieser eingereichten Arbeiten dieses Mal wegen »schwerwiegender methodischer Mängel« abgelehnt wurden, obgleich sie einige Monate zuvor als veröffentlichungswürdig eingestuft wurden (Peters a. Ceci 1982). Solche Ergebnisse sind nicht gerade dazu angetan, die Zuverlässigkeit dieser Form der kollegialen Kontrolle hoch einzuschätzen. Vielmehr zeigt sich in solchen Ergebnissen eine Unseriosität, der nicht nur die Außenseiter, aber diese in ganz besonderem Maße zum Opfer fallen.

Die Seriosität der Peer-Review-Verfahren ist nicht bloß durch solche Willkürlichkeiten – wie bei erneuter Begutachtung – diskreditiert. Es gelingt ihnen häufig auch nicht, Übertreibungen, Irrtümern oder gar Betrügereien in berichteten Forschungsergebnissen auf die Spur zu kommen und sie sicher auszuschließen. Kritisch gesehen wird auch die soziale Praxis der Begutachtung, welche nicht mit Gewissheit zu verhindern vermag, dass z. B. überarbeitete, weil vielfach angefragte Gutachter gar nicht selbst ihre Begutachtung vornehmen, sondern auf Zuarbeiten und Voreinschätzungen ihrer – weniger forschungserfahrenen – Mitarbeiter zurückgreifen (vgl. Zylka-Menhorn 2006) oder prinzipiell nicht frei von dem Interesse agieren, potenzielle

Konkurrenten aus ihrem Revier klein zu halten. Solche Fehler stellte auch John P. A. Ioannidis (2005) bei der Analyse medizinischer Fachzeitschriften bei mindestens einem Drittel der untersuchten Arbeiten fest. Solche Ergebnisse sind geeignet, den Glauben an die qualitätssichernde Wirkung von Peer-Review-Verfahren erheblich zu erschüttern. Zudem ist zu fragen,

> »wie es um die Kreativität und Innovativität von wissenschaftlichen Disziplinen bestellt sein kann, die nicht nur Außenseiter, sondern auch frisches Denken unterbinden und deren Nachwuchs sich bei der Publikation seiner Ergebnisse gültigkeitssichernder Verfahren unterziehen muss, deren Gültigkeit selbst in Zweifel steht« (Arnold 2017a, S. 37).

Gänzlich fragwürdig wird dieses Verfahren, wenn man beobachtet, wie einzelne Journale und ihre bestellten Gutachter darüber hinaus dazu neigen, das Neue an den Maßstäben des Alten, d. h. des etablierten Mainstreams wissenschaftlicher Praxis zu messen. Peer-Reviews zerstören deshalb auf diesem Weg paradoxerweise genau das, was sie zu prüfen vorgeben: die Wissenschaftlichkeit und Innovativität von Forschung. Sie erziehen nämlich zur antizipierenden Orientierung am methodologischen und theoretischen Mainstream, nicht zu der notwendigerweise exzentrischen Haltung, wie sie Armin Nassehi in einem Beitrag in der *Frankfurter Allgemeinen Zeitung* im Anschluss an John Stuart Mill (1806–1873) beschreibt. Wer über eine solche – außenseiterische – Haltung verfügt, ist in der Lage,

> »die ausgetretenen Pfade des Gewohnten zu verlassen und die Gesellschaft mit Abweichung zu versorgen, an der sie sich wie an einem Spiegel abarbeiten kann. Mill preist den Exzentriker als eine solche Figur. Was es in der Wissenschaft braucht, sind in diesem Sinne: methodisch kontrollierte Exzentriker« (Nassehi 2017, S. 9).

Exzentriker sind Außenseiter, d. h. Personen, die sich »außerhalb der Mitte« bewegen und deutlich von der sozialen Norm abweichen. Seine »vermittelte Unmittelbarkeit« – so der Anthropologe Helmuth Plessner (1892–1985) – ermögliche es ihm, seiner Erkenntnis eine »Vermittlungsrichtung von der Ich-Begründung zur Außenwelt« zu geben (zit. nach Schirrmacher 2000, S. 133), was m. E. nichts anderes ist als eine beobachtertheoretische Selbstreflexion, durch die jeglicher Realismus relativiert bleibt.

Man kann es deshalb übersehen:

> »Auch die durch Peer-Reviews, Impact-Faktoren und Rankings geregelten Evidenzbelege sind das Ergebnis einer sozialen Konstruktion der Wirklichkeit« (Arnold 2017a, S. 37).

In ihnen teilt sich die Wirklichkeit lediglich zu den eigenen Bedingungen der Beobachter und der zwischen ihnen verabredeten Verfahren mit, d. h. in der Form, wie sie in Erscheinung zu treten und Wirkungen zu entfalten vermögen bzw. es »dürfen«.

Siebter Schritt zur Vermeidung schwachen Denkens: Interesse

Wer sich um evidenzbasierte bzw. faktenorientierte Klärung der Zusammenhänge bemüht, sollte sich Rechenschaft darüber ablegen, welchen Interessen er dabei dient und wie sie seine eigene Suche beeinflussen oder gar verfälschen, indem sie ihn auf anerkannte Wege verführen, deren Passung zum Gegenstand seines Erkennens eine vordergründige sein kann.

Frage:

Inwieweit bestimmen Publikations- und Karrieremöglichkeiten sowie Konformitätszwänge das, was ich denke und beobachte und wie ich dabei vorgehe?

Mit dem Verweis auf die Interessengebundenheit und soziale Kontrolle der Erkenntnis, wie sie sich in den Review-Verfahren etablieren konnten, weitet sich der Blickwinkel zu einem eher erkenntnisbezogenen Fokus, der die Empirie als das nimmt, was sich dem jeweiligen Forscher, Gutachter oder Leser zeigt bzw. zeigen »darf«. Die eigenen Beobachtungs- und Denkformen können dadurch in den Fokus geraten und relativiert werden – eine Reflexionsbewegung, welche bereits der österreichische Physiker und Philosoph Ernst Mach (1838–1916) mit seinem sogenannten Empiriokritizismus vorbereitet hatte. Ihm ging es in erster Linie um »Sinnesphysiologie«, d. h. um die nüchterne Frage, wie das Gegebene sinnlich erfahren und zu tragenden Erklärungen verdichtet wird. Damit markierte Mach einen erkenntnispsychologischen Zugang zu der Frage nach den Fakten, die in dem Bemühen ihren Ausdruck fand, »sich von vorgegebenen philosophischen Ansichten ganz zu befreien« (Mach 2015, S. VI) und »als von keinem System befangener naiver Beobachter [...] die Wege zu erschauen, auf

welchen Erkenntnis fortschreitet« (ebd., S. VIII). Nicht die Verfäl-
schungen durch Zeitgeist, Denktraditionen und gesellschaftliche Interessen, wie bei Habermas, waren seine Themen, sondern die in der
Psychologie des Beobachters selbst angelegten Gefahren des Irrtums.
Folgerichtig trägt seine *Psychologie der Forschung* (= Untertitel) auch
den Titel *Erkenntnis und Irrtum*. Letzteres zu vermeiden, um Ersterem
zu dienen, kann als Programm seiner Erkenntnispsychologie gewertet
werden, welche bezeichnenderweise von materialistischen Interpreten
als latent idealistisch kritisiert wurde. Diese Kritik war zumindest un-
genau, ist es doch das Wesen der idealistischen Philosophie, die Welt
der Fakten auf Ideen sowie Denk- und Beobachtungsformen – oder,
heute besser gesagt: Denk- und Beobachtungsmuster (vgl. Nassehi
2017) – zurückzuführen, während es Mach schlichtweg bloß um eine
Psychologie des Beobachters beim Umgang mit der ihm gegeben er-
scheinenden Welt ging.

In seinem Werk *Erkenntnis und Irrtum* schrieb er zum Zusammenhang von Begriff und Wirklichkeit:

> »Wem der Begriff als ein luftiges Idealgebilde erscheint, dem nichts
> Tatsächliches entspricht, mag folgende Überlegung anstellen. Als selbst-
> ständige physische ›Sachen‹ bestehen die abstrakten Begriffe allerdings
> nicht. Allein wir reagieren tatsächlich auf Objekte derselben Begriffs-
> klasse psychophysiologisch in gleicher, auf Objekte in verschiedener
> Klasse in verschiedener Weise, wie dies besonders deutlich wird, wenn
> es sich um biologisch wichtige Objekte handelt. Die Empfindungsele-
> mente, auf welche sich die Begriffsmerkmale in letzter Linie zurückfüh-
> ren lassen, sind physische und psychische Tatsachen. Die Beständigkeit
> der Verbindung der Reaktionen aber, welche die physikalischen Sätze
> darlegen, ist die höchste Substanzialität, welche die Forschung bisher
> enthüllen konnte, beständiger als alles, was man Substanz genannt
> hat. Der Gehalt der Begriffe an tatsächlichen Elementen darf uns aber
> doch nicht verführen, diese physischen Gebilde, welche einer Korrektur
> immer noch fähig und auch bedürftig sind, mit den darzustellenden
> Tatsachen selbst zu identifizieren« (Mach 2015, S. 136).

Diese Überlegungen zeigen, dass das Erkennen über keinen unmittelbaren Zugang zur Wirklichkeit verfügt, sondern sie sich vielmehr
mit überlieferten Begriffen zurechtlegt bzw. »macht«, weshalb es
auch alles andere als abwegig ist, von »Fakten« zu reden, da sie durch
die verfügbaren und überlieferten Begriffe »gemacht« sind – nicht
willkürlich, sondern mittels weitgehend erwiesener Nützlichkeit für

die kommunikative Verständigung über das Gegebene und den erfolgreichen und anerkannten Umgang mit ihm. Dabei ist es wichtig zu
berücksichtigen, dass es unwahrscheinlich ist,

> »dass unseren Begriffen absolute Beständigkeiten entsprechen, wo
> unsere Forschung nur Beständigkeiten der Verbindung der Reaktionen
> aufzufinden vermag« (Mach, zit. nach Heller 1964, S. 117).

In den Gemengelagen zwischen Interessen bzw. sozialer Kontrolle,
Irrtum und Erkennbarkeit konnte sich in der Menschheitsgeschichte
eine Weltbildentwicklung vollziehen (vgl. Abb. 1), welche die magischen Deutungen der Welt mehr und mehr hinter sich ließ. In den
Vordergrund rückten Bemühungen um Erklärungsmodelle, die durch
innere und äußere Widerspruchfreiheit ihrer Beschreibungen geprägt
sind. Abgelöst wurden theologische oder philosophische Deutungen,
die jeweils bloß eine sehr begrenzte Akzeptanz in den betreffenden
»Gemeinden« oder »Schulen« zu erreichen vermochten. Die Kohärenz mit den Erkenntnissen anderer Beobachter war nicht zu sichern
und wurde auch vielfach nicht gesucht. Deshalb konnten sich selbst
in den Wissenschaften lange Zeit Bereichskonzepte halten, die sich
stärker durch die Abgrenzung von Andersgläubigen und weniger aus
einem Bemühen um theoretische Konsistenz und Evidenzbasierung
substanziell begründeten. Diese Selbstbeschränkung fiel bereits dem
Systemtheoretiker Niklas Luhmann auf, der in seinen verschiedent-
lichen Anfragen an die Pädagogik ebendiese mit dem ärgerlichen Vorwurf konfrontierte, immer noch mehr an idealisierter Beschreibung
ihres Anspruches als an einer nüchternen Wirkungsbeobachtung ihrer
Möglichkeiten orientiert zu sein (vgl. Luhmann 2002). Er leitete damit
einen Abgesang auf die Konzepte einer emanzipatorischen Pädagogik
ein, welche Jochen Kade für die Erwachsenenpädagogik in der deutlichen Feststellung fasst (1993, S. 235), dass

> »in dem Maße, in dem die Erwachsenenbildung zu einer normalen
> Wissenschaft wird, normative Positionen zurück(treten) und analyti-
> sche, über Forschung zu realisierende Zugänge zur Wirklichkeit an
> Gewicht (gewinnen). [...] Erwachsenenbildung (taugt) heute nicht mehr
> zur Projektionsfläche für quasi kryptoreligiöse utopische Sehnsüchte
> nach einer besseren, nach einer heilen Welt [...]. Aus dem ›Scheitern‹
> emanzipatorischer Erwachsenenbildungsentwürfe kann man lernen,
> dass totalisierende Emanzipationsprogramme angesichts der moder-

nen Individualisierung von Lebenslagen und der Pluralisierung von Lebensentwürfen wenig Zukunftschancen haben. Jenseits der blinden Versprechen fertiger utopischer Entwürfe sind Antworten eher dort zu suchen, wo die Vielfalt möglicher Emanzipationsprozesse, die irgendwo zwischen Alltagszwängen und Befreiungsträumen geschehen, erforscht wird, wo ungenutzte Möglichkeiten besseren Lebens und größerer Autonomie aufgewiesen werden und der Beitrag realistisch bestimmt wird, den Bildungsarbeit in diesem Zusammenhang leisten kann. Wollte man sich unter den Bedingungen fachwissenschaftlich begrenzter Reflexion vom kritischen Impuls der emanzipatorischen Theorietradition inspirieren lassen, so dürfte man nicht den Fehler substanzialistischer Einheitsformeln wiederholen und mit starren normativen Abgrenzungen arbeiten.«

Dies sind klare Worte. Mit ihnen wird auf den Entwicklungsstand eines wissenschaftlichen Weltbildes verwiesen, welches noch in zu geringem Maße den Kriterien der inneren und äußeren Widerspruchsfreiheit entspricht und auch eine Theoriearbeit vermissen lässt, die am harten Strahl erkenntnis- und beobachtertheoretischer Argumentation sowie evidenzorientierter Prüfung erblüht. Vielmehr bestimmen Ansprüche die Argumentation, und das, was nicht sein »darf«, wird aus den Betrachtungen ausgeklammert. Der Verweis auf die Debatten über die emanzipatorische Pädagogik dient dabei nur als ein Beispiel, mit dessen Hilfe die Zurückgebliebenheit wissenschaftlicher Entwürfe verdeutlicht werden kann, die – folgt man einem Stufenmodell der Weltbildentwicklung (Abb. 1) – in ihrer Hinwendung zu den Fakten allenfalls bis zum Niveau einer inneren Widerspruchsfreiheit haben durchreifen können. Seitdem ruhen sie in weitgehend internen Debatten – überwiegend beschäftigt mit der (meist vehementen) Verteidigung der eigenen Argumentationslinien gegenüber äußeren Angreifern (vgl. Holzer 2009).

Als Tatsachen bzw. Facts werden in der Alltagssprache Sachverhalte bezeichnet, die sich uns nach Maßgabe des gesunden Menschenverstandes so und nicht anders mitzuteilen scheinen. In aller Regel kann man sich über die physischen Gegebenheiten leichter verständigen, wenn auch anderen in derselben Weise klar ist, worum es geht. »Es regnet« ist eine solche einvernehmliche Verständigung. Ebenso Aussagen wie »Das Leben führt zum Tod« oder »Im Sommer wird es wärmer«. Will man diese nüchternen Gegebenheiten jedoch verstehen und z. B. die Zusammenhänge, die zum Regen führen, begreifen –

vielleicht, um sie beeinflussen zu können –, so kann man feststellen, dass die Menschheit sich über viele Jahrtausende mit magischen Erklärungen (z. B. »... weil die Götter weinen«) oder theologischen Zuschreibungen (z. B. »... weil Gott uns Wasser schickt«) begnügte. Entsprechend magisch waren auch die auf dieser Basis beobachtbaren Verhaltensweisen: beschwörende Handlungen der »Regenmacher« – eine dereinst in den Dorfgemeinschaften wohl auch hoch angesehene Zuständigkeit. Diese waren davon überzeugt, mithilfe von Ritualen, Opfergaben und Gesängen die Götter gütig zu stimmen. Mit der Zeit jedoch wuchs die Einsicht in die Unwirksamkeit dieser Versuche, die Welt zu verstehen und zu beeinflussen – auch wenn die Bemühungen von Francis Galton, die Wirksamkeit von Gebeten empirisch zu überprüfen, eher resonanzlos blieben (vgl. Schenkel 2017, S. 592). Es regnete, obwohl keine Opfergaben erbracht oder die Regenmacher aktiv geworden waren, und es regnete oft genug nicht, obgleich man beides veranlasst und sich so intensiv um das Eintreten des Erwarteten bemüht hatte.

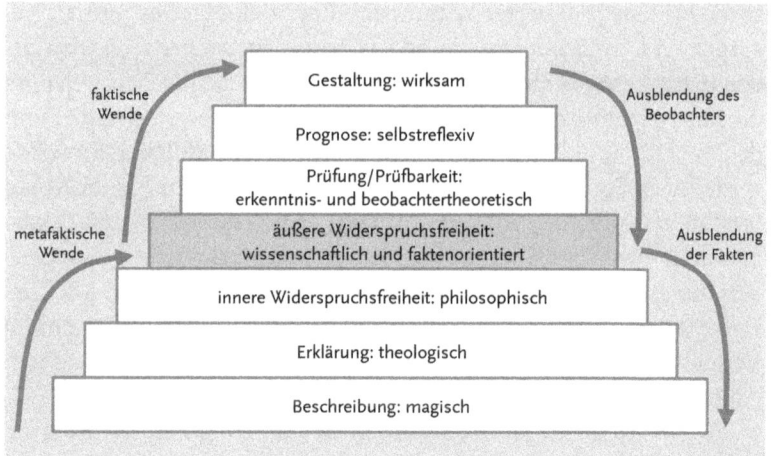

Abb. 1: Stufen der Weltbildentwicklung (nach: G. Vollmer 1991, S. 765)

Diese Widersprüche der Deutung und Gestaltung zu überwinden war der eigentliche Durchbruch zu faktenorientierten Weltbildern, welche es ermöglichten, klimatische Prozesse immer besser zu verstehen und, statt an unbegründeter Hoffnung festzuhalten, verstärkt an der

Entwicklung funktionierender Bewässerungsanlagen zu arbeiten, um die Ernte zu sichern und das Überleben der Bevölkerung zu gewährleisten. Karl Popper (1992, S. 224) verbindet mit dieser Ablösung des magischen Denkens die Entstehung der Philosophie als eine gesellschaftlich folgenreiche Änderung des Denkens:

> »Die Entstehung der Philosophie selbst und ihr Aufstieg lässt sich [...] als eine Auswirkung des Zusammenbruchs der geschlossenen Gesellschaft und ihrer magischen Glaubensgrundlagen deuten. Sie ist ein Versuch, den verloren gegangenen magischen Glauben durch einen rationalen Glauben zu ersetzen; sie modifiziert die Tradition des Weitergebens einer Theorie oder eines Mythos, indem sie eine neue Tradition begründet – die Tradition, Theorien und Mythen anzuzweifeln und sie kritisch zu diskutieren.«

Es wäre ein Rückfall in eine präfaktische Weltsicht, würde man beginnen, die durch evidenzbasierte Forschungen und vernünftiges Denken erkannten und erprobten Wirkungszusammenhänge zu ignorieren und zur Beschwörung magischer Bilder oder zu bloßen Annahmen und zur Meinung zurückzukehren. Für Popper sind solche Denk(un)arten ein wesentliches Kennzeichen der »Feinde unserer Gesellschaft«. Gleichwohl findet man meinungsgebundene Feststellungen auch in wissenschaftlichen Argumentationen häufiger als vermutet. Meist verbirgt sich dahinter das auch bei auf Nüchternheit bedachten Denkern nicht vollständig überwindbare Bemühen um werkbiografische Kontinuität. Leichter kann sich eine solche Psychologie der Erkenntnis bei Gegenständen und Themen entfalten, die es nicht mit greifbaren Tatsachen zu tun haben, sondern mit Konstrukten und Denkkonventionen, die auf Kohärenz (mit bisherigen Erklärungsansätzen) sowie auf Resonanz (im Kontext der jeweiligen Community) setzen. Von Interesse ist in diesem Zusammenhang bereits die frühe Distanzierung von von Hayek mit seinen Anmerkungen zum popperschen Falsifikationsprinzip, wobei er in einem Text aus den frühen 1940er-Jahren auch auf die Andersartigkeit der sozialwissenschaftlichen Gegenstände verweist:

> »Was die Theorie der Sozialwissenschaften tun kann, ist, lediglich eine Technik des Denkens anzugeben, die es uns ermöglicht, individuelle Tatsachen in Zusammenhang zu bringen, die aber, wie die Logik der Mathematik, nicht von Tatsachen handelt. Sie kann daher [...] nie durch Tatsachen verifiziert werden« (von Hayek 2007, S. 173).

Wo die Tatsachen selbst nur schwer von den zur Verfügung stehenden Begriffen und unseren Denkgewohnheiten trennbar sind (vgl. Seifert 2009a), wird gerne die *Kohärenz* einer Aussage als Kriterium ihrer Gültigkeit bemüht. Sie ist ein Hilfskriterium, welches allerdings niemals an die Stelle der Bemühung um Wahrheit treten kann. Kohärenz meint dabei die Übereinstimmung einer Aussage mit allen verfügbaren Beschreibungen, Berichten und Quellen. Ist dies gegeben – so die Annahme –, dann kann diese Kohärenz

> »ein hinreichendes Kriterium dafür sein, dass wir etwas für wahr halten oder dass wir etwas als wahr erkennen« (Seifert 2009b, S. 183).

Voraussetzung dafür ist allerdings, dass wir tatsächlich bereit und in der Lage sind, die Vielfalt der unterschiedlichen Forschungen mit ihren zu unseren eigenen Ansichten und Ergebnissen im Widerspruch stehenden Aussagen wertschätzend zur Kenntnis zu nehmen und uns anderer als polemischer Formen der Auseinandersetzung zu bedienen – ein Diskursmodus, der sämtliche Formen einer abwertenden Bezugnahme auf die Gegenseite ausschließt. Der Hirnforscher Wolfgang Singer hat dazu in einem Gespräch mit dem Gerechtigkeitsforscher Leo Montada die Voraussetzungen für eine konstruktive Beteiligung an einer solchen Kohärenzprüfung im Diskurs mediationstheoretisch präzisiert:

> »Kompetenzen und Haltungen. Es gibt Prinzipien der Verfahrensgerechtigkeit und Prinzipien der Konfliktmediation, die man heranziehen kann. Niemand darf autoritativ beanspruchen, im Besitz der alleinigen Wahrheit zu sein; jede Behauptung muss argumentativ begründet werden; Begründungsargumente müssen konsistent gebraucht werden, die Positionen und Argumente der Gegenseite müssen aufgenommen werden, und deren Verständnis ist durch Reformulierung nachzuweisen; jeder Teilnehmer redet für sich selbst, nicht als Funktionär einer Gruppierung mit eingeschränkter persönlicher Freiheit und Verantwortlichkeit; gemeinsames Nachdenken über Entscheidungsoptionen wird erwartet, auch die Offenlegung der Interessen, die hinter der eigenen Position liegen; Bewertung der Entscheidungsoptionen unter Bezugnahme auf die Anliegen aller Betroffenen und anderes mehr« (Singer u. Montada 2003, S. 13).

Durch solche Diskursregeln – so die Erwartung – sollen Rückfälle in die magischen Weltbilder des *Behauptens* und der *Begründungsvermei-*

dung ausgeschlossen werden. Indem jeder Kontrahent sich an diese Regeln zu halten vermag, zeigt er Diskursfähigkeit und öffnet sich gegenüber Argumentationsformen, welche auch die Selbstkritik sowie die Selbstveränderung als notwendige Bestandteile wissenschaftlicher Suchbewegungen ausdrücken. Für die *Ordnung des Diskurses* (Foucault 1991) ist somit eine reflexive Positionierung gegenüber dem Umgang mit dem eigenen Denken und Für-wahr-Halten grundlegend – eine Positionierung, die gewissermaßen oberhalb der Bemühungen um Faktenorientierung und Widerspruchsfreiheit angesiedelt ist. Es spricht einiges dafür, dass die Orientierung an Evidenzen nicht nur gesucht, sondern auch ausgehalten werden muss, damit sie zur tragenden Säule der Erkenntnissuche werden kann. Wer nicht in die Höhen der metafaktischen Reflexion mit ihren erkenntnis- und beobachtertheoretischen Überlegungen sowie der Einübung selbsteinschließender und wirkungsorientierter Formen des Umgangs mit Gegenübersystemen übend vorstoßen konnte, der ist auch in seinem Denken, Fühlen und Handeln als Wissenschaftler in verzerrender Weise sich selbst ausgeliefert. Nicht selten sagt dann auch sein nüchterner Befund mehr über ihn selbst aus als über den Gegenstand des Erkennens. Eine in diesem Sinne metafaktisch reflektierte Faktenorientierung ist Ausdruck einer *Regierung des Selbst*, von der Michel Foucault (2010) spricht, wenn er in seinen 1983er-/1984er-Vorlesungen am Collège de France den »Lehrmeister im Horizont der Sorge um sich« (S. 13) beschreibt und dabei ein erkenntnispsychologisches Terrain durchstreift, welches seit den erwähnten Arbeiten von Ernst Mach selten aufgesucht worden ist. Foucault verwendet den Begriff der Parrhesia, des Wahrsprechens. Um wahrzusprechen, ist zweierlei erforderlich:

> »der Mut zu Wahrheit seitens desjenigen, der spricht und das Risiko eingeht, trotz allem die ganze Wahrheit zu sagen, die er denkt, sie ist aber auch der Mut des Gesprächspartners, der die verletzende Wahrheit, die er hört, als wahr akzeptiert« (ebd., S. 29).

Diese Argumentation verweist auf das, was der Konstruktivismus die Beobachtung zweiter Ordnung nennt. Diese Beobachtung »beschränkt« sich nicht auf die Beobachtung von Gegenständen und Gegebenheiten, sondern lässt zugleich die Beobachtung der eigenen Beobachtung mitlaufen. Therapie und Pädagogik wandelten sich durch diesen Schritt zur Beobachtung zweiter Ordnung von dem Bemühen, Menschen an Gegebenheiten anzupassen, zu einer Art

»Erkenntnistherapie« (Köhler-Ludescher 2014, S. 164), welche sich
darauf bezog, die eigenen Muster des Denkens, Fühlens und Handelns
in den Blick zu nehmen und sich dadurch auch der Frage zu stellen,
was die eigenen Formen des Erkennens, Beurteilens und Bewertens
dem Beobachter über sich selbst – seine Routinen, Interessen und
Irrtümer – in Erinnerung zu rufen vermögen.

Diese Anregungen lassen sich zu der These verdichten:

Ohne metafaktische Reflexion sind auch die Fakten sowie die Faktenorientierung nicht das, was sie sein könnten. Es entspricht deshalb
einem eingeschränkten Vernunftgebrauch, wenn man die Evidenzen,
die einem der Fall zu sein scheinen, so für bare Münze nimmt, wie
sie einem aufscheinen – ohne sich dessen bewusst zu sein, dass die
eigene Wahrnehmung aus einer aktiven Bewegung resultiert, mithin
mehr Wahrgebung als Wahrnehmung ist.

Der Abstieg von der – möglichen – metafaktischen Reflexion dessen, was uns der Fall zu sein scheint, zur bloßen Faktenorientierung
ist bloß der erste Schritt auf dem Weg zu einer naiven Korrespondenztheorie der Wahrheit. Der weitere Abstieg führt ziemlich unmittelbar
auf das Niveau des Populismus, d. h. zu Erklärungsansätzen, die mit
einer Ausblendung der Fakten und der Inkaufnahme von Wider-
sprüchlichkeiten einhergehen. Sie gibt es in der Medizin oder den Ag-
rarwissenschaften zunehmend seltener, in Alltag und Politik allerdings
schon – selbst in Fragen, die bereits durch die bloße Inaugenschein-
nahme unzweideutig zu klären wären (s. Abb. 2). Doch sind sie das
wirklich, oder versinkt die Wirklichkeit in wechselseitigen Fake-News-
Unterstellungen, wie im Falle des Streites um die Zahl derer, die der
Inauguration des amerikanischen Präsidenten Trump beiwohnten?[7]
Solche Unterstellungen sind zwar durchschaubar und lächerlich, sie
bleiben aber oft nicht ganz ohne propagandistische Wirkung. Sie ist
vor allem bei solchen Fragen beobachtbar, für deren Klärung es keine
Fotos gibt, die dem Beobachter klar und eindeutig zeigen, wie es tatsächlich gewesen ist. Allerdings kann man auch solche Fakten infrage
stellen und behaupten, dass die Fotos gefälscht seien. Dann wird die

---

7 So »ergab« eine Recherche von Ranga Yogeshwar, dass das von der Trump-Inauguration
der Öffentlichkeit gezeigte Foto etwa 45 Minuten vor dem Vergleichsfoto aufgenommen
wurde, was zunächst als Hinweis auf den Fake-Charakter dieses Vergleichs selbst gewertet wurde. Nicht aufgedeckt wurde allerdings, dass ein zufällig fast zeitgleich von einer
anderen Nachrichtenagentur aufgenommenes Foto sich kaum von der 45 Minuten zuvor
getätigten Aufnahme unterscheidet (vgl.: www.uebermedien.de/12490/bildervergleichs-
fake-postfaktisch-sind-immer-die-anderen/ [4.11.2017]).

Wirklichkeit durch Ressentiments und Meinungen konstruiert – ein antimodernistischer Affekt, der aber in dem Bestreben seine Wurzeln hat, seine eigenen Gewissheiten, Vorlieben und Vorteile entgegen aller Evidenz zu erhalten. Populismus tritt hier – bei aller Fragwürdigkeit seiner Eignung als analytische Kategorie (vgl. Knöbel 2017) – als Aufstand der Gewohnheit gegenüber der Einsicht auf und entpuppt sich als potenziell gewaltsame Inszenierung der Dominanz egozentrischer – sich zudem machtlos im Abseits fühlender – Anliegen. Dies ist alles andere als eine Folge wissenschaftlicher Exzentrik; es ist der Ausdruck eines plumpen Egozentrismus bzw. einer unaufgeklärten Borniertheit der Weltanschauung!

1.8 million people were thought to have attended President Barack Obama's historic inauguration in 2009. *Jewel Samad*/AP

Screengrab taken from the Trump inaugural livestream on Youtube as of 11:04 AM ET

Abb. 2: Wie viele Teilnehmer waren auf der Inaugurationsfeier des Präsidenten? (Quelle: http://www.vox.com/policy-and-politics/2017/1/20/14332462/photos-crowd-trump-inauguration-vs-obama [4.11.2017])

Zu weniger leicht durch unmittelbare Evidenznachweise zu klärende Sachverhalte führen z. B. die Fragen, die sich mit dem Klimawandel befassen. Seine Ursachen und Folgen entziehen sich der unmittelbaren Beobachtung in der eigenen Nachbarschaft, die weit weg von den sich ausbreitenden Wüsten gelegen und durch die Wasserverknappung – noch – nicht spürbar betroffen ist. Als Evidenz wird die menschengemachte Klimaveränderung nur anerkennen, wer sich auf die im Wissenschaftsdiskurs eingespielten Regeln des Evidenznachweises wirklich einlässt und nicht weiterhin selektiv nach Einzelbelegen für seine Ursprungsannahme sucht – getreu dem Motto, dass nicht sein kann, was (für ihn) nicht sein darf. Von diesem Pro-domo-Trick sind auch neuere sozialwissenschaftliche Debatten nicht ganz frei, und nicht selten gewinnt man den Eindruck, dass Werktreue ein prägenderes Motiv für die Beibehaltung einer berufsbiografisch eingespurten Sicht der Dinge ist als die immer wieder erneut einsetzenden Bemühungen, die eigene These nach Popper zu falsifizieren.

Faktenorientierung allein ist deshalb noch kein ausreichender Beleg für die Wahrheitsbemühungen bei der Suche nach wissenschaftlicher Erkenntnis; es bedarf vielmehr ihrer Einbindung in eine erkenntnis- und beobachtertheoretische Reflexion sowie der Bemühung, die prognostische Kapazität des Erkannten und für wahr Gehaltenen ebenso zu reflektieren wie seine Wirksamkeit.

Ob und inwieweit Theorien über soziale Gegebenheit wirklich falsifikationsoffen gestaltet sind und sich mehr an den tatsächlichen Möglichkeiten und sozialen Wirkungen der aus ihnen gefolgerten Handlungen orientieren, zeigt sich deshalb in erster Linie an ihrer Beobachtertheorie, d. h. in dem Bemühen, nicht nur die Welt und die in ihr Handelnden zu beobachten, sondern zugleich die Beobachter mit ihren Beobachtungsformen und Argumentationsmustern in den Blick zu nehmen. Diese Fokussierung auf die Beobachterabhängigkeit allen Denkens und Schlussfolgerns

»lässt ein emphatisches Ideal von objektiver Berichterstattung illusionär erscheinen, legt die Verantwortung für die eigenen Wirklichkeitskonstruktionen nahe und macht die Toleranz gegenüber anderen Wirklichkeiten (bei gleichzeitiger Ablehnung dogmatischer Wahrheitsansprüche) begründbar« (Pörksen 2015, S. 17).

Wer diese schwebende Vielfalt von anderen Interpretationen und Schlussfolgerungen nicht will oder nicht auszuhalten vermag, der ignoriert auch die Tatsache, dass »alles, was gesagt wird, von einem Beobachter gesagt« wird (Maturana 1982, S. 34). Er neigt zur Ausblendung des Beobachters oder spricht gar von einem »(Über-)Blenden des Beobachters« (vgl. Pongratz 2003, S. 96), bleibt aber in einer Gegenstandsfixiertheit des zu Untersuchenden hängen und verweilt fortschreibend, selektiv und berechenbar in seiner Art der Fokussierung, Aufordnung und Akzentuierung der Beobachtung. Ohne eine metafaktische bzw. selbstreflexive Wende kreist die Erkenntnis im Vertrauten – ignorant zudem gegenüber dem Sachverhalt, dass sie beständig das Neue durch die Brillen des Bekannten beobachtet und deshalb auch nur zu sehen bekommt, was schon vermutet oder befürchtet wurde. Demgegenüber plädieren Claus Otto Scharmer und Kathrin Käufer (2011, S. 42) im Anschluss an Francisco Varela für eine Beobachtungsform, welche »hin zum Ursprungsort der inneren Prozesse gelenkt wird und nicht zum Objekt hin«, damit man so zu einer »im Entstehen begriffenen Zukunft« vordringen kann (ebd.).

Ähnliche Gedanken entwickeln die Autoren in dem von Ines Langemeyer, Martin Fischer und Michaela Pfadenhauer herausgegebenen Band *Epistemic and Learning Cultures. Wohin sich Universitäten entwickeln* (2015). In diesem Band entfalten Karin Knorr Cetina und Werner Reichmann (ebd., S. 19) ihr Konzept der *Epistemic Cultures*, welches für sie die Frage in den Blick nimmt, »how we know what we know«.Diese reflexive Orientierung auf die eigene Erkenntnistätigkeit nimmt auch die Entstehung von Wissenschaft in außerwissenschaftlichen – lebensweltlichen – Kontexten in den Blick und öffnet sich so gegenüber der Frage, welche Nüchternheit und welcher Kurswechsel des Erklärens dem Einzelnen in der Vielfalt seiner lebensweltlichen Einbindungen überhaupt möglich ist und von ihm durchgehalten werden kann. Elmar Schenkel, Professor für englische Literatur an der Universität Leipzig, erinnert in diesem Zusammenhang an die »leicht autistische Haltung« der Wahrheitssuchenden. Er schreibt (2017, S. 592):

>»Eine leicht autistische Haltung scheint mit dem wissenschaftlichen Denken einherzugehen: Das Absehen von emotionalen und sozialen Einflüssen, die völlige Konzentration auf einen einzigen Gegenstand sowie die immer wachsende Spezialisierung sind Symptome einer solchen. Hinzu kommt heute die strikte Verifizierung und Abstraktion durch Digitalisierung und Statistik, ein Vorgang, der psychische Dispositionen anlockt. [...] Auch die Wissenschaft hat ihren Fundamentalismus. [...] Ein mathematisch-statistisches Modell steht hinter all seinen [gemeint ist Francis Galton] Versuchen, die Welt zu verstehen und zu verändern. Damit wird er nolens volens Vorläufer unserer eigenen verwissenschaftlicht-digitalisierten Welt, die alles in Zahlen ausdrücken und durch Statistik herrschen will.«

Die Frage ist dabei, ob es bloß diese eigene Disposition ist, welche die Welt so und nicht anders in den Blick nimmt, oder ob es die Wirklichkeit ist, die sich uns trotz dieser persönlich motivierten Annäherungsweise so erschließt, wie sie ist. Hätten wir am Ende gar eine andere

Wissenschaft, wenn unsere Forschungen und Theoriebildungen von Menschen hervorgebracht würden, die frei von autistischen oder gar fundamentalistischen Begrenzungen zu Werke zu gehen vermöchten?

Achter Schritt zur Vermeidung schwachen Denkens: Weltbildstatus

Fakten- und evidenzorientiertes Beobachten, Schlussfolgern und Interpretieren ist bloß der erste Schritt einer Annäherung an einen angemessenen Umgang mit dem, was uns der Fall zu sein scheint. Wer die metafaktische Wende (Abb. 1) meidet und den Beobachter mit seinen Strukturdeterminiertheiten ausblendet, ist in der Bewegung des Abstiegs aus dem erreichbaren Grad des rechten Vernunftgebrauchs. Zur Ausblendung der Fakten selbst ist es dann bloß ein weiterer kleiner Schritt.

Frage:

An welcher Stelle gehe ich über das Faktische hinaus, indem ich selbstreflexiv sowie erkenntnis- und beobachtertheoretisch in den nüchternen Blick rücke, wie ich zu Gewissheiten gelange und mit Wissen gestaltend umgehe?

---

4 Spürende Vernunft

Zugegeben, der Begriff der »spürenden Vernunft« scheint als Widerspruch in sich daherzukommen. Wo Spüren ist, d. h. die intuitive Wahrnehmung dessen, was ist, scheinen nüchternes Prüfen, logisches Denken oder gar Evidenz- bzw. Faktenorientierung keinen Platz zu haben. Andererseits bestimmen die spontan emergierenden (»auftauchenden«) Bilder und Assoziationen unser Denken, Fühlen und Handeln meist stärker als der nüchterne Vernunftgebrauch; bisweilen scheint das begründende Argument auch der intuitiven Vorentscheidung zu folgen, um im Denken, Entscheiden und Tun nicht in Widerspruch zu dem zu geraten, was uns intuitiv das Richtige zu sein scheint oder was wir als plausibel zu denken uns angewöhnt haben. Diese Entscheidungen entspringen letztlich tief verwurzelten emotionalen Mustern, welche wir zur Orientierung im unsicheren Terrain der Gegebenheiten als Heuristiken nutzen, ohne uns ihrer bewusst zu sein oder sie gar kontrollieren oder steuern zu können (vgl. Day 1998). Der Hirnforscher Antonio R. Damasio (2006, S. 219) von der Iowa State University gelangt aufgrund seiner Forschungen zur Neurobiologie der Rationalität deshalb zu dem Ergebnis, dass Empfindungen bzw. Gefühle

> »einen wirklich privilegierenden Status (besitzen). Sie werden auf vielen neuronalen Ebenen, einschließlich der neokortikalen, repräsentiert, wo sie die neuroanatomischen und neurophysiologischen Äquivalente all dessen sind, was über andere Sinneskanäle aufgenommen wird. Doch dank ihrer unauflöslichen Verbindung zum Körper stellen sie sich während der Entwicklung zuerst ein und bewahren ein Primat, der unser geistiges Leben unmerklich durchdringt. Da das Gehirn das aufmerksame Publikum des Körpers ist, tragen die Empfindungen den Sieg über ihresgleichen davon. Und da das, was zuerst da ist, ein Bezugssystem für das liefert, was danach kommt, bestimmen Empfindungen nicht unwesentlich, wie der Rest des Gehirns und die Kognition ihre Aufgaben wahrnehmen. Ihr Einfluss ist immens.«

Damasio markiert mit seinen Forschungsergebnissen eine deutliche Gegenposition gegenüber dem Cognitive Bias der vorherrschenden Verhaltenswissenschaften, die sich auch gerne als wesentlicher Bestandteil der Cognitive Science darstellen – erwarten sie doch mit dieser Orientierung vielfach auch eine leichtere Anschlussfähigkeit bezüglich der mechanistisch-linearen Konzepte des Mainstreams. Da sie damit aber zugleich zu kurz springen und den eigentlichen Zugang zum menschlichen Denken, Fühlen und Handeln verspielen, geraten ihnen ihre eigenen Forschungen und Theorien bisweilen allzu unterkomplex. Der Zugang zum *Ich fühle, also bin ich* (Damasio 2000) und seine tragende Rolle im eigenen Beobachten, Erkennen und Schlussfolgern bleibt ihnen verschlossen. Die an einem stochastischen Empiriebegriff orientierte Bewusstseinsforschung droht somit nicht allein den Verirrungen einer linear-mechanistischen, mathematisierten und kausalitätszuschreibenden Wirklichkeitsverkürzung zu erliegen, sie droht auch den Zugang zu den eigentlichen Verwurzelungen des menschlichen Denkens, Fühlens und Handelns zu verpassen. Ergebnis ist nicht selten eine *Mechanisierung des Bewusstseins* (Eisler 1904), dessen Grenzen bereits die frühen Arbeiten zur künstlichen Intelligenz grundlegend ausgelotet hatten. So schreiben Terry Winograd und Fernando Flores in ihrem bekannten, in den USA 1986 erschienenen Werk *Erkenntnis, Maschinen, Verstehen. Zur Neugestaltung von Computersystemen«* (1989, S. 133):

> »Computer sind jedoch ungeeignet, Verpflichtungen einzugehen, und können sich daher nicht selbst am Sprachprozess beteiligen. [...] In all diesen Fällen [gemeint: die Möglichkeiten von ›intelligenten Computern‹ und ›computerisiertem Sprachverständnis‹, ›Expertensystemen‹ und ›computergestützter Entscheidungsfindung‹] herrscht ein Missverständnis vor, das auf mangelnder Einsicht in die Rolle von Verpflichtungen (und Geltungsansprüchen) in der Sprache beruht.«

Es ist diese Ausklammerung der emotionalen Selbstpositionierung des dem vermeintlich instrumentellen Sprachgebrauch zugrunde liegenden Subtextes der Persönlichkeit, welche die KI-Forschungen unausweichlich mit den Grenzen einer Mechanisierung des Denkens, Fühlens und Handelns konfrontiert. Ohne die gespürte Verpflichtung sich selbst und anderen gegenüber, welche den Menschen die Geltungsbegründungen ihres Handelns stiftet, bleibt die künstliche Intelligenz »künstlich«, weil seelenlos. Künstliche Intelligenzen können sich nicht selbst motivieren, weil sie keine Emotionen haben (können). Doch ohne diese, evolutionsgeschichtlich dem Denken vorausgehenden – eigentlichen – Ankerpunkte des Bewusstseins sind weder Selbstbewusstsein noch gehaltvolle Prüfung und Beurteilung, noch überlebenssicherndes Handeln gegeben:

»Decartes (›Ich denke, also bin ich‹) irrt: Ich bin, nicht weil ich denke, sondern ich bin, weil ich mich wahrnehme, weil ich Gefühle habe und weil mir diese Gefühle Gefühle machen. Wenn Descartes recht hätte, würde ja schon die Kalkulation eines Computers rechtfertigen, dass der annehmen könnte, er sei. Denken (schlüssig folgern) alleine macht noch nicht das Individuum als solches und sein Bewusstsein aus« (Heinerth 1998).

Es ist ein folgenschwerer Irrtum, dass zahlreiche Ansätze der Cognitive Science sich offensichtlich dem Konzept einer emotionslosen Mechanisierung des Bewusstseins angeschlossen haben und dadurch nicht bloß hinter die bereits in den 1990er-Jahren erreichten Forschungs- und Diskussionsstände zurückfallen, sondern auch die Bewusstseinsphilosophie weitgehend außer Acht lassen, indem sie Machbarkeitsfantasien anhängen, die sich nicht realisieren lassen werden, und Folgen riskieren, die sie nicht absehen können. Der Mainzer Philosoph Thomas Metzinger plädiert deshalb in seinem Buch *Eine neue Philosophie des Selbst: Von der Hirnforschung zur Bewusstseinsethik* (2009) dafür, dass wir »die Realisierung künstlicher phänomenaler Selbstmodelle noch nicht einmal riskieren (sollten)« (S. 275). »Wir täten besser daran«so schreibt er,

> »unsere Aufmerksamkeit auf ein tieferes Verständnis und die Neutralisierung unseres Leidens zu konzentrieren – und zwar in der Philosophie genauso wie in der kognitiven Neurowissenschaft und auf dem Gebiet der künstlichen Intelligenz. Bis wir nicht wesentlich glücklichere Wesen werden, als unsere Vorfahren es waren, sollten wir jeden Versuch unterlassen, unsere eigene geistige Struktur auf künstliche Trägersysteme zu übertragen« (ebd., S. 275 f.).

... ein anregender, doch weitgehend übersehener Gedanke für das sich technisierende Welt- und Wissenschaftsverständnis.

Rückgriff

Auch erkenntnis- sowie wissenschaftstheoretisch gesehen, erweisen sich die in der Technisierung zum Tragen kommenden kognitivistischen Verengungen als unterkomplex und unangemessen. Als Tatsachen bzw. Facts treten nämlich dann bloß die Sachverhalte in den Blick, die sich uns so und nicht anders mitzuteilen scheinen. In aller Regel kann man sich im Diskurs über die physischen Gegebenheiten deshalb leichter verständigen, wenn auch anderen in derselben Weise klar zu sein scheint, worum es geht. »Es regnet« ist – wie bereits erwähnt – einer solchen einvernehmlichen Verständigung ebenso leicht zugänglich wie die Begutachtung und Beurteilung eines Meteoriteneinschlags, einer Verwundung oder gar des Todes einer Person. Solche Eindeutigkeiten nähren den Eindruck, dass auch andere Sachverhalte sich mit ähnlicher Nüchternheit klären ließen – ein Gedankenversuch, der allerdings schnell scheitert.

So ist es nicht messbar, aus welchen emotionalen Mustern und inneren Bildern heraus Menschen sich verbinden, Nähe inszenieren und Befürchtungen rekonstellieren, die sie genau von dem zu trennen scheinen, was sie erklärtermaßen anstreben. Ebenso entzieht sich der sprachliche Ausdruck einer Betrachtungsweise, für welche Sprache »reines Erkenntnisinstrument und ein Spiegel der Kognition« (Lüdke 2008, S. 22) ist, wodurch seine emotionalen Tiefenverankerungen marginalisiert oder vollständig ausgeblendet bleiben:

> »Jeder Sprechakt eines Sprechers gründet innerlich in seinem Kommunikationsbedürfnis und seiner Sprechmotivation, welche er mittels der Erinnerung an früher erreichte Kommunikationsziele und erfolgreich eingesetzte Kommunikationsmittel in die manifeste Oberflächenstruktur der Sprache überführt. All diese interdependenten Sprechaktkomponenten sind durch relationale Emotionen, d. h. beziehungsorientiert reguliert, da sie permanent hinsichtlich der Wahrscheinlichkeit evaluiert werden, ob das übergeordnete Kommunikationsziel – die Erwartung eines emotional bestätigenden kommunikativen anderen – erreicht wird oder aber bei Nichterreichung Handlungsänderungen vorgenommen werden müssen« (ebd., S. 25).

Auch der wissenschaftliche Sprachgebrauch ist nicht vollständig frei von »relationalen Emotionen«. Selbst die um Nüchternheit bemühten Argumentationen entspringen letztlich auch einer emotionalen Selbstpositionierung – eine latente Vorprägung, welche sich aus der Wahl des Untersuchungsgegenstandes, der Art seiner Auslotung sowie aus der Entschiedenheit des Sprachgebrauches im Umgang mit Kritikern oder Außenseitern meist leicht rekonstruieren lässt. »So fühlt man Absicht, und man ist verstimmt« (Goethe, *Torquato Tasso*). Auch im wissenschaftlichen Diskurs werden die Sachverhalte selten bloß in nüchterner Klarheit erörtert; besonders bei strittigen Themen sind die Debatten häufig von »emotionaler Intensität« sowie »moralischer Aufladung« geprägt (vgl. Hecker 1997, S. 15 f.). Dadurch bleibt, ohne

dass dies die Kontrahenten im konkreten Fall selbst bemerken oder
gar bereitwillig zugeben würden, die Debatte an eine präfaktische
Ebene der Weltbildentwicklung rückgebunden, bei der Meinungen
fortgeschrieben statt Sachverhalte in nüchternem, sich selbst hinter-
fragenden vorsichtigen Sprachgebrauch geklärt werden können.

Aus diesem Grunde verbleiben auch viele Forschungen zum Thema Bildungsgerechtigkeit im Stadium elaborierter Meinungsbildung,
bei der die wissenschaftlichen Akteure sich zumeist erwartungsgemäß
artikulieren, was besonders dann gelingt, wenn die Datenlage unterschiedliche Interpretationen zulässt oder gar strittig oder unklar ist,
worüber man in Wahrheit redet. Um zu einer nüchternen Klärung zu
gelangen, wäre es deshalb zunächst nötig darzulegen, mittels welcher
Kriterien und Interpretationen man zu der eigenen Einschätzung
gelangt und ob sie auch konsensfähig ist – eine Forderung, deren
Einlösung insbesondere bei komplexen Wirkungszusammenhängen
schwer genug ist. Ihre Evidenzen erschließen sich nämlich nicht dem
Augenschein, sondern benötigen eine vorlaufende komplexe Theoriebildung, durch die erst die Blicke geschärft werden, mit denen wir die
Zusammenhänge, welche in unsere Blicke treten können, beobachten,
analysieren und interpretieren. Es zeigt sich also:

Sobald wir es mit komplexeren Sachverhalten zu tun haben, die
sich uns nicht mit der physischen Eindeutigkeit des Augenscheins
mitteilen, werden die Tatsachen strittig, da sie erst in der Deutung,
der emotionalen Positionierung sowie in der Interpretation und im
Diskurs ihre im konkreten Fall eigentlich tragende Bedeutung und
faktische Wirksamkeit zu zeigen vermögen.

Wohlfeile Forderungen nach Faktenorientierung oder gar Evidenzorientierung übersehen meist diese Beobachterabhängigkeit
und Emotionsgeprägtheit dessen, was uns ein Faktum zu werden
vermag. Sie folgen vielmehr dem »Mythos des Gegebenen« (Sellars
1997, pp. 13 ff.) und verschließen sich einer peniblen Theoriearbeit,
die darum bemüht ist offenzulegen, welchen überlieferten Vorlieben
sowie beobachtungstheoretischen Vorkehrungen und Mechanismen
die Menschen schließlich das verdanken, was ihnen der Fall zu sein
scheint. Diese durchschaubare »Fabriziertheit« (Knorr Cetina 1984)
unserer Erkenntnis zu thematisieren erfordert gerade im Zeitalter
der aufkeimenden Evidenzverachtung ein besonderes Fingerspitzen-
gefühl, will man sich nicht unversehens selbst der Einordnung in die
Kategorie der Evidenzleugner ausgesetzt sehen – einer Einordnung,
welche die differenzierte Unterscheidung zwischen präfaktischer,

faktenorientierter sowie metafaktischer Weltbild(er)klärung einfach ignoriert (vgl. Abb. 1). Zu Recht stellt Bernd Ladwig (2017, S. 423) deshalb fest:

»Die postmoderne Wissenschaftskritik hat ihre politische Unschuld verloren. Der Glaube, sie sei automatisch links und emanzipatorisch, war ein Irrglaube, wie jetzt offen zutage tritt. Die Politik des ›Postfaktischen‹ ist bei rabiaten Rechten erschreckend gut aufgehoben. Das frivole Gerede von einem ›Fundamentalismus der Aufklärung‹ hat tatsächlichem Fundamentalismus das Leben leichter gemacht als nötig. Dies rechtfertig keine Rückkehr zu verblichenen Idealen wie der Einheitswissenschaft der Positivisten oder dem Glauben, Wissenschaft könne Vermutungen ein für alle Mal bestätigen oder widerlegen und uns somit fraglose Gewissheit geben.«

Es geht also um Behutsamkeit und Differenziertheit des Arguments. Der Missbrauch des Arguments von der Konstruktivität und Weltbildgebundenheit durch Ignoranten und Apostel einer anderen – »alternativen« – Wirklichkeit darf nicht dazu führen, dass eine selbstkritische Wissenschaft den Blick von den eigenen Konstitutionsbedingungen ihrer Erkenntnis abwendet und selbst wiederum in eine behauptende Form des Umgangs mit Fakten zurückweicht, worauf manche Argumentationen gegen den Populismus sich zu beschränken scheinen (vgl. Hartleb 2017), so als sei es möglich, sich zu ihr zu entscheiden und einfach zu ignorieren, dass substanzielle Fakten vor allem im Umgang mit der weichen Realität nachvollziehbar konstruiert werden müssen und nicht einfach aufgedeckt werden können.

Wissenschaft ist deshalb notwendigerweise der nicht nachlassende Versuch, das präfaktische Denken zu überwinden, sich mit Evidenzen auseinanderzusetzen, wo solche möglichst sicher und abgesichert verfügbar sind, und die eigenen – bevorzugten – Formen der Beobachtung, Gestaltung und Wirkung gleichzeitig fest im Blick zu haben, um nicht beständig in der eigenen Falle einer Petitio Principii[8] festzuhängen, die uns dazu drängt, dem nüchternen Blick auszuweichen, damit

---

8 Von einer Petitio Pricipii bzw. einem Zirkelschluss spricht man, wenn die Prämisse einer Argumentation von der Conclusio nicht verschieden ist. Im Klartext: Wer davon ausgeht, dass der Konstruktivismus eine Spielart neoliberaler Beliebigkeit sei, der belegt diese These mit selektiver Analyse, die ihm nur zu bestätigen scheint, was er in seiner Hypothese sowie seinen jahrelangen Vorarbeiten bereits unterstellte; dies ist der Schlüssel zu der verbissenen – aber auch langweiligen, weil erwartungsgemäßen – Konstruktivismuskritik von Ludwig Pongratz (2014).

wir der eigenen Meinung bzw. dem eigenen emotionalen Subtext treu bleiben können.

Krassimir Stojanow (2011, S. 20) beleuchtet diese Entdeckungs-struktur des Tatsächlichen am Beispiel der erwähnten Bildungsgerech-tigkeit, ohne hierbei allerdings die tiefe Einbettung des Faktischen in das Gespürte bereits mit in den Blick zu nehmen:

> »Bestimmte statistische Daten können nur dann in Verbindung etwa mit Bildungsgerechtigkeit gebracht werden, wenn man Merkmale, Kri-terien und Normen von Bildungsgerechtigkeit vorab analytisch festlegt. Stattdessen werden in der empirischen Bildungsforschung solche Merk-male meistens einfach beliebig postuliert. Bei der programmatischen ›Tatsachenorientierung‹ dieses wissenschaftlichen Zweiges liegt es auf der Hand, sich dabei lediglich solche Gerechtigkeitsmerkmale ›heraus-zupicken‹ (wie etwa Herkunftsabhängigkeit von Bildungskarrieren), für die man annimmt, dass sie ohne Weiteres statistisch belegbar sind bzw. sich quantifizieren lassen.«

Gleichwohl wird auch hierbei deutlich, von welchen selbsterfüllenden Vorkehrungen auch bereits nüchtern gestaltete Analysen häufig ge-tragen werden. Deshalb ist Empirie ohne Theorie und selbsteinschlie-ßende Reflexion genauso sinnlos wie Schwimmen ohne Wasser – eine Wechselwirkung, die gerne verdrängt wird:

Auch wissenschaftliche Klärung kann der Frage nicht ausweichen, was die gefundenen Ergebnisse einem über sich selbst und den eige-nen emotionalen Subtext in Erinnerung rufen.

Der Mythos der Mathematisierbarkeit

Allzu bereitwillig flüchtet man häufig in die mathematische Exaktheit und wirkt dabei gewollt oder ungewollt an einer »universalen Mathe-matisierung der Welterfahrung« (Noack 2016, S. 63) mit, welche die natürlichen wie die gesellschaftlichen Zusammenhänge »in Zeit und Zahl denkt« (ebd., S. 64) – eine Befreiung von alten Denkformen, gegen die in der Philosophie allerdings auch bereits früh grundlegende Vorbehalte artikuliert wurden. Zu erwähnen ist u. a. Edmund Husserl (1859–1938). Dieser hatte sich in seiner letzten, bloß fragmentarisch fertiggestellten Schrift *Krisis* mit der Sinnkrise der Geisteswissen-schaften infolge des Erstarkens der objektivistischen Naturwissen-schaften befasst. Dieser gelänge es nicht, das subjektive Erleben der

Welt als die eigentliche Substanz des Seienden und den Beweggrund des menschlichen Handelns zu erfassen. Das Lebendige folge nicht dem »Alphabet der Mathematik«[9], sondern ereigne sich jenseits eines durch diese gestifteten »neuen Objektivismus«, wie Edmund Husserl herausarbeitete. Dabei wendet er sich ganz entschieden gegen eine einseitige Mathematisierung ihres Forschungszugriffs sowie gegen die Überdehnung des Kausalprinzips:

> »Man hat der Psychologie die gleiche Objektivität zugemutet wie der Physik, und eben damit ist eine Psychologie in vollem und eigentlichem Sinne ganz unmöglich gewesen: Denn für die Seele, für die Subjektivität als individuelle, als Einzelperson und Einzelleben ebenso als wie gesellschaftlich geschichtliche, als soziale in weitestem Sinne, ist eine Objektivität nach Art der naturwissenschaftlichen geradezu Widersinn« (Husserl u. Biemel 1962, S. 271).

Es ist hier nicht der Raum, die frühen Einwände von Edmund Husserl gegen die Verkürzung einer empirischen Faktenorientierung philosophiegeschichtlich sowie systematisch angemessen einzuordnen (vgl. Gretic 2001). Bemerkenswert bleibt der Hinweis von Edmund Husserl oder auch von Paul Feyerabend (1924–1994), dass allein schon die Annahme, dass »das Buch der Natur in mathematischer Sprache geschrieben sei [...], primitiv vereinfacht« (Miklós 2016, S. 291) daherkomme. Insbesondere im Wiener Kreis wurde deshalb schon früh eine grundlegende Skepsis gegenüber einer solchen Mathematisierung der Wissenschaften artikuliert, welche u. a. in dem Satz aus Hermann Brochs (1886–1951) Notizen, die Mathematik sei »der Typus des rein auf sich selbst gestellten, tautologischen Wissensgebietes« (zit. nach Sigmund 2015, S. 176), zum Ausdruck kommt. Diese Skepsis präzisierte Broch bereits im Jahre 1931 anlässlich eines Vortrages über die substanzielle Begrenzung der Sprache der Mathematik. Er schrieb:

> »Die Wissenschaft versucht, ihre Sprache, ihre Geschäftsbriefe immer mehr vom Wort unabhängig zu machen, d. h., sie sucht ein absolut korrektes Verständigungsmittel. Sie hat es auch gefunden. [...] Was die neue Philosophie will, ihre Erhebung zur reinen Wissenschaft, ihre Abkehr vom Dahin-Reden über die Dinge, drängt letzten Endes zu ihrer

---

9 Von Galileo Galiliei (1564–1642) ist der Satz überliefert: »Mathematik ist das Alphabet, mit dessen Hilfe Gott das Universum beschrieben hat« (www.zitate-online.de/sprueche/wissenschaftler/18069/mathematik--das-alphabet-mit-dessen-hilfe.html [4.11.2017]).

Mathematisierung. Das ist erfreulich. Und der Ansatz ist auch bereits vorhanden, nämlich in der Logistik und ihrer Zeichensprache. Aber gleichzeitig wird eine furchtbare Verarmung der Philosophie deutlich. [...] Die Mathematisierung der Philosophie hat das ungeheure Gebiet des Mystisch-Ethischen aus ihrer Problematik ausgeschaltet. Und vielleicht auf später verschoben, bis die Ausdrucksmittel des Rationalen wieder so weit gediehen sein werden, das Metaphysische zu erfassen. Es ist ein ungeheures Verdienst des Positivismus, seine Kräfte zu kennen und zu wissen, woran er nicht mehr heranreicht. Er hat seine Krankheitseinsicht« (Broch 1986, S. 729 f.).

Diese Begrenztheit der Errechenbarkeit der faktischen Welt war nicht nur im Wiener Kreis ein ständiges Thema, sie inspirierte auch die um ganzheitliche bzw. holistische Erkenntnis bemühte Philosophie. Zu erwähnen sind in diesem Zusammenhang u. a. insbesondere die Arbeiten von Carl Friedrich von Weizsäcker, aber auch von Fritjof Capra und Paul Feyerabend. Während Weizsäcker (1912–2007) sich gegen die strenge Trennung von erkennendem Subjekt und erkennbaren bzw. erkannten Objekt wendet und daran erinnert, »dass wir zugleich Mitspieler und Zuschauer im Schauspiel des Daseins sind« (von Weizsäcker 1980, S. 431), geraten die Folgerungen eines Fritjof Capra (geb. 1939) sehr viel grundlegender. In seinem Buch *Das Tao der Physik* (1988) plädiert er für eine »Konvergenz von westlicher Wissenschaft und östlicher Philosophie«, wobei er darauf fokussiert, dass

> »die von den Naturwissenschaften in der Natur beobachteten Strukturen aufs Engste mit den Strukturen des Geistes zusammen(hängen)« (ebd., S. 3),

weshalb die Objekte der Wahrnehmung auch nicht von den Subjekten und ihrem Vernunftgebrauch getrennt werden könnten. Capra öffnet den Blick auf die mystischen Philosophieansätze des Ostens und ihre Wege hin zu einer ganzheitlichen Wahrnehmung jenseits von kognitivistischer Verengung auf das »Cogito, ergo sum« (Descartes) mit seinen logischen Prinzipien sowie jenseits der Sprache:

> »In der östlichen Philosophie dagegen war man sich immer darüber klar, dass die Realität über die gewöhnliche Sprache hinausgeht, und die Weisen des Ostens scheuten sich nicht, die Grenzen der Logik und der normalen Begriffe zu überschreiten. Darin sehe ich den Hauptgrund dafür, dass ihre Modelle der Wirklichkeit einen geeigneteren philoso-

phischen Hintergrund für die moderne Physik abgeben als die Modelle der westlichen Philosophie« (ebd., S. 44).

Für diese Konvergenzthese wurde Capra stark – teilweise vernichtend – angegriffen und pauschal als Repräsentant einer esoterischen New-Age-Bewegung abgetan und weitgehend ignoriert. Selbst, wenn man unterstellt, dass insbesondere seine Resonanz im Gebiet der Physik gleich null war (vgl. Mahler-Görges 1989/1990), so kann man doch nicht umhin anzuerkennen, dass Capra mit seinen Überlegungen durchaus Vorreiter einer holistischen Erweiterung der Wahrnehmungs- und Beobachtertheorien wurde, wie sie u. a. Francisco Varela (Varela et al. 1992) sowie die Emotionsforscher – allen voran der bereits erwähnte Damasio – ab den 1990er-Jahren ausbuchstabierten. Man darf ebenfalls nicht übersehen, dass die von Capra aufgeworfenen Fragen nach den Logiken des Forschens und Entdeckens in vielem den Überlegungen des österreichischen Wissenschaftsphilosophen Paul Feyerabend nahe nahestanden, der sich bereits in den 1970er-Jahren für eine andere Art der Erkenntnis aussprach und wider jeglichen wissenschaftlichen Methodenzwang zur Wehr setzte. In ihm sah er eine unzulässige Bevorzugung einer bestimmten Weltanschauung, deren Dominanz nicht allein die Erkenntnis, sondern auch die Freiheitsgrade einer Gesellschaft einschränke. Feyerabend ging es darum zu berücksichtigen,

> »da sich keine einzige Methode der Wahrheitssuche von anderen trennscharf unterscheide, wir sie behandeln (sollten) wie andere Glaubensrichtungen auch« (Ladwig 2017).

... nämlich häufig vehement in ihren Wahrheitsversprechen, dabei das subjektive Erleben der Welt (durch die Akteure selbst) als die eigentlich bewegende Substanz des menschlichen Handelns kaum aufgreifend oder gar verändernd begleitend.

Auch Paul Feyerabend wurde vehement, aber oft ebenso pauschal als eine Art wissenschaftstheoretischer Relativist kritisiert. Kaum jemand reagierte wirklich substanziell auf den von ihm propagierten Holismus, der seine Begründung insbesondere in der »Inkommensurabilität« des Sprachgebrauchs der Akteure – seien sie Probanden oder Forscherinnen und Forscher – findet. Diese Akteure lebten gleichsam »in verschiedenen Welten« (Feyerabend, zit. nach Lueken 1997, S. 501), weshalb ihre Einschätzungen auch nicht vordergründig

aufeinander bezogen werden könnten. Feyerabend plädierte deshalb
für eine Vielfalt der »Weltanschauungen«, da diese

> »nicht unbedingt unverbunden nebeneinanderliegen müssen, sondern
> genutzt werden können, um das allgemeine Erkenntnisklima zu ver-
> bessern. Perspektiven und Lebensformen machen, so dachte ich mir,
> nur Sinn und erhalten nur dann Substanz, wenn sie eingebettet sind in
> eine Sammlung anderer Lebensformen. [...]

> Nur die Philosophen, besonders die rationalistischen Philosophen,
> gelangen auf ganz seltsamen Wegen zu ihren Pointen: Ihre Geschich-
> ten sind sehr engmaschig geknüpft, so sehr, dass man sie kaum noch
> Geschichten nennen kann. Sie benutzen abstrakte und von allen Emo-
> tionen gereinigte Begriffe. Und sie benutzen solche Begriffe nicht, um
> unsere Sicht zu schärfen oder unser Leben zu bereichern, sondern
> um uns in enge, dunkle Gänge zu stoßen. Gefühle, Sinneseindrücke,
> Wünsche stehen erst dann zur Debatte, wenn sie wie Schmetterlinge ge-
> fangen, getötet und auf irgendeine philosophische Folterbank gespannt
> worden sind. Überdies sind die Philosophen, vor allem die Rationalisten,
> an allgemeinen Prinzipien interessiert, nicht am Leben von Individuen.
> Angesichts des Reichtums unserer Welt bedeutet das nichts anderes,
> als dass ihre Geschichten entweder hohl oder aber tyrannisch sind«
> (Feyerabend 1998, S. 89, 93 f.).

Wissenschaft hat die vornehme Aufgabe, die Dinge nachvollziehbar
und detailliert zu klären – auch, um sich

> »von Leuten zu unterscheiden, die ihr Bauchgefühl zur Wissensautori-
> tät erheben oder gegen jede Evidenz behaupten« (Ladwig 2017, 423).

Sie verbleibt allerdings meist dort an der Oberfläche, wo die Hand-
lungsmotive den Akteuren selbst bloß eingeschränkt bewusst bzw.
reflexiv verfügbar sind, sie sich sogar hinter ihrem Rücken und nicht
selten gegen ihre erklärten Absichten und Verlautbarungen Geltung
verschaffen. Solche das subjektive Welterleben als die eigentlich bewegende Substanz des menschlichen Handelns orientierenden Motive
können nicht per Expertenblick, Interview oder Befragung zuverlässig
zutage gefördert werden. In solchen Situationen ist vielmehr eine spürende Vernunft gefragt, deren Besonderheiten man selbst erst einmal
nachvollziehen muss, um ihre forschungslogische Relevanz tatsächlich zu verstehen. Meist dient die oberflächliche Tatsachenforschung

lediglich der Identifizierung universal wirksamer und als »gültig« erweisbarer Strukturen und Wirkungszusammenhänge, die – da sich die Lebenswirklichkeit für die Akteure eben sehr spezifisch und unübersichtlich konstelliert – vielleicht einiges an – grobkörniger – Klärung, aber eben wenig an perspektivenöffnender *Er*klärung mit sich bringt. Der Aufklärung oder Veränderung dienen solche »Klärungen« selten.

Illustration: Die spürbare Evidenz wechselseitig verzahnter Fühlmuster

In engen sozialen Bindungen beziehen sich Menschen sehr komplex aufeinander – zumindest können die ihr Denken, Fühlen und Handeln bestimmenden Tendenzen, Prägungen und Lesarten kaum durch kategorial vorstrukturierende Forschungszugriffe, Typologien, Korrelationsverfahren oder statistische Berechnungen angemessen rekonstruiert werden – es wirkt vieles aus dem Verborgenen (vgl. Arnold 2016c). Evident ist dabei das, was sich in Resonanz ausdrückt, weshalb für eine systemische Hermeneutik

> »als Verstehen alles in Betracht kommt, was das verstehende System für Verstehen hält« (Luhmann 1986, S. 85).

Diesem Verstehen kommt man bloß durch eine »systemrelative Beobachtung« (Drieschner 2012, S. 444) nahe, nicht im Bemühen um die Bewertung der Richtigkeit oder Angemessenheit des jeweiligen Verstehens eines Gegenübersystems. Entscheidend ist, von welcher Innensicht ein System in seinem Denken, Fühlen und Handeln getragen wird. Diese zum Ausdruck kommen zu lassen, seine Logik nachzuvollziehen, es »über die Beobachtungsabhängigkeit seiner Unterscheidungen« aufzuklären und es gegebenenfalls dabei zu begleiten, Verantwortung für das eigene Sich-in-der-Welt-Fühlen zu übernehmen und andere – weiterführende – Deutungsperspektiven selbst zu entdecken und sie sich anzueignen, darum geht es einer spürenden Vernunft.

Es geht einer solchen Erkenntnisbewegung nicht um die Aufdeckung objektiver Gegebenheiten, sondern um die Identifizierung der für das Gegenübersystem gangbaren Wege des Denkens, Fühlens und Handelns.

Die Frage nach der Faktizität von Beziehungen ist deshalb durch Evidenznachweise allein nicht wirklich zu klären; es bedarf auch einer

Auslotung der möglichen und spürbaren Resonanzen im Geschehen selbst. Der eigentliche Quellcode, aus dem heraus sich Menschen aufeinander beziehen und sowohl berechenbar als auch unberechenbar sowie angemessen oder unangemessen handeln, ist dabei in hohem Maße auch projektiv-rekonstellierend, d. h. getragen von inneren Bildern und Möglichkeiten. Diese bleiben motivbildend und entziehen sich häufig der selbstreflexiven Bewusstheit, was schade ist, weil eine andere Wirklichkeit möglich wäre, wenn es gelänge, auf den Grund ihrer inneren Welten vorzustoßen und sie einem ebenso nüchternen wie spürenden Blick auszusetzen. Stattdessen verweilen wir in der Beziehungs-, Führungs- und Paarforschung ebenso wie in den Studien zur pädagogischen Interaktion oft im Vordergrund des Geschehens – im festen Glauben, dass die Beziehungs-, Kommunikations- oder Lerntypen, mit denen einen Studien häufig abspeisen, auch uns irgendwie in unserem eigenen (z. B. professionellen) Umgang mit den Gegebenheiten von Nutzen sein könnten. Zwar scheint es Typologien dabei irgendwie überzeugender zu gelingen, die große Kluft »zwischen Gesetz und Fall« (Herzog 2003) zu überbrücken, doch fehlt auch ihnen etwas ganz Entscheidendes: der Zugang zu den gewissheitsstiftenden emotionalen Dimensionen der Rekonstellierung, denen zwar keine logische, wohl aber eine emotionale Vernunft innewohnt. Die alles überwölbende These zur möglichen Aufklärungswirkung von Fakten lautet deshalb:

Menschen handeln auf der Basis der Umgangsmuster, mit denen sie die Welt auszuhalten gelernt haben. Ob und inwieweit diesen Mustern mit nüchternem Blick und überzeugender Kraft zu Leibe gerückt werden kann und sollte, ist eine der zentralen Fragen einer metafaktischen Reflexion (vgl. Abb. 1), die auch die eigene Beobachterperspektive und die emotionalen Wirkungsräume des Selbst fest in den Blick zu nehmen vermag.[10]

---

10 »Dies ist ein Hinweis auf die bereits bei Dilthey erwähnte hermeneutische Dimension des Nacherlebens als Schlüssel eines wissenschaftlichen Tiefenverstehens; er wurde von den systemischen Beobachtungs- und Erkenntnistheorien u. a. mit der Forderung nach einem ›Linguistic Return‹ wiederbelebt – ausgelöst und getragen von der emotionstheoretischen Einsicht, dass Sprache zwar aus volitiven Emotionen verstehbare Gedanken und Motive werden lässt, doch keineswegs alles, was volitive Wirkungen entfaltet, auch diese Hürde vom Gefühl zum Gedanken zu nehmen vermag. Deshalb greifen systemische Verstehensbemühungen auch häufig zu Skulptur- oder Aufstellungstechniken, um sichtbar werden zu lassen, was selbst (noch) keinen Ausdruck zu finden vermag, weil es noch vorbewusst (= vorsprachlich) bleibt, obgleich es doch die subjektiven Erfahrungen bestimmt« (Arnold 2017b, S. 23).

Faktenorientiert ist auch das Aufdecken dessen, was im konkreten Fall wirkt!

Der wenig romantisch klingende, aber diesen Sachverhalt bereits fest in den Blick nehmende systemische Satz »Ich liebe dich mit all *meinen* Strukturbesonderheiten und mit all *deinen* Strukturbesonderheiten« steckt voller Herausforderungen der anstrengendsten Art (für Beobachter und Involvierte gleichermaßen). Man kann nicht für bare Münze nehmen, was das Gegenüber im Beziehungskontakt verlautbart, denn in diesen Äußerungen drücken sich alte Formen des Umgangs und seines Aushaltens der Wirklichkeit aus – eigene und überlieferte. Die verlautbarten Fakten sind dabei meist keine des Hier und Jetzt! Es sind frühe Anliegen und Ausrufe, die sich an andere Ansprechpartner richten, die aber nicht mehr erreichbar sind, weshalb wir – als Partner, Lehr- oder Führungskräfte – diese Äußerungen zu hören und zugemutet bekommen. Es ist fast unmöglich, darauf in anderer Weise zu reagieren als voller Liebe und Verständnis – auch, wenn die in diesen Äußerungen artikulierten Vorwürfe uns ungerechtfertigt oder gar ungerecht vorkommen. Die in ihnen mitschwingenden Schuldzuweisungen müssen wir im Blick auf die sich in ihnen Ausdruck verschaffenden Fakten zu lesen lernen: als nicht uns geltende Artikulationen und subjektive Tatsachenurteile.

Diese Verwechslung erschwert häufig in Nähebeziehungen einen konstruktiven Beziehungsdialog. Denn mit der »Klarstellung« und Zurückweisung dieser Vorwürfe kann im Gegenüber gleichzeitig eine Retraumatisierung einhergehen, deren Intensität sich aus der zugrunde liegenden einstigen Entbehrung speist. Solche und ähnliche Wirkungsmechanismen bestimmen das in Beziehungen faktisch Mögliche grundlegender, als es uns statische Häufigkeiten, Korrelationen oder psychologische Test jemals verdeutlichen könnten:

> »Wir konstruieren auch die geliebte Person in der Weise, dass die Benutzeroberfläche unserer Wahrnehmung entsprechend aktiviert wird. Sicherlich werden dabei Eindrücke und Informationen aus der Außenwelt aufgegriffen, diese werden jedoch eingebettet in die eigenen inneren Bilder und emotionalen Routinen. Wahrnehmen ist wie Aquarellmalen: Wir benutzen unterschiedliche Farbtöne, um dasselbe abzubilden und auszudrücken, doch die Farbtöne entstammen der eigenen Farbpallette« (Arnold 2016c, S. 21).

In Nähebeziehungen, wozu ich neben Paar- und Familienbeziehungen auch Lehr-Lern- sowie Führungs- und Mitarbeiterbeziehungen zähle, haben wir es überwiegend mit solchen Rekonstellierungen zu tun; besonders, wenn es ans Eingemachte geht, d. h. um die Vertrauensfragen »Bist du präsent?« und »Bleibst du?« sowie »Ist auf dich Verlass?«.

In solchen Kontexten gilt: Fakten klären keine Beziehung und bleiben unwirksam in den Prozessen der Klärung, Begleitung und Veränderung. Nähebeziehungen sind nämlich Rekonstellierungslabore, die sich als solche auch besonders für die Diskussion und Erprobung anderer – tieferer – Formen des Erkennens eignen.

Ihr Ausgangspunkt sind das alltägliche Handeln und die Verwechslungserfahrung der Akteure.[11] Für diese ist kennzeichnend: Selbst die wohlmeinendsten Beziehungspartner bekommen deshalb Einschätzungen und Vorwürfe zu hören, bei denen sie selbst immer wieder aus allen Wolken fallen. Dann ist die Gefahr groß, dass sie aus eigener Betroffenheit heraus reagieren, die sie dazu verleitet, die in ihren Augen ungerechtfertigten – mehr oder weniger faktischen – Einschätzungen zu Dimensionen ihrer eigenen Bezogenheit allzu energisch zurückzuweisen und sich in ihren vertrauten bzw. befürchteten Gewissheiten einzuigeln – nicht erkennend, dass die sich dabei aufbäumenden Emotionen ihre Energien ihrerseits einer Retraumatisierung verdanken: »Habe ich es doch gewusst! Du bist auch nicht anders als befürchtet!« Auf diese Weise kann zwar – sich rekonstellierend – Wirksames entstehen, dessen Tiefendimensionen aber noch nicht reflexiv verfügbar sind und deshalb einer repräsentativen Befragung verborgen bleiben müssen.

Solche Wirkungsmechanismen zu identifizieren setzt voraus, dass man sie bereits kennt bzw. theoretisch vermutet. Ihre Faktizität erschließt sich deshalb auch nur einem theoretisch angemessen komplexen Zugang. Findet dieser Zugang im Gegenübersystem Resonanz, indem es zu artikulieren vermag, dass ihm diese Interpretationen dabei helfen, seine eigenen Formen des Denkens, Fühlens und Handelns besser zu verstehen und damit verändernd umzugehen, dann kann von der Viabilität (= Gangbarkeit bzw. Nützlichkeit) des Erkannten ausgegangen werden. Erkennen – so die Auffassung der zugrunde liegenden Erkenntnistheorie – zeigt sich nämlich nicht in

---

11 Auch für wissenschaftliches Beobachten und Erkennen ist die Aussage grundlegend: »Wir können den anderen nicht erkennen, sondern bloß verwechseln!« (vgl. Arnold 2013a).

seiner Fähigkeit, objektive Gesetzmäßigkeiten abzubilden, sondern in der Identifizierung gangbarer Wege. Damit löst sich der Blick, und die jeweiligen Gelingensbedingungen als »Fakten« neuer Art rücken in den Fokus. Dies ist auch folgerichtig, kann das menschliche Erkennen doch als »wirksames Handeln« (Maturana u. Varela 1987, S. 261) definiert werden – eine Dimension, an welche die breite Debatte über die Fakten als So-und-nicht-anders-Gegebenheiten nicht heranzureichen vermag und uns auf den Holzweg führt. Uns droht dann zu entgehen, dass unsere eigenen Evidenznachweise auch vielfach fabrizierter sind, als uns lieb ist. Zu den Fragen »Was ist systemisches Forschen?« und »Was sind systemische Fakten?« kann man deshalb festhalten:

»Die systemische Forschung ist vom Anspruch her keine aufdeckende Forschung, sondern eine rekonstruierende Forschung. Ihre Zielrichtung ist nicht, die Dinge so zu beschreiben, wie diese ›objektiv‹ sind, sondern die Wirkungen der Verschränkung von Perspektiven nachzuspüren. Sie thematisiert deshalb den Zusammenhang von Erkenntnis und Interesse nicht im Sinne einer Skandalisierung, sondern im Sinne der Nachzeichnung der subjektiven Motive und interaktiven Mechanismen, mit denen Menschen ihre Wirklichkeit gesellschaftlich konstruieren. Ihre Ergebnisse beanspruchen nicht, ›wahr‹ im Sinne einer ›objektiven Gültigkeit‹ zu sein, sondern ›viabel‹ im Sinne der Brauchbarkeit für die Lebenspraxis der Menschen, die als Probanden oder Nutzer mit systemischer Forschung in Berührung kommen. Zentrales Gütekriterium ist deshalb die Nützlichkeit (›Usability‹ (für die Erreichung von Zwecken, über welche nur die Akteure selbst nach Maßgaben ihrer lebensweltlichen und emotionalen Plausibilität bestimmen können. Die Güte einer rekonstruktiven systemischen Forschung bemisst sich über die Viabilisierung durch die beobachteten Akteure. Deshalb ist systemische Forschung stets feldverbundene Kooperation. Sie ›geschieht‹ in Beratungs- und Ausbildungskontexten, aber auch in Prozessen der kollegialen Supervision und des Feedbacklernens« (Arnold o. J.).

Fakten treten dabei häufig als latente Bedeutungsdimensionen zutage, die das Denken, Fühlen und Handeln der Menschen zwar bestimmen, ihnen aber weder in ihrer Musterhaftigkeit noch in bestimmender Logik reflexiv verfügbar sind. Systemische Forschung, Therapie und Beratung leben gleichermaßen von Methoden und Verfahren, die diese Bedeutungsdimensionen, die sich der gezielten Nachfrage häufig verbergen, in Erscheinung treten lassen. Storytelling ist dabei z. B. eines der Verfahren, mit Geschichten Resonanzräume anzubieten, an denen das Empfundene sich zu erkennen, auszudrücken und in seiner faktischen Bedeutung zutage zu treten vermag, wie folgender Exkurs beispielhaft demonstriert (vgl. Denning 2005).

Exkurs: Umgang mit dem, was am Wirken ist

Den oben beschriebenen Kräften einer emotional selbsterfüllenden Prophezeiung kann kaum entkommen werden. Wer ihnen in der Beziehung ausgesetzt ist, hat eigentlich bloß die Möglichkeiten, in völlig anderer Weise auf das Gegenüber zu reagieren, als es ihm dessen Attacken selbst unmittelbar nahelegen. Dafür ist eine emotionale Gelassenheit notwendig sowie eine Fähigkeit zur besonnenen Dekonstruktion, über die man gerade in emotional aufgeladenen Situationen selten verfügt. In solchen Situationen gibt ein Wort das andere, und es sind nicht selten zwei Kinderseelen, die dabei um die Wirklichkeit streiten. Wer sich Rekonstellierungsattacken seines Gegenübers ausgesetzt sieht, der ist aufgerufen, aus einer wertschätzenden und liebevollen Beobachtung heraus zu reagieren, ohne sich bei den selektierten Fakten aufzuhalten, die gegen ihn sprechen und ihm nicht wirklich helfen, sondern bloß zur Rechthaberei und Überlegenheit verführen. Wirksamer ist es in solchen Lagen meist, das wohlverstandene Bemühen um Bezogenheit des Gegenübers anzuerkennen und zu bewahren, selbst wenn dieses Bemühen in der konkreten Situation bloß indirekt zu spüren ist.

Systemische Hermeneutik als wissenschaftliches Verfahren zur Ermittlung dessen, was eigentlich am Wirken ist (z. B. frühe Erlebnisse, Bedürfnisse, Interpretationen), geht sogar noch einen Schritt weiter und fokussiert auf die Potenziale und Veränderungskompetenzen im Gegenübersystem – wissend, dass etwas allmählich zum Faktum werden kann, was noch nicht ist, aber sein könnte oder gar sollte.

Diese Position weist eine gewisse Ähnlichkeit mit einem therapeutischen Blick auf das Geschehen auf – distanziert und um Verstehen bemüht. Gleichzeitig kann sich der unmittelbare Beziehungspartner nicht zu einer Therapeuten- oder gar Forscherrolle in seiner eigenen Beziehung (oder Vorgesetztenfunktion) verführen lassen, sondern sollte darum bemüht bleiben, sein Gegenüber liebevoll zu umfangen, denn es hat sich die Strukturbesonderheiten seines Beziehungsempfindens nicht bei Amazon bestellt, sondern in die Wiege gelegt bekommen.

Der distanzierte Beobachter, Begleiter und Berater ist gehalten, diese – metafaktischen – Tiefenprägungen des faktisch in Erscheinung

Tretenden rekonstruierend zu lesen und entsprechend angemessen zu regieren. Dem ins Geschehen involvierten Beziehungspartner kann dies in der Regel nicht gelingen.

Dessen Bewegung muss vielmehr, wenn sie gelingen soll, frei von jeglicher therapeutischen Anmaßung bleiben – eine schwierige, geradezu unmögliche Balance zwischen verstehendem Blick und Beteiligtsein. Wie kann dieser Balanceakt gelingen?

Die Empfehlungen sind für Forschung und Praxis gleichermaßen rar. Man kann das, was im Aktuellen erkennbar Ausdruck findet, nicht bagatellisieren oder gar mit schlauen Beiträgen enttarnen und zurückweisen, obgleich dies die am häufigsten zu beobachtende Reaktionsform ist. Auch die Hinweise auf typische Formen der Beziehungsverhakung entfalten zumeist keine Wirkung, selbst wenn sie uns helfen, die Mechanismen zu erhellen, die gerade wirksam sind. Denn das »Froschgewand«, welches die Prinzessin in dem russischen Märchen *Die Froschprinzessin* (Wassilissa) trägt, darf auch von ihrem tiefenverstehenden Partner (Iwan) nicht eigenmächtig entsorgt werden,[12] ohne dass alle Bemühungen um Annäherung und Heilung zunichtegemacht werden. Der bekannte Paartherapeut Hans Jellouschek schreibt zu dem, was in solchen Konstellationen wirkt (1991, S. 183):

>»Ich habe mir von Frauen, die angefangen haben, aus ihrer alten Rolle herauszugehen, sagen lassen, wie viel Energie dies kostet und wie sehr sie darauf angewiesen waren, aus dieser Anstrengung wieder in die Rolle der kleinen Angepassten zurückzukehren und dabei einen Mann zu haben, der dies akzeptiert und nicht höhnisch ›Siehste‹ sagt oder ungeduldig Druck ausübt. Genau das kann Iwan nicht. Er kann nicht warten. Er kann nicht im Hintergrund bleiben. Für ihn gibt es kein Auf und Ab der Entwicklung. So wie er immer vorne sein muss, obwohl er es in Wirklichkeit gar nicht immer ist, so verlangt er dasselbe auch und noch viel strenger von Wassilissa. Er kann nicht akzeptieren, dass sie die Regression nach der Progression braucht zur Regeneration und zum Atemholen. Denn er erlaubt sich ja solche Phasen auch nicht. Sie überfallen ihn zwar wie ein Schicksal, wenn er in seine Depression kippt und jammert, doch akzeptieren tut er es nicht. Die Froschfrau muss

---

12 Dieser Hinweis bezieht sich auf eine Metapher des russischen Märchens *Die Froschprinzessin* (vgl.: www.maerchenatlas.de/aus-aller-welt/russische-marchen/alexander-afanassejew/die-froschprinzessin/ [4.11.2017]), die darauf verweist, dass die Strukturbesonderheiten der Partnerin (ihr »Froschgewand«) nur von ihr selbst in einem Reifungsprozess abgelegt, aber nicht von jemand anderem entschlossen beseitigt werden darf, wenn Bezogenheit gelingen soll.

schnell alles tun, damit er da wieder herauskommt. Daher kann er auch die drei Tage nicht mehr abwarten und zerstört dabei die Beziehung.«

Diese Interpretation eines komplexen, aus den Strukturbesonderheiten und inneren Bildern der beteiligten Akteure – faktisch? – gespeisten Beziehungsdramas enthält eine ganze Reihe von Kompetenzanforderungen für einen – im therapeutischen Sinne – verstehenden Partner oder auch einen rekonstruierenden Sozialforscher. Was fehlt, ist ein Hinweis darauf, dass beide die erlebten Geschehnisse bloß vor dem Hintergrund der Muster, die sie selbst in die Wiege gelegt bekommen haben, verstehen können – ein Sachverhalt, der für den rekonstruierenden Sozialforscher einfacher zu ertragen sein mag als für den in die Beziehung involvierten Partner. Der interpretiert dann die Irritation und auch die Vorwürfe seines Gegenübers unmittelbar im Kontext seines eigenen inneren Theaters und missversteht diese in seinem (!) eigenen Sinne. Grenzsetzungen und Vorwürfe werden dabei irrtümlich als Infragestellung der eigenen Beziehungsfähigkeit erlebt, was entsprechende Verteidigungsbewegungen oder gar Gegenanwürfe zur Folge haben kann – mit dem schon erwähnten Effekt, dass zwei Kinderseelen um die Beziehungswirklichkeit ringen, wo es doch in Wahrheit bloß darum geht, dass eine Logik der Vergangenheit sich in einem der beiden gerade wirksam Ausdruck verleiht und dadurch Fakten schafft.

Faktisch ist nicht bloß das Verhalten, welches offen zutage liegt; faktisch sind auch die verborgenen Dynamiken in den Akteuren, die sie dazu verleiten, so zu handeln, wie sie dies tun. Eine faktenorientierte Forschung muss beide Dimensionen in den Blick nehmen und sich an ein vertiefteres Verständnis dessen, was wirkt, herantasten!

Der verstehende Partner hat deshalb zunächst alle Hände voll zu tun, nicht selbst in seine kindhaften Gefühlszustände zurückzugleiten und aus ihnen heraus zu agieren. Dann (ver)fiele er in seine eigene Trance des »Wusste ich es doch ...!« und folgte einem Rechtfertigungsimpuls, wo es doch – entsprechend der Einsichten der systemischen Hermeneutik (vgl. Arnold u. Neuser 2017) – darum ginge, alles Gesagte an sich vorüberziehen zu lassen und nur das faktische Verhalten des Partners oder der Partnerin als Ausdruck emotionaler Strukturbesonderheiten verstehend oder gar liebevoll zu beobachten: Sie bleibt in der Beziehung und redet vielleicht bloß vom Weggehen, oder sie wirft einem alles Mögliche an den Kopf, tut dies jedoch nur, um die Gefühle eigener Ungerechtfertigtkeit (»Ich gebe dir doch nichts!«) nicht länger als völlig unangemessen (»Wie kannst du mich denn lieben?«) verarbeiten zu müssen. Denn keine Wassillissa-Frau kann auf Dauer neben einem Prinzen bestehen, der sich nichts zuschulden kommen lässt und sichtbar sowie geradezu vorbildlich seine unterstützende Rolle in der Beziehung auszufüllen scheint.

Doch Vorsicht: Auch die Selbstinterpretation, Selbstinszenierung oder gar Selbstidealisierung des Prinzen ist letztlich Ausdruck einer inneren Welt, die das eigene Scheitern und die eigene Unvollkommenheit nicht zu ertragen gelernt hat. Auch der Iwan-Mann hat seine emotionalen Strukturbesonderheiten, die determinieren, was er auszuhalten in der Lage ist und was nicht. Seine eigenen Bilder von Rechtschaffenheit, Zugewandtheit und Beziehung sind nicht allein deshalb die einzig möglichen und richtigen, bloß weil er sie hat. Er ist gut beraten, auch seine eigene Ratlosigkeit, Angst und Verletzbarkeit hinter all seiner Selbstidealisierung und seiner Sucht nach rascher Lösung des Unaushaltbaren zu spüren und nach anderen Formen des Verhaltens zu tasten. Auch seine Welt der Rechtschaffenheit und auch Rechthaberei muss ihm als das ins Bewusstsein gelangen können, als was sie von anderen wahrgenommen werden kann. Zur echten Beziehungsfähigkeit gelangt auch er bloß, wenn er sich darin übt auszuhalten, dass er selbst nicht der untadelige Teil sein muss, um Liebe zu erfahren. Schmerzhaft ist dieser Abschied vom vertrauten Bild einer Gleichsetzung von Gutmensch und Liebenswertheit. Die Liebe fragt nicht nach Gut und Böse. Sie fragt nicht nach der »Rechtfertigung« einer erduldeten Verwechslung in den Suchbewegungen des anderen; und sie reagiert auch nicht unmittelbar darauf. Sie kann es aushalten, sich ungerecht behandelt zu fühlen und dieses Gefühl in erster Linie als Ausdruck der eigenen emotionalen Strukturbesonderheit zu dekonstruieren.

Der verstehende Partner ist Dreifaches zugleich: der Mensch mit dem distanzierten Blick hinter die – faktisch wirksame – Oberfläche des Geschehens, das auf Wertschätzung und Resonanz bedachte Gegenüber und der beständig darauf achtende »Reflexible Man« (Arnold 2017a, S. 14 ff.), dem es gelingt, den Intentionen und Ausdrücken der eigenen Strukturbesonderheit keinen Glauben zu schenken und keine interpretative Geltung zuzugestehen – eine Herkules-Aufgabe der besonderen Art.

Wer dazu in der Lage ist, der ist auch in der Lage, sich selbst zu verändern – nicht auf beliebigen Zuruf hin, aber schon in dem Sinne, dass er die neuralgischen Punkte seines Gegenübers kennt und zu vermeiden lernt. Wir müssen nicht so bleiben, wie wir sind. Und als verstehende Partner müssen wir auch nicht alles persönlich nehmen, denn es geht nicht um uns, sondern um unsere Beziehung und um unsere eigene Entpuppung im Prozess der »bezogenen Individuation« (vgl. Stierlin 2010).

Als tiefenverstehende Partner sollten wir in der Lage sein:

- uns als selbstreflexionsfähig und flexibel und nicht festgelegt zeigen zu können
- die Ergebnisse dieser Schritte als schweigende Einsicht *in* uns und nicht oberlehrerhaft oder gar selbstrechtfertigend *vor uns* her zu tragen
- zu Gefühlen der Verletztheit zu stehen und ihre wahren Vorfahren identifizieren zu können
- darauf zu achten, was das Gegenüber braucht, um für sich weiterzukommen
- eigene Bedürftigkeiten zurückzustellen und sich neue Kraftquellen für das eigene Vorankommen zu erschließen
- Verwechslungen vermeiden zu können.

Was bedeutet diese professionelle Form des Tiefenverstehens bei der Gestaltung von Beziehungen für den distanzierten Forscher? Auch er kann sich bei seinen Zugängen zu dem, was da *eigentlich* wirkt und zu faktischen Missverständnissen, Krisen oder gar Trennungen führt, nicht länger bloß an der Oberfläche bewegen. Was ihm z. B. die beteiligten Akteure in Befragungen mitteilen, vermag nicht auszuleuchten, was ihnen z. B. erst das Storytelling zu erschließen hilft. Die Story (hier: das russische Märchen von der Froschprinzessin) kann den Akteuren eine Deutungs- und Resonanzfläche liefern, vor deren Hintergrund sie erst zu artikulieren vermögen, was bislang aus ihrem inneren Verborgenen heraus das Hier und Jetzt ihrer alltäglichen Beziehungsroutine durchwirkt. Ohne das Interpretationsangebot der Story hingegen würde sich ihnen dieses Verborgene nicht zeigen. Die Forschung würde dann zwar den Gütekriterien der Datenerhebung entsprechen, ihre Ergebnisse hingegen blieben ohne substanzielle Aussagekraft. Diesen Vorwurf könnten auch die Hinweise auf den anekdotischen Charakter der Storys und Fallsituationen nicht wirklich entkräften, obgleich andererseits nicht übersehen werden kann, dass gerade der anekdotische Weg auch vielen Meinungsträgern und Scharlatanen Tür und Tor öffnet, wodurch sie dann auf diesem Weg weniger wirkliche Tiefenklärungen als vielmehr Vereinfachungen und selbsterfüllende Prophezeiungen transportieren können. Es waren wohl auch diese Überlegungen, welche die schärfsten Kritiker des Konstruktivismus immer wieder zu einer radikalen Infragestellung seiner Eignung als Paradigma für Wissenschaft und professionelle Praxis führten. Zu dem Gedankenexperiment »Schrödingers Katze« fällt den Kritikern deshalb auch bloß die Entgegnung ein, dass es doch offensichtlich sei, dass eine Katze in einer luftdicht verschlossenen Kiste über kurz oder lang tot sein müsse. Sie greifen sich an den Kopf und fragen sich, wie ein anerkannter Wissenschaftler bloß ernsthaft die Frage stellen könne, in welchem Zustand sich die Katze befinde. Dabei verkennen sie aber, worum es in Schrödingers Katze in Wahrheit geht, wie Kersten Reich dies aufklärt:

> »Es geht Schrödinger als Naturwissenschaftler ja nicht um die unsinnige Behauptung, dass die Katze in einer tatsächlich luftdichten Kiste überleben könnte, sondern allein um das Phänomen, dass Wirklichkeitskonstruktionen in den Wissenschaften von einem Beobachter abhängen und damit davon, was dieser sehen kann oder will. Dies ist eine auch im Konstruktivismus immer wieder geäußerte These. Der Wissenschaftler muss hierbei öfter, als ihm lieb ist, die Katze im Sack bzw. der Kiste in Kauf nehmen, denn auch er kann nie die äußere Welt vollständig abbilden, sondern sein Modell, seine Version von Wirklichkeit, greift so in die Wirklichkeit ein, dass sie erst aus diesem Modell oder dieser Version heraus verständlich wird« (Reich 2002, S. 92 f.).

Faktenorientierung droht vor diesem Hintergrund zu einer reflexionslosen Abbildung dessen zu verkommen, was den Beobachtern auf der Oberfläche der Fall zu sein scheint, ohne dass sie sich gleichzeitig »der Erkenntnis der Erkenntnis«, von der Humberto Maturana und Francisco Varela sprechen, wirklich widmen. Diese Erkenntnis der Erkenntnis »verpflichtet uns« – so Maturana und Varela (1987, S. 263) – »zu einer Haltung ständiger Wachsamkeit gegenüber der Versuchung der Gewissheit«.

Wissen, was wirkt: das spürende Verstehen als Ausdruck der metafaktischen Reflexion

Das Tiefenverstehen[13] markiert somit nicht bloß eine zentrale Dimension gelingender Kommunikation, es eröffnet auch einer metafaktisch reflektierten Methodologie des Forschens neue Zugänge zur Erhellung der motivationalen sowie biografie- und perspektivenabhängigen emotionalen Begründungen sozialen Handelns – mit der Zielrichtung, zu erfassen, was in einer gegebenen Konstellation de facto wirkt. Thomas Pfeiffer (2001, S. 4) weist dabei zu Recht auf die Unterschiede zwischen einem therapeutischen und einem forschenden Umgang mit Wirklichkeit hin:

> »Während Therapie auf Veränderung des beobachteten Gegenstandes abzielt, versucht Forschung vor allem, den eigenen Kenntnisstand zu verändern. Systemtheoretisch aufgeklärte Forschung setzt deshalb bei der Selbstbeobachtung und -veränderung des forschenden Beobachters in der Kommunikation mit seinem Gegenstand an.«

Dies ist möglich, wenn auch Forscherinnen und Forscher den Blick zunächst auf sich selbst lenken. Auch Wissenschaftler und Wissenschaftlerinnen greifen bei ihrer Annäherung an die Gegenstände auf ihre eigenen Erfahrungen zurück und deuten auch sie erfahrungsabhängig und »strukturdeterminiert«. Dies bedeutet, dass auch der wissenschaftliche Umgang mit Fakten sich nicht vollständig von den Erfahrungen und Routinen derer zu lösen vermag, die sich diesen Fakten mit bestimmten Vorerfahrungen und Erwartungen sowie Methoden nähern. Auch Wissenschaft ist deshalb gut beraten, sich nicht nur den vermeintlich äußeren Gegebenheiten zuzuwenden, sondern auch deren innere Seite selbstkritisch zu reflektieren. Dabei geht es darum, die eigene Strukturdeterminiertheit des Denkens, Fühlens und Handelns beim Umgang mit den Gegebenheiten aufzudecken. Für Humberto Maturana (Maturana et al. 1990, S. 17)

> » (erfahren) strukturdeterminierte Systeme ausschließlich Veränderungen, die durch ihre Organisation und Struktur determiniert sind«,

---

13 Diese Ausführungen folgen teilweise in wörtlicher Übernahme einzelner Passagen den als Arnold (2017d) bereits veröffentlichten Überlegungen.

womit er zwar augenscheinlich den gestaltenden Umgang mit Wirklichkeit (z. B. in Unterricht, Beratungs- und Organisationsentwicklung) in den Blick nimmt. Doch ist diese Persistenz bisheriger Stile und Weltbilder im analysierenden Umgang mit Wirklichkeit, d. h. auch für die beobachtende, rekonstruierende oder analysierende »Fabrikation von Erkenntnis« (Knorr Cetina 1984), wirksam. Dieser Hinweis auf die verbliebene Subjektivität im Bemühen um »objektive« Tatsachenklärung fordert das etablierte Wissenschaftsverständnis heraus. Dieses »lebt« nämlich von dem Glauben an die Objektivität, Zuverlässigkeit und Gültigkeit sowie an die Überzeugungskraft des besseren bzw. evidenzbasierteren Arguments – eine Zuversicht, die nicht aufgegeben, aber in Anbetracht der verbliebenen Subjektivität im wissenschaftlichen Arbeiten überzeugender begründet werden muss. Dies fällt nicht leicht, zumal Niklas Luhmann (1927–1998), der große Adept der biologischen Erkenntnistheorie Humberto Maturanas, uns mit der These konfrontiert, dass die Vorstellung des Verstehens deren Unmöglichkeit voraussetzt. Verstehen steht demzufolge für eine Bemühung, nicht jedoch für ein Gelingen. Verstehen markiert eine »Quasi-Unmöglichkeit« (Luhmann 1982, S. 213). In seinem Opus magnum wird Luhmann noch deutlicher, wenn er schreibt:

> »Sie [die Kommunikation] schließt überdies mit den Bedingungen ihres eigenen Funktionierens aus, dass die Bewusstseinssysteme den jeweils aktuellen Innenzustand des oder der anderen kennen können, und zwar bei mündlicher Kommunikation, weil die Beteiligten mitteilend/verstehend gleichzeitig mitwirken, und bei schriftlicher Kommunikation, weil sie abwesend mitwirken« (Luhmann 1997a, S. 81 f.).

Es bleibt deshalb die Frage, ob und inwieweit diese »Quasi-Unmöglichkeit« des Verstehens auch für den erkennenden Umgang mit der Wirklichkeit grundlegend ist. Auch beim wissenschaftlichen, methodisch kontrollierten Erkennen »(wirken) die Beteiligten mitteilend/verstehend mit« (ebd.) und sind häufig substanzieller an der Konstruktion der sich ihnen zeigenden Wirklichkeit beteiligt, als sie selbst zu sein glauben – ein Sachverhalt, der in der Geschichte der Wissenschaftstheorie immer wieder Zweifel an einer bloß denkerisch-kognitiven Annäherungsbewegung auslöste, ohne dass diese jedoch zu einer überzeugenden Einbeziehung der spürenden Vernunft in die Forschung hat vorstoßen können. Erinnert sei in diesem Zusammenhang an das Plädoyer von Carola Meier-Seethaler (1983, *Gefühl und Urteilskraft*) »für

die emotionale Vernunft.« Sie sichtet zunächst die Vorläufer eines
nicht kognitiv verengten Vernunftbegriffs, wobei sie zunächst einen
historischen Rundgang unternimmt durch die weitgehend vergesse-
nen Ansätze von Blaise Pascal (1623–1662), der von einer »Logik des
Herzens« sprach, oder von Immanuel Kant (1724–1804) mit seinen
Hinweisen auf das Gefühl als der heimlichen Erkenntnisquelle aller
forschenden und verstehenden Klärungen. Auch die »Entmonopoli-
sierung der Ratio durch Sigmund Freud (1856–1939)« sowie »das
›emotionale Apriori‹ bei Max Scheler (1874–1928)« zählen dabei zu
den »Meilensteinen«, welche Meyer-Seethaler in Erinnerung ruft,
um ihrer These Nachdruck zu verleihen, dass dem Ideal der »Unvor-
eingenommenheit und Objektivität« eine »emotionale Substruktur«
zugrunde liege, welche

> »dem Bedürfnis des Forschers entgegen(kommt), sich von seinem
> Gegenüber zu distanzieren und die eigene Autonomie durch die Herr-
> schaft über das Objekt zu sichern« (ebd., S. 16).

In dieser emotionalen Substruktur, welche in einer geradezu strikten
Trennung von Subjekt und Objekt ihren Ausdruck findet, sieht Meyer-Seethaler eine »unbewusste Obsession« am Werke, »sich von der
Mutter Natur loszureißen«, sie gar »in den Schatten zu stellen sowie
mit künstlich veränderten Pflanzen und Tieren zu übertrumpfen«
(ebd., S. 15) – eine in ihren Augen männliche Attitüde, die letztlich
auf die »doppelt gebrochene Identität des Mannes« (Arnold 2002)
und der in dieser angebahnten spezifischen Weise des Umgangs mit
sich selbst und der Welt zurückgeführt werden kann. Meyer-Seethaler
schreibt:

> »Weil der selbstständig werdende Knabe nicht nur erwachsen, sondern
> ein anderer Erwachsener als die Mutter werden muss, wird für ihn
> ›Männlichkeit‹ gleichbedeutend mit der Abgrenzung gegenüber dem
> Weiblichen, und das heißt auch mit der Ablehnung jeder emotionalen
> Abhängigkeit und dem Vermeiden von Nähe« (Meyer-Seethaler 1983,
> S. 16).

Nun kann man über diese Interpretation der inneren Strukturbesonderheiten eines spezifisch männlichen Subtextes der vorherrschenden
wissenschaftlichen Verfahren des Erkennens, Schlussfolgerns und
Orientierens sicherlich geteilter Meinung sein, nicht übersehen wer-

den kann m. E. jedoch, dass insbesondere die Tendenz zur Ausklammerung des Subjektiven aus den Formen des elaborierten Umgangs mit Wirklichkeit bisweilen zu einer Rigidität und Entschiedenheit des Urteils verführt, die oft mehr über den Autor selbst – seine verbliebene Ungeborgenheit im Bemühen um das Rechthaben – auszusagen vermag als über den Gegenstand selbst. Ihren Ausdruck findet diese Ungeborgenheit in der zugespitzten oder bisweilen gar vernichtenden Beurteilung anderer Positionen, mit der man sich abgrenzt und im alleinigen Besitz der Wahrheit glaubt und entsprechend rigoros inszeniert. Die wissenschaftlichen Veröffentlichungen sind voll von solcher Art der Klärungen, wobei man bisweilen auch deshalb zur mathematischen Exaktheit greift, weil sie eine luzide Unstrittigkeit zu ermöglichen scheint, wo doch in Wahrheit bloß eine konkurrierende Vielfalt von Deutungen zu haben ist, die aber einleuchtende Formen einer Selbstüberhöhung zu versprechen scheint.

Solche Hinweise auf die emotionale Substruktur des Erkennens und damit die schiere Unmöglichkeit des Verstehens wirken ernüchternd. Auch ein rekonstruierender Beobachter bleibt seiner eigenen strukturellen Koppelung ausgeliefert und kann ihr letztlich kaum entkommen. Er kann jedoch ihre Funktionsmechanismen nüchtern betrachten, selbstreflexiv analysieren und begreifen. Damit wendet er sich dem Gegenüber und den Gegenständen seines Erkennens immer und immer wieder zu, indem er sich mehrfach durch die sich ihm bietenden Lesarten durcharbeitet, sie selbstreflexiv im Sinne einer Beobachtung zweiter Ordnung hinterfragt (Frage: »Was ruft mir diese Lesart über mich in Erinnerung?«) (vgl. Luhmann 1997b, S. 766), beim Gegenüber oder den Repräsentanten anderer Lesarten in wertschätzender Sprache zurückfragt und sich so um eine kommunikative Validierung bemüht oder absichtsvoll gegensätzliche Deutungen erprobt, um dem eigenen blinden Fleck nicht nur »auf die Spur zu kommen«, sondern

> »die eigene und die fremde Blindheit und auch das Fundamentalphänomen der Blindheit für die eigene und die fremde Blindheit mit dem Ziel neuer Offenheit systematisch zu studieren« (Pörksen 2015, S. 265).

Der nüchterne Beobachter kann aber auch bewusst nach den Mustern, die verbinden (sensu Bateson), Ausschau halten und das ihm begegnende Geschehen mit Geschichten, vertieften Lesarten und Interpretation anregen, provozieren und zur Erscheinung kommen lassen – eine bewusst störende Bewegung im Feld, die bei genauerer Prüfung jedoch lediglich das reflektiert und professionell dosiert tut, was ohnehin stattfindet, ist doch jede Beobachtung auch eine Störung des Feldes (vgl. Feller 2003).

Eine spürende Vernunft versucht dabei, den Gegenstand bewusst von innen heraus auf sich wirken zu lassen. Dabei nimmt sie eine doppelte Verstehensperspektive ein:

Einerseits nutzt sie zur Erkenntnis und Beobachtung eines Zusammenhangs das, was andere Beobachter im Umgang mit strukturähnlichen Zusammenhängen erlebt und gelernt haben. So kann ein deutscher Bildungsforscher letztlich nicht wirklich von seiner eigenen Bildungsgeschichte abstrahieren, und es ist ihm auch so gut wie unmöglich, sich von überlieferten Bildungsvorstellungen, Leithypothesen oder lieb gewonnenen Vorstellungen wirksam zu distanzieren, um neu und weniger kulturzentrisch und erfahrungsdeterminiert über die möglichen Muster des begleiteten Nachwachsens in einer Gesellschaft nachzudenken. Im Extremfall führt diese kulturzentrische Trübung des Blickes auch zu einer nahezu völligen Erblindung – mit dem Ergebnis, dass man nicht mehr sieht, was man nicht kennt. Die europäische Debatte über die Kompetenzorientierung liefert ebenso zahlreiche Belege für diese Blindheit des Beobachtens wie die internationalen Bemühungen um eine nachhaltige Entwicklungszusammenarbeit. Was im ersten Fall die deutsche Bildungsmetaphysik, ist im zweiten Fall ein Entwicklungsbegriff, der durch europäische Fortschritts- und Modernisierungsbilder kontaminiert ist. Es ist das Sokratische »Ich weiß, dass ich *nicht* weiß!« ... sondern eigentlich bloß wiedererkenne, rekonstelliere, verwechsele und dadurch für Wiederholung, nicht für Angepasstheit und tiefes *Verstehen* sorge.

Andererseits ist die spürende Vernunft einer systemischen Hermeneutik dadurch gekennzeichnet, dass sie das Missverstehen zu vermeiden sucht, indem sie sich prinzipiell *lesartkritisch* bewegt – selbst dann, wenn die herrschende oder naheliegende Lesart plausibel zu sein scheint. Sie sucht nach anderen – alternativen – Lesarten, prüft sie wertschätzend und nutzt sie kreativ-pragmatisch für ihre Interpretation und Deutungsarbeit. Die zweite Beobachtungsperspektive einer verstehenden Vernunft ist deshalb die der *Unterschiedsorientie-*

rung.[14] Diese ist getragen von einer prinzipiellen – möglichst sogar vorauseilenden – Wertschätzung des anderen, des Unterschiedlichen oder gar des Unsichtbaren – nicht nur in seiner Möglichkeit, sondern auch in seiner eigenen Vernünftigkeit. Es ist diese Kontingenzunterstellung eines »Es könnte auch ganz anders sein« (vgl. Sagebiel u. Vanhoefer 2006), welches die hermeneutische Verstehensbewegung leitet, die deshalb auch nicht nur als Zirkel (Stichwort »hermeneutischer Zirkel«), sondern vielmehr als Schleife einer »selbsteinschließenden Reflexion« (Varela et al. 1992, S. 52) zu gestalten ist, die nicht bloß das Ausgangsverständnis des Gegenstandes zyklisch differenziert und erweitert, sondern auch die bevorzugte Form des Konzeptionalisierens durch den Beobachter erkenntniskritisch hinterfragt und zu erweiterten Formen des Umgangs mit der Wirklichkeit befähigt.

Francisco J. Varela et al. (1992, S. 19) schreiben zur »Zirkularität im Geist des Wissenschaftlers«:

> »Der menschliche Geist erwacht in einer Welt. Wir haben unsere Welt nicht entworfen, sondern fanden uns damit vor; wir erwachten nicht nur zu uns selbst, sondern auch zu der Welt, in der wir leben. Wachsend und lebend, reflektieren wir schließlich über eine Welt, die nicht geschaffen, sondern vorgefunden ist, und doch befähigt uns auch unsere Struktur, über diese Welt nachzudenken. In der Reflexion finden wir uns also in einem Zirkel: Wir leben in einer Welt, die der Reflexion vorauszugehen scheint, aber nicht von uns getrennt ist.«

Diese eingebettete Lage des reflektierenden Bewusstseins kann zwar nicht überwunden, wohl aber in Rechnung gestellt werden. Wo diese Bemühung bei den eigenen Erkenntnisbewegungen mitschwingt, begegnen wir einem *selbsteinschließenden Skeptizismus,* welcher von der Gewissheit durchdrungen ist, dass Gewissheit nicht zu haben ist, sondern allenfalls Kohärenz. Diese Kohärenz unterstellt der Stim-

---

14 Diese Unterschiedsorientierung weist auf den ersten Blick Parallelen zu einer dialektischen Erkenntnistheorie auf – allerdings mit dem grundlegenden Unterschied, dass sie frei von Ontologisierung sowie von mehr oder weniger verborgenen Vorstellungen von Weltgeistentwicklung ist. Sie folgt vielmehr bloß der Suche nach der Wahrheit bzw. Berechtigung des Gegenteils, ohne mit dieser Gegenüberstellung die Erwartung einer erhellenden und weiterführenden Synthese, welche gar einen neuen gesellschaftlichen Reifungsgrad vorwegnimmt, zu unterstellen. Systemisch konstruktivistisches Denken geht vielmehr in anderer Weise als im Stile der zweiwertigen Logik und ihres »Tertium non datur« mit Gegensätzen um, indem es sich z. B. im Tetralemma mit der Gleichzeitigkeit von Ungleichzeitigkeit und Vielfalt befasst und die notwendige Offenheit im Umgang mit unterschiedlichen Deutungen übt.

migkeit eines Aussagesystems einen größeren Wahrheitsgehalt (vgl. Seifert 2009b, S. 166 ff.) als dem Musterbruch (vgl. Wüthrich et al. 2009), welcher aber anregend und weiterführend sein kann, zumal so manche Muster sprachlichen oder verhaltensmäßigen Routinen entstammen und die Kohärenz zu einem Und-so-weiter verkommen lassen. Dieser Musterbruch kann auch Irritation, Nachgrübeln und Schweigen bedeuten, wie dies Gregory Bateson anregte und vorlebte. Einem seiner Schüler sagte er:

>»Sie Affe! Ich hatte gerade so ein schönes, saftiges Schweigen am Köcheln, und Sie müssen mit ihren dicken Latschen mitten hinein trampeln« (Nachmanovitch o. J., S. 252).

Es war Gregory Bateson, der fest davon überzeugt war, dass »unsere Sprache generell den Trugschluss einer verfehlten Konkretheit (nährt)« (ebd., S. 255), und er wusste, dass wir uns dem Verstehen bloß im Zuge einer Kontextualisierung dessen, was wir wahrnehmen, nähern können – letztlich spürend-suchend, nicht vermutend-findend. Er schreibt: »Die große Erleuchtung kommt, wenn du plötzlich erkennst, dass das ganze Zeug Beschreibung ist« (zit. nach Bateson 1977, p. 146; Übers.: R. A.) – ein Hinweis darauf, dass wir uns eigentlich nur in eine Gegebenheit, einen Gegenstand oder einen anderen Menschen »hineinversetzen« können, wenn es uns gelingt, unserer eigenen Trance der Beschreibung zu entschlüpfen, um die Phänomene aus ihrem Kontext heraus auf uns wirken zu lassen – dies ist die wohl grundlegendste Bewegung einer spürenden Vernunft. Diese Verstehensbewegung gelingt nicht ohne Weiteres und auf Anhieb. Sie setzt eine reflektierte Beziehung zum Phänomen voraus – getragen von einer systemisch-phänomenologischen Haltung, die von dem tiefen Bewusstsein durchdrungen ist,

>»dass es grundsätzlich niemals der Inhalt der Phänomene selbst sein kann, der angenehme oder unangenehme Wirkungen mit sich bringt, auch wenn uns das subjektiv in unserer üblichen bewussten Wahrnehmung so erscheint. Der zentrale Wirkfaktor sind vielmehr immer die Position, aus der heraus ich die Phänomene wahrnehme (wozu auch meine Haltung dabei gehört), und die Nähe oder Distanz, die ich zu den beobachteten Phänomenen herstelle« (Schmidt 2007, S. 36).

Das »Sichhineinversetzen« beginnt deshalb mit der Fähigkeit zur Selbstreflexion und zur schweigend-achtsamen Beobachtung, bei welcher sich spürende Vernunft entfalten kann. Diese Fähigkeit versucht, die verbindenden Muster zu erfassen, ohne sie durch eigene linear-mechanistische oder kausale Interpretationsroutinen selbst zu erzeugen oder dadurch den spezifischen Kontext mit seinen komplexen und interdependenten Wirkungszusammenhängen auszublenden. Dabei ist es u. a. entscheidend, ob der Sachverhalt, um den es geht, tatsächlich als defizitär empfunden wird und von wem und wie die Richtung der angestrebten Veränderung definiert werden kann.[15]

Was würde »Sichhineinversetzen« in Anbetracht des Failed State, der nach dem von vielen zu Recht ersehnten Sturzes des irakischen Diktators entstanden ist, bedeuten? Welche Vorschläge kommen uns in den Sinn, wenn wir die von Dörner beschriebene Verelendung marokkanischer Nomaden nach den wohlgemeinten Interventionen der Entwicklungshilfe beobachten (vgl. Dörner 1989)? Oder: Wie berät man gekonnt und erfolgreich einen Menschen, dessen Biografie der subjektiven Logik zu folgen scheint, das eigene Gelingen zu verhindern? Fragen über Fragen, welche uns deutlich die Grenzen dieses Bemühens vor Augen führen. Im Kern geht es um ein Denken, welches in der Lage ist, ein »unablässiges Durchstreichen« vorzunehmen, wie es der französische Philosoph Valéry (1993, S. 551) beschrieb. Sich in anderes oder andere hineinzuversetzen, setzt eine epistemologische Selbstreflexion voraus, die es ermöglicht, die Festlegungen der eigenen Muster des Bezeichnens und Bewertens hinter sich zu lassen. Eine solche »selbsteinschließende Beobachtung« (Arnold (2014, S. 15) stellt sich folgende Fragen:

Selbsteinschließende Beobachtung	
Erwartungs-erwartung (sensu Luhmann)	Was erwarte ich vom Gegenstand? Welche meiner Hypothesen sind Ausdruck gewohnheitsmäßiger Vermutungen? Inwieweit unterstellen meine Hypothesen dem Gegenübersystem bereits bestimmte Erwartungen?
Nichtreaktivität	Gebe ich dem Gegenübersystem ausreichend Zeit, sich in dem, was es eigentlich meint, zu zeigen? Sind meine Interpretationen vorschnelle Reaktionen, mit denen ich das Beobachtete einschränke und festlege?

---

15 Geht man von den Planspielergebnissen von Dietrich Dörner (1989) aus, so zeigt sich, dass Lösungen nicht nur Probleme bewältigen, sondern neue schaffen – eine nahezu unvermeidbare Wirkungskette, die keineswegs automatisch zu Fortschritt oder Heilung führt und am Ende bisweilen die Frage aufwirft, ob der vorherige – labile oder fragile – Zustand zwar weniger zufriedenstellend, aber immerhin ausbalancierter gewesen sein mag.

Transformation	Welche Veränderungen kann ich bereits erreichen, indem ich in anderer Weise fokussiere und interpretiere? Welchen Beitrag leistet meine Interpretation zur Veränderung dessen, was sich zeigt?
Zirkularität	Berücksichtigt meine Beobachtung in ausreichendem Maße zirkuläre Wechselwirkungen? Zoomt mein beobachtender Blick auf die Zusammenhänge, deren Wechselwirkungen das Beobachtete ausdrückt?
Unterschieds-erprobung	Suche ich bewusst nach Unterschieden, indem ich nach ganz anderen Lesarten und Erklärungen der Zusammenhänge suche? Freunde ich mich mit den Unterschieden an?
Gewissheits-vermeidung	Kämpfe ich um die Wahrheit, oder trage ich Sorge für eine Vielfalt an möglichen Bedeutungen? Gehe ich wertschätzend mit Kritikern um, indem ich anerkenne, dass auch sie recht haben können?

Tab. 2: Fragen einer selbsteinschließenden Reflexion des Beobachters

Die erklärende Vernunft greift in der Regel zur Sprache (auch Mathematik ist eine solche), um Phänomene zu durchdringen und zu bezeichnen und zu konservieren, kurz: sprachlich nachzubilden. Hermeneutik zielt dabei auf eine anschlussfähige Auslegung sprachlicher Äußerungen schriftlicher und mündlicher Art, wobei die Anschlussfähigkeit sich sowohl auf die Urheber als auch auf die deutende Gemeinschaft beziehen kann. Hermeneutisches Verstehen setzt somit »an der essenziellen Sprachlichkeit aller menschlichen Welterfahrung« (Gadamer 1980, S. 57) an – eine Engführung, für die vieles spricht, die aber die handlungsbegründende Kraft vorsprachlicher oder emotionaler Gewissheiten ausblendet. Diese Gewissheiten können nicht über Textliches erschlossen, sondern müssen gespürt werden. »Wahr« ist demzufolge eine hermeneutische Auslegung dann, wenn sie entweder die diskursive Zustimmung derer erfährt, deren Äußerungen gedeutet werden (kommunikative Validierung), oder die Zustimmung derer, die sich ebenfalls und unabhängig um eine angemessene Deutung der Intentionen und Begründungen der Akteure sozialen Handelns nach allen Regeln der Kunst bemühen. Dies kann im Idealfall zu einer Vervielfältigung der Lesarten führen, die den Eindruck der Kontingenz von Handlungsbegründungen dokumentieren (vgl. Arnold et al. 1998) oder gar Spuren »objektiver« Muster in Erscheinung treten lassen, die sich zwar subjektiv artikulieren, aber gleichwohl – hinter dem Rücken der Akteure – vorgeordnete strukturelle Formen der gesellschaftlichen Wirklichkeitskonstruktion reproduzieren (vgl. Oevermann 1996).

Die spürende Vernunft einer systemischen Hermeneutik ist weniger von solchen Objektivitätsansprüchen getragen als vielmehr von einem Authentizitätsanliegen. Es entspringt, wie auch der forschende Zugriff eines Beobachters, einem »Modus von Wechselwirkungen« (Koncsik 2011, S. 10), welche ihrerseits beobachtet und bei ihrer nachbildenden Wirkung in Rechnung gestellt werden müssen, da sich in dieser Wechselwirkung stets mehr abbildet als bloß ein so und nicht anders emergierender Gegenstand:

> »Insofern Wechselwirkungen wiederum das, was wirklich ist, überhaupt erst ausmachen und konstituieren, ist der Gegenstand der Systemtheorie die gesamte Wirklichkeit, insofern sie eben durch Wechselwirkungen konstituiert wird. Eine synergetische Systemtheorie erlaubt uns daher einen entscheidenden Aufschluss über die Wirklichkeit kraft eines Rückschlusses auf sie aus ihrer systemischen Wirkung: Die Systemtheorie ist ein hermeneutischer, d. h. naturphilosophischer Deutungsschlüssel der Wirklichkeit. Um Wirklichkeit zu verstehen und sie auch technologisch umzusetzen, ist eine synergetisch-systemische Hermeneutik ausschlaggebend: sie weist uns den Pfad zur nächsten technologischen Evolutionsstufe« (ebd.).

Diese Stufe löst sich endgültig von jeglichen Abbild- oder Korrespondenztheorien der Wahrheit und beschränkt sich auf das tiefere Verstehen der Mechanismen, mit denen Menschen sich über die Gründe und Begründungen sozialen Handeln zu verständigen suchen – wissend, dass sie »handgemacht« sind und bleiben, in lebensweltlicher Interdependenz gleichwohl – objektiv – wirksam werden. Ist es deshalb wirklich verwunderlich, dass es die Stimmungen und nicht die Tatsachen und Argumente zu sein scheinen, die unser gesellschaftliches Zusammenleben sowie unsere Politik bestimmen (vgl. Bude 2016)? Jeder agiert eingebettet in symbolische Ausdrucksformen, wie bereits die symbolischen Interaktionisten des letzten Jahrhunderts wussten:

> »Wenn die Menschen Situationen als real definieren, sind sie in ihren Konsequenzen real« (Thomas a. Thomas 1928, p. 572; Übers.: R. A.).

Es sind diese tragenden Konstruktionen der eigenen sowie gemeinsamen Wirklichkeit, die als »real« empfunden werden, weshalb – so die Quintessenz aller systemischen Veränderungskonzepte der letzten

Jahre – die kreative, »frische« oder auch kritische Weiterentwicklung der überlieferten Deutungsmuster ein wichtiger Ansatzpunkt für eine »soziale Technologie« (vgl. Scharmer 2009) zu sein verspricht. Gleichzeitig wandeln sich die Veränderungskonzepte von Interventions- zu Lernkonzepten, da die Veränderungsforscher mehr und mehr erkennen, dass Wirksamkeit nicht von der Gründlichkeit und Granularität der Nachbildungen bzw. Diagnosen, sondern von ihrer selbstreflexiven und prinzipiell wertschätzenden Adressierung abzuhängen scheint. Nur eine solche Technologie der Selbstreflexion und Selbsttransformation scheint auch in der Lage zu sein, die »systemischen Risike(n), die aus einer Akteursperspektive kaum greifbar sind« (Willke 2014, S. 152), minimieren, wenn nicht gar vermeiden zu können.

Eine solche spürende Vernunft ist die Grundlage einer systemischen Hermeneutik. Ihr geht es gleichermaßen um eine möglichst projektionsfreie Identifizierung von Handlungsbegründungen wie auch um eine Vertiefung des Blicks in Forschung und Praxis. Was die Forschung anbelangt, so bemühen sich ihre Ansätze um eine möglichst kontinuierliche Einbeziehung der »selbsteinschließenden Reflexion« (Varela et al. 1992), d. h. um eine beobachtungstheoretische Basierung des Umgangs mit Hypothesen, Begriffen und den Formen des Verdichtens und Schlussfolgerns mit dem Ziel, den

> »methodologischen Fallstricken der der ›(un)heimlichen Penetranz der Plausibilität‹ eines ›sich selbst erfüllenden Forschens‹ sowie der ›Sprachgebundenheit des Arguments‹ zu entrinnen« (Arnold 2012c, S. 134).

Worauf dabei im Einzelnen geachtet werden sollte, verdeutlicht folgende Übersicht auf Seite 106 (Tab. 3).

Die unbeabsichtigten, aber verzerrend wirksamen Einflüsse des forschenden Beobachters bei der Nachbildung der Deutung des Sozialen müssen selbstreflexiv gewendet werden. Dadurch werden sie selbst der Beobachtung zugänglich und können gewissermaßen von den ersten Eindrücken, Hypothesen und Interpretationen befreit werden. Diese Einflüsse konstituieren nämlich keine Gegebenheiten, sondern Erwartungen. Eine selbstreflexive Beobachtung dient deshalb einer ideologiekritischen Entschlackung in eigener Sache, indem sie das eigene Begriffsbesteck als Ausdruck letztlich emotionaler und sprachlicher Gewohnheiten entlarvt. Hinzu treten muss jedoch unbedingt

Worauf bei der Durchführung systemischer Forschungsarbeiten zu achten ist: Selbstprüfungs- und Selbstreflexions(an)fragen	
Die (un)heimliche Penetranz der Plausibilität	Was genau erwartest du bereits (Basisannahmen, Hypothesen, Folgerungen) vor jeglichem Feldkontakt?
	Welche Ergebnisse könntest du nicht aushalten?
	Welche (drei) wichtigen Interessen verbindest du mit deiner Untersuchung (auch soziale, berufliche etc.)?
Sich selbst erfüllendes Forschen	Wie stellst du sicher, dass alles auch ganz anders sein »darf«, als es dir erscheint?
	Ermittle verschiedene Perspektiven auf den Gegenstand!
	Befasse dich wertschätzend mit dem jeweiligen Gegenstand, indem du ein eigenes Plädoyer verfasst mit einer dir besonders abwegig erscheinenden Perspektive!
Die Sprachgebundenheit des Arguments	Kläre deine Begriffe, und nimm sie als das, was sie sind: Bezeichnungen einer Wirklichkeit, nicht die Wirklichkeit selbst!
	Arbeite mit Such-, nicht mit Findebegriffen!
	Frage, durch welche Festlegungen, Verstehenstendenzen und mitschwingenden Wertungen deine Begriffe bereits kontaminiert sind!

Tab. 3: Hinweise für die Forschungspraxis (nach Arnold 2012c)

auch eine ideologiekritische Entschlackung im Interesse des zu Verstehenden – dies kann eine innermenschliche Systemik oder eine des kooperativen oder konfliktiven Miteinanders sein. Nicht alles, was uns hier der Fall zu sein scheint, entspringt einer wirklich peniblen Bemühung um Evidenz. Oftmals lassen wir auch bloß in Erscheinung treten, was wir vermuten und gerade deshalb auch erkennen können. Ähnlich wirkt der gesellschaftliche Zusammenhang, die So-und-nicht-anders-Wirklichkeit, selektiv: Wir bewegen uns mit unseren Evidenzbasierungen in den totalen Wirkungszusammenhängen der immer schon vorausgesetzten Welt des Sozialen, die nicht allein deshalb »gut« sind, weil es sie schon immer gab. Doch solange wir dabei bleiben, die Welt zu unseren eigenen Bedingungen und Möglichkeiten zu verstehen, stehen wir nicht in einer wirklichen Verbindung mit den Bedingungen und Möglichkeiten der Systeme, die wir uns zu erkennen bemühen oder bei ihrer Transformation begleiten (wollen). Unsere Treue gilt dann in Wahrheit unseren eigenen Interpretationen, nicht einer Wahrheitssuche oder unseren Klienten, Schülern oder Mitarbeitern. Deshalb lautet der Leitsatz einer systemischen Hermeneutik der spürenden Vernunft:

Lasse das Gegenübersystem zum Ausdruck gelangen, indem Du ihm nicht dazwischenredest! Verstehen ist nämlich die Voraussetzung einer gelingenden Veränderung, welche in der Lage ist, in Resonanz mit den Bedingungen und Möglichkeiten des anderen einen Unterschied zu gestalten.

Beispiele zur (un)heimlichen Penetranz des Eigenen

Paul Watzlawick hat verschiedentlich darauf hingewiesen, dass wir uns bevorzugt in Wiederholungsschleifen durch das Leben bewegen: Obgleich wir die Grenzen einer lieb gewonnenen Interpretation bereits schon mehrfach durchlitten haben, halten wir an ihr fest, indem wir auf die Strategie des »Mehr-desselben« setzen. Wir übersehen dabei, dass »Mehr-desselben« von »keiner Wirkung« eben »keine Wirkung« bleibt und nicht plötzlich zur Wahrheit oder gar Wirksamkeit mutiert.

Diese Strategie lässt sich im Alltag vielfach beobachten:

So wissen Eltern eigentlich, dass Ermahnungen oder gar Standpauken wenig bewirken: Das Gegenüber weiß meist schon, was wieder einmal auf es zukommt, und »stellt die Ohren auf Durchzug«. Das wiederum hält es davon ab, einen anderen Zungenschlag oder gar ein Verhandlungsangebot überhaupt zu hören, weil man ganz in den Bildern aus der Vergangenheit festhängt und buchstäblich nicht zu erkennen vermag, was augenblicklich der Fall ist. Ähnlich auch die Eltern, die einem tief in ihnen verankerten Impuls zum Ausdruck verhelfen, ohne zu erkennen, dass dieser einer Welt der mechanistisch-linearen Wirkungsillusionen entstammt, die längst untergegangen ist. Ist sie wirklich untergegangen? Oder lebt sie noch fort in der (Un-)Heimlichkeit unserer penetranten »inneren Bilder« (Hüther 2008) von Erziehung, Erziehbarkeit und Erzogenheit?

Ähnlich »penetrant« halten sich auch die Bilder einer Instruktionsdidaktik. Sie entstammen auch einer versinkenden Welt, nämlich der Welt der Inputsteuerung. Diese Welt ist durchdrungen von der Vorstellung, dass es möglich und sinnvoll sei, Lernprozesse anderer gezielt zu steuern und auf ein Ergebnis hin auszurichten. Im Zentrum des erfolgreichen Gelingens dieser Steuerung steht dabei der Input, d. h. die Unterrichtsvorbereitung mit klaren Zielen, methodischer Kreativität, gründlichen Lehrunterlagen und »lehrenden« Lehrkräften. Wirkungslos prallen an diesen Inputdidaktiken die Zwischenrufe von Hirn-, Kompetenz- und Systemforschern ab, denen zufolge »Vermittlung« nicht möglich sei. Vielmehr handele es sich bei einer

gelingenden Kompetenzreifung um das Ergebnis komplexer Aneignungspro-
zesse, welche begleitet und unterstützt, aber kaum wirksam gesteuert werden
können (vgl. Arnold 2017a). Da eine moderne Gesellschaft gleichwohl auf
berechenbare Wirkungen angewiesen seien (z. B. standardisierte Kompe-
tenzprofile), müsse deshalb neu nachgedacht werden über die Formen und
Möglichkeiten einer zielerreichenden Kontextsteuerung. Solche Hinweise
zielen auf eine Outcomesteuerung, d. h. auf die detaillierte Beobachtung der
Prozesse, das flexible Arrangement didaktischer Infrastrukturen sowie eine
situative Planung der nächsten – individuell angepassten – Schritte. Auch
die Didaktik steht auf der Schwelle zum Singularitätsparadigma mit ihren
Bemühungen um eine granuläre Rekonstruktion der jeweils spezifischen
Mechanismen des Subjektiven und Sozialen (vgl. Kurzweil 2005).

Schließlich halten sich auch in Hochschulen und Universitäten vielerorts
die überlieferten Formen der Wissensvermittlung – getragen von der vielfach
unbewiesenen und auch eher abwegigen Erwartung, Lernenden etwas zu
sagen würde quasi gewährleisten, dass sie es hernach wissen und zu nutzen
vermögen. Erst allmählich und behutsam öffnen sich Hochschulen und Uni-
versitäten gegenüber den Konzepten eines angeleiteten Selbstlernens als der
Lernformen, welche für den Menschen als das lernfähige Tier bereits immer
die einzige nachhaltige Weise der Umweltgestaltung bedeutete. Sie erkennen
mehr und mehr, dass Vermitteln eine zwar vielfach gewünschte, aber wenig
evidenzbasierte Vorstellung vom Zusammenwirken von Lehren und Lernen
darstellt. Wir stehen erst am Anfang einer »realistischen« Wende, die das
Lernen der Menschen als das zu konzeptualisieren und zu didaktisieren
weiß, was es ist: eine selbst organisierte Form der Auseinandersetzung, Suche
und Kompetenzreifung (vgl. Arnold u. Erpenbeck 2014).

Ein wesentliches Charakteristikum der spürenden Vernunft des systemischen Denkens sind die epistemologischen Zweifel und Selbstde-
montagen, denn: »Alles, was gesagt wird, wird von einem Beobachter
gesagt!« (Maturana 1982, S. 34). Diese rückrudernde Bescheidenheit
finden wir bereits bei Gregory Bateson in dem zitierten Hinweis auf
die erleuchtende Wirkung der plötzlichen Einsicht, »dass das ganze
Zeug *Beschreibung* ist« (Bateson 1977, S. 146; Hervorh.: R. A.). Damit
scheint alles, was wir wissen können, sprachlich induziert zu sein,
d. h. nicht nur abhängig von den begrifflichen Möglichkeiten der Sprache, sondern auch von der Frage, ob uns unsere Sprache und unsere
Sprechgewohnheiten bevorzugt zu einem »Problem Talk« oder einem
»Solution Talk« verführen (de Shazer 2012). Dieser Linguistic Turn in
den Sozialwissenschaften wurde ursprünglich von der Sprachphilosophie im Anschluss an Ludwig Wittgenstein angeregt, rasch aber

wieder aufgegeben – man glitt vielerorts zurück in die zur Evidenz aufgerüsteten Beschreibungen.

Die systemische Hermeneutik transzendiert die Engführung der philosophischen Hermeneutik auf das sprachvermittelte Verstehen, bleibt aber Phänomenologie im ursprünglich ganzheitlichen Sinne als genaue und detaillierte Beobachtung – wobei die diese Hermeneutik Anwendenden wissen, dass dem Beobachter im Außen nur das in Erscheinung zu treten vermag, was in seinem Inneren (als Deutungs-möglichkeit) bereits vorhanden ist. Mit dem Beobachteten hängen wir somit selbst schier unauflösbar zusammen, und wir erzeugen durch unsere Beobachtung erst das, was uns gegeben zu sein schein.

Sicherlich: Die systemische Phänomenologie hat – noch – nicht den methodologischen Reflexionsstand der philosophischen Reflexio-nen der Lebensweltphänomenologie eines Edmund Husserl (1859–1938) oder eines Hans Blumenberg (1920–1996) erreicht. Vielfach wird, vor allem in ihrer therapeutischen Anwendung, zu kurzschlüssig das Artikulierte oder Kommentierte mit den eigentlichen Wirkungs-kräften gleichgesetzt – doch ist sie geöffnet gegenüber den subtilen Wirkungen einer »emotionale(n) Konstruktion der Wirklichkeit« (Ar-nold 2005). Ob und inwieweit dabei auch spiegelneuronale Mechanis-men zur Wirkung gelangen, indem Menschen innerlich miterleben, was sie bei anderen sehen, spüren und hören, ist bislang noch nicht zur genaueren Erklärung und Prüfung dieses Phänomens herange-zogen worden, obgleich die spektakulären Ausdrucksformen dieses Phänomens mehrfach wissenschaftlich untersucht und dokumentiert worden sind (vgl. u. a. Kohlhauser u. Assländer 2005).

Es geht der spürenden Vernunft der systemischen Hermeneutik somit auch um die emotionale Positionierung des Beobachters bzw. der Beobachterin zum Gegenstand bzw. Kontext des Verstehens von Wirkungszusammenhängen. Das zu Beobachtende steht nämlich nicht einfach dem Beobachter gegenüber, sondern wird überlagert, durchwirkt und verzerrt durch eigene Erinnerungen, Ähnlichkeits-mutmaßungen und andere Positionen, wie man sie transparent in einer Problemaufstellung inszenieren kann. Das Empfinden »Mein Chef behandelt mich ungerecht« kann man zwar beschreiben, aber man kann nicht verstehen, welch eine rekonstellierende Kraft der Ge-fühle sich in dieser beurteilenden Sicht der Dinge ausdrückt. Es gilt: »Ein Bild (im systemischen Zusammenhang eher: eine Skulptur) sagt mehr als tausend Worte.« Dies gilt für die Beteiligten allemal, aber auch die Unbeteiligten (z. B. die übrigen Teilnehmer in einem Aufstellungsseminar) werden oft tief berührt, wie erfahrene Aufsteller zu berichten wissen: So empfinden Repräsentanten in einer Situation, die nicht die ihre ist, deren Struktur sie sich aber aussetzen, nicht nur die Gefühle, die Menschen in solchen Lagen haben, sie erleben auch gewissermaßen stellvertretend die unterschiedlichen Bedeutungsdimensionen, welche die Situation überlagern, und können deshalb dazu beitragen, dass Perspektiven zutage treten, die sich in der Realsituation nicht zeigen, obgleich sie wirken. Dadurch kann die systemische Aufstellungsarbeit einen Lern- bzw. Veränderungsprozess auslösen, indem weitere Perspektiven, die eine Heilung bzw. Veränderung von Lebenswelt und Lebenspraxis auszulösen vermögen, in die Deutung und das Verstehen aufgenommen werden können.

Die systemischen Theorien sprechen in diesem Zusammenhang von einem »wissenden Feld« (vgl. Mahr 2003) – ein Begriff, der alles andere als präzise ist und dessen wissenschaftliche Begründung zu Recht hinterfragt und auch angezweifelt wird. Gleichwohl sind Resonanzfeldphänomene auch den seriöseren Skulpturarbeitern durchaus vertraut:

> So spüren z. B. Lehrerinnen und Lehrer in sehr ähnlicher Weise, wie sich ein Schüler oder eine Schülerin fühlt, der oder die von einem aufstellenden Lehrer am Rande des Geschehens positioniert wurde. Sie spüren »am eigenen Leib«, welche Ansprachen und Integrationsbemühungen bei dieser Person »resonieren« (Resonanz auslösen) und welche nicht. Durch dieses Erleben verändern sie das Bild der bislang als »schwierig« empfundenen Person und spüren die Berechtigung und emotionale Nachvollziehbarkeit ihrer Verschlossenheit oder gar Auffälligkeit. Dieses erspürte Wissen kann ihnen Möglichkeiten des Umgangs eröffnen, die nicht von der eigenen Beurteilung der Lage getragen werden, sondern der nüchternen Beobachtung dessen folgen, was »geht« und was nicht.

Systemisches Verstehen kann zu passenderen, weil wirksameren Handlungen anleiten, auf welche man durch bloßes Nachdenken – oder indem man sich auf die sich zeigenden Fakten allein beschränkt – nur schwer gekommen wäre. Systemaufstellungen in diesem Sinne

zur Perspektivenerweiterung zu nutzen, damit das, was faktisch (be)
wirkt, zum Ausdruck gelangen kann, sich zeigt, markiert die neueren
Formen des Umgangs mit der These vom »wissenden Feld«, welches
kein »alles wissendes Feld« sein kann und will (vgl. Weber et al. 2013),
sondern bloß eine systemische Rekonstruktionsmethode neben anderen darstellt. Mit ihrer Hilfe können mögliche Wirkkräfte identifiziert
und Quasilösungsperspektiven thematisiert werden, wobei es den
Akteuren vorbehalten bleibt zu spüren, ob und inwieweit dadurch
tatsächlich gangbare – neue – Deutungen zur Bewältigung ihrer Lage
in den Blick treten. Dabei geht es nicht um die Identifizierung »objektiver« Kausalitäten, sondern um die Erarbeitung »viabler« Lösungen
im Sinne von Ernst von Glasersfelds (1997, S. 43):

> »Handlungen, Begriffe und begriffliche Operationen sind dann viabel,
> wenn sie zu den Zwecken oder Beschreibungen passen, für die wir sie
> benutzen.«

Diese nacherlebende Bemühung der systemischen Hermeneutik zielt
somit auf ein Verstehen des Singulären, welches zumeist anderen
Maßgaben folgt als solchen, die mit statistischen Durchschnittswerten
oder Korrelationsberechnungen zutage gefördert werden. Letztere zielen auf Häufigkeiten und meinen, mit ihnen auch Zusammenhänge
aufzeigen zu können. Diese Bemühungen sind nicht sämtlich bedeu-
tungslos, sie bleiben nur meist oberflächlich, wenn es um die Frage
der Handlungsbegründungen geht, und entfalten selbst systemische
Nebenwirkungen, deren negative Folgen oft einem Das-Kind–mit-
dem-Bade-Ausschütten ähneln und zu »tief greifenden Verstörungen«
neuer Art führen, wie u. a. die Vor-Ort-Erfahrungen mit den Schulvergleichstests zeigen:

> »Die Öffentlichkeit hat sich angewöhnt, auf das Ranking zu schauen und
> die Qualität des Bildungswesens dort zu suchen« (Tenorth 2016, S. 22) –

... wo sie nicht zu finden ist. Möchte man z. B. verstehen, was Bildung
ist, wie sie gelingt oder woran sie scheitert, so kommt man nicht
umhin, den Einzelfall nachzuempfinden. Nur an ihm zeigen sich
die volitionalen und emotionalen »inneren Bilder«, die komplexe
Aneignungs- und Reflexionsleistungen gelingen oder misslingen
lassen; nichts hingegen zeigt das pauschale Etikett vom »Ende des
Bildungsbürgers« (Pongratz 2010, S. 167 ff.). Nur in der Singularität

von Ermutigungs- oder Entmutigungsbiografien lassen sich nämlich die Strukturdeterminiertheiten ertasten, welche im Einzelfall Öffnung oder Verschließung der persönlichen Entwicklung bestimmen. Zwar können Lehr- oder Beratungskräfte diese Strukturdeterminiertheiten nicht intentional beeinflussen, sie können aber andere – verstehende – Kontexte entstehen lassen, welche eine anschließende Bewegung des Subjektes ermöglichen, d. h. erleichtern und wahrscheinlicher werden lassen. Eine wesentliche Einsicht der systemischen Veränderungsstrategien ist in diesem Zusammenhang die These, dass es die wertschätzenden und ressourcenstärkenden Kontexte sind, solche Veränderungsbewegungen und mithin Bildung zu unterstützen vermögen. Die systemische Hermeneutik öffnet in diesem Zusammenhang Türen zu einer energievolleren (Re-)Konstruktion des Gegenübers, um dessen Entwicklung es im konkreten Fall geht.

Neunter Schritt zur Vermeidung schwachen Denkens: Reflexivität

Wissenschaftliche Beobachter neigen dazu, sich in einer bisweilen rigiden Subjekt-Objekt-Trennung zu bewegen und dadurch ihrem Selbst im Gegenstand auszuweichen. Dadurch berauben sie diesen Gegenstand seiner seelischen und sozialen sowie eigensinnigen bzw. kontingenten Vielfalt, indem sie ihn z. B. durch die Maßgaben der Berechenbarkeit und der Kausalanalyse in den Blick nehmen und dadurch bereits im Ansatz verfälschen oder gar verpassen.

Frage:

Was rufen mir die Art meiner Beobachtung sowie der Stil meiner Schlussfolgerungen und Interpretationen über mich selbst in Erinnerung?

Exkurs: Die erkenntnistheoretischen Rückfälle einer evidenzbasierten Bildungsforschung

Auch und gerade die empirische Bildungsforschung ist nicht frei von erkenntnistheoretischen Wiederholungen und allzu menschlichen Grenzziehungen, Ausgrenzungen und Selbstüberhöhungen.[16] So konnte man in der *FAZ* vom 27. Oktober 2011 ein Plädoyer für mehr Empirie und Kompetenz lesen, welches mit einer solchen Wende der Bildungsforschung nicht nur alle erdenklichen Positivwirkungen für

---

16 Dieser Text ist eine überarbeitete Version des als Arnold (2012a, S. 163 ff.) erstmals veröffentlichten Beitrages.

die Profilschärfung und Professionalität der Bildungswissenschaft in Verbindung brachte, sondern auch die Autoren selbst *positiv* von dem inkriminierten Rest eines – wie sie sagen – »Forschungsbreich(es) von noch unscharfem Profil und fragilem Status«, von den Autoren polemisch als »Konfession« geschmäht, abzuheben trachtete. Dieser Gestus nimmt dem Vorstoß viel von seiner Glaubwürdigkeit, zumal die Autoren gleichzeitig erkenntnistheoretisch weit zurückfallen in die Welt einer – impliziten – Korrespondenztheorie der Wahrheit: Keine erkenntnistheoretische Skepsis kann ihre Faktengläubigkeit sowie ihre daraus bruchlos hergeleitete Forderung an die Bildungsforschung, sie solle auch »steuerungsrelevantes Wissen« bereitstellen, »um die gestiegenen Anforderungen im Übergang von Industrie- zu Wissensgesellschaften besser erfüllen zu können« (Schrader et al. 2011, S. 8), trüben – eine erschreckende, um nicht zu sagen: ignorante Unbedarftheit angesichts der skizzierten Reflexionen zur Fabrikation des Faktischen.

Die damit einhergehenden Selbstüberhöhungen und Versprechungen können die deutsche Öffentlichkeit in regelmäßigen Abständen immer mal wieder in der Presse verfolgen, wobei es bisweilen auch erstaunt, mit welcher Heftigkeit und Polarisierung Wissenschaftler in Deutschland zu Werke gehen, wenn sie sich z. B. über den Sinn der PISA-Vergleichstest auseinandersetzen. So fielen z. B. Vertreter der neueren empirischen Bildungsforschung über den Siegener Erziehungswissenschaftler Hans Brügelmann her (Klieme u. Prenzel 2011). Anlass war ein Artikel von Brügelmann (2011), der in der Wochenzeitschrift *DIE ZEIT* die These aufzustellen gewagt hatte, dass die schulischen Vergleichsuntersuchungen den Lehrerinnen und Lehrern in ihrer Unterrichts- und Förderpraxis nicht wirklich zu helfen vermögen.

Die Reaktion ließ nicht auf sich warten, und sie war an Schärfe und Perfidie kaum zu überbieten. Vorgetragen wurde die Attacke durch Eckart Klieme und Manfred Prenzel, den beiden verantwortlichen Personen für die deutschen PISA-Tests – es meldeten sich somit auch hier zwei »Richter in eigener Sache« zu Wort, was der Sachlichkeit ihrer Entgegnung bereits im Ansatz einiges von ihrer Substanz nahm. Zu Beginn ihrer Replik platzierten die beiden Autoren eine ausgrenzende Bewertung, indem sie dem Siegener Kollegen bescheinigten, er sei zwar

»ein herausragender Pädagoge und engagierter Schulreformer, aber als Erziehungswissenschaftler (bleibe) er hinter dem Stand der Fachdiskussion zurück« –

... ein vernichtendes Urteil über jemanden, der einen Lehrstuhl für Erziehungswissenschaft bekleidet. Hat sich die Universität/Gesamthochschule Siegen und mit ihr die bei Berufungen stets beteiligten Fachgutachter so sehr vergriffen? Oder wird hier nicht mit Standards gemessen, bei denen man selbst gut wegkommt? Eine durchsichtige, aber unsachliche Pro-domo-Perspektive.

Auch der Hinweis von Klieme und Prenzel auf den »Stand der Fachdiskussion« ist wenig sachlich, verschweigt er doch, dass es bei dieser Diskussion ganz unterschiedliche Diskussionslinien und Paradigmen gibt, welche Ausdruck des schier unauflösbaren Unterschieds zwischen einem geistes- und sozialwissenschaftlichem Zugang zu Fragen der Unterrichtsqualität und Schulentwicklung einerseits und dem Ideal ihrer quasinaturwissenschaftlichen Messbarkeit und Gestaltbarkeit andererseits sind. Beide Zugänge treten nicht auf der Stelle: Während die empirisch-analytische Pädagogik ihre Verfahren seit etwa 1970 deutlich verfeinern konnte, haben sich auch die Konzepte einer sozialwissenschaftlichen Hermeneutik in der Pädagogik weiterentwickelt und dabei u. a. den veränderungstheoretischen Aspekt stärker herausgearbeitet, dass die zukünftigen Möglichkeiten eines Systems – auch Kognition und Emotion werden dabei in ihrer systemischen Dynamik gesehen – sich nicht aus einer noch so peniblen Berechnung des Bisherigen folgern oder gar gestalten lassen (vgl. Arnold 2012d).

Ärgerlich ist jedoch nicht nur die Angriffigkeit der Entgegnung und Einseitigkeit des wissenschaftlichen Weltbildes, ärgerlich ist vor allem der unverhohlen zur Schau getragene Stolz der empirischen Bildungswissenschaftler, welche die Bedeutung, die die Politik der empirischen Wende zumisst, irgendwie mit einer auch wissenschaftlichen Überlegenheit ihrer Formen der (Re-)Konstruktion von Wirklichkeit gleichsetzen – ohne die möglichen Risiken und Nebenwirkungen dieser Allianz zwischen Wissenschaft und Politik auch nur in Ansätzen zu thematisieren.

Man kann nicht umhin festzustellen, dass uns in diesem Stil der Auseinandersetzung eine Ausgrenzungsbereitschaft und Bissigkeit des Arguments begegnet, wie wir sie sonst bloß aus der populistischen

Entschiedenheit kennen. Es genügt diesem Stil nicht die Ebene der Sachlichkeit, hinzutreten muss eine Bewertung oder gar Abwertung des Gegenarguments und seiner Vertreter – eine Bewegung, die die implizite Psychologie dieses Umgangs mit Wirklichkeit deutlich zutage treten lässt. Diese Psychologisierungstendenz haben solche Argumentationsstile mit vereinzelten materialistischen Positionen gemeinsam, deren Vertreter zwar selbst gerne kräftig austeilen, auf Kritik aber überempfindlich und persönlich getroffen reagieren und nicht anders können, als die Repräsentanten dieser Kritik selbst als uneinsichtig und geistig beschränkt (»Kannitverstan«) sowie denkfaul und lediglich »warme Luft« produzierend zu diskreditieren (vgl. Pongratz 2010, S. 414). Solche psychologisierende Denk- und Argumentationspraxis verweist selbst auf eine zugrunde liegende Psychologie des Erkennens. Sie auszuloten ist nicht die Aufgabe einer klärenden Beobachtung. Man kann ihr aber durch Selbstreflexion nahekommen. Dabei hilft vielleicht eine von Hanya Yanagihara in ihrem Roman *Ein wenig Leben* (2015, S. 227) getroffene Feststellung:

> »Richtig und falsch dagegen sind für ... nun ja, vielleicht nicht unglückliche Menschen, aber vom Leben gezeichnete Menschen. Ängstliche Menschen.«

Zurück zu der auftrumpfenden Argumentationspraxis einiger empirischer Bildungsforscher. Diese Praxis bringt uns auch mit dem der Faktenorientierung zugrunde liegenden Theorie-Praxis-Problem in Verbindung, welches bloß sehr begrenzt tragfähig ist: Kann Wissenschaft tatsächlich Gesellschaften wirkungssicher unterstützen? Handelt Bildungspolitik tatsächlich auf der Grundlage einer möglichst objektiven Tatsachenprüfung, oder sind es nicht vielmehr *auch* eigene Traditionen, Sachzwänge und Interessenlagen, die ihr Tun bestimmen? Und: Erkennt Forschung tatsächlich das, was der Fall ist, oder rückt sie nur das in den Blick, was Forscherinnen und Forscher – vor dem Hintergrund der biografischen Einspurungen, ihrer akademischen Sozialisation und ihres überlieferten Begriffsbestecks (als ehemalige Schüler) – zu fokussieren vermögen?

Solche Fragen werden von den Protagonisten einer empirischen Wende zur Profession nicht gestreift. Stattdessen folgen sie einer doch recht vordergründigen Auslegung einer »Evidenzbasierung« – dies ist ein Begriff, mit dem – wie die Tübinger Erziehungswissenschaftler in der *FAZ* sagen – »die Erwartungen von Politik und Praxis [...] zum Ausdruck gebracht (werden)« (Schrader et al. 2011). Diesen – so die Autoren – geht es um Wirksamkeit und den »Transfer evidenter Befunde« (ebd.) – eine instrumentalistische Beschränkung des eigenen Erkenntnisinteresses, verquast mit einer Wirkungsillusion, welche die systemische Veränderungsforschung schon lange hinter sich gelassen hat. Konzepte einer wirksamen Veränderung folgen keiner Transferlogik, sondern eher dem von Kurt Lewin überlieferten Satz: » Man kann ein System nicht verstehen, bis man versucht, es zu ändern « (zit. nach Schein 1996, p. 34; Übers.: R. A.), wobei es zunächst und vorrangig die überlieferten Vorstellungen, Denkformen und Handlungsgewohnheiten von Führungskräften, Forschern und Politikern sind, die auf den Prüfstand der Reflexion rücken. Diese ruhen nämlich nicht selten auf einem wirren Amalgam aus parteipolitischen, weltanschaulichen und effektbemühten Positionen, die den »nüchternen« Blick auf die Gegebenheit vernebeln. Auch folgen die bildungspolitischen Debatten nach PISA an kaum einer Stelle den in den Schulvergleichstests angedeuteten Vorschlägen, sondern meist den Mehrheitsmeinungen in Fraktion und Partei. Wenn es gelingt, diese eingeübten – um nicht zu sagen: eingefleischten – bildungspolitischen Klischees aufzuweichen, ließe sich Wegweisendes bewirken: Plötzlich »müssten« die Entscheidungsträger sich nicht mehr »programmatisch« konform fühlen, sondern könnten sich den Vorschlägen aus der Wissenschaft und der Bildungspraxis oder den gesellschaftlich tief verankerten Vorstellungen von einer anderen – weil wirksamen – Bildungspolitik anschließen. Eine solche Veränderung festgefahrener bildungspolitischer Vorstellungen und Werte könnte die Zusammenhänge anders in Erscheinung treten lassen und dadurch auch ungeahnte Wirkungsimpulse in Gang setzen, denn es sind die Potenziale von Individuen, Organisationen und Gesellschaften, die sich entwickeln können, wenn man die starren Sichtweisen und Klischees (auch in der Wissenschaft) verlässt.

Es ist diese Kraft der Autonomie, Selbstwirksamkeit und Selbstbildung, welche wirklich substanziellen Prozesse jeglicher Schul- und Unterrichtsentwicklung gestalten, keine internationalen Vergleichsdaten oder eine vormundschaftliche Allianz von Bildungsforschern und Politikern. Diese Inside-out-Potenziale sind durch Durchschnittswerte, Korrelationen oder Varianzanalysen kaum zuverlässig ermittelbar; die sie ermöglichenden oder verhindernden Fakten zeigen sich allenfalls einer rekonstruierenden, prozessbegleitenden Beobachtung.

Diese Perspektive einer fortgeschrittenen Veränderungsforschung lässt auch die überlieferte Trennung zwischen Subjekt und Objekt sowie zwischen Handeln und Erkennen hinter sich und öffnet den Blick für die schon mehrfach erwähnte »selbsteinschließende Reflexion« (Varela et al. 1992), der die eigenen Annahmen und Gewissheiten ebenso zur Frage werden lässt wie die der von den Tübinger Autoren als interesselose Entität in die Debatte eingeführte »Politik«. Ist es verwunderlich, dass dort, wo Schulen und Lehrer ihre Wirklichkeit nachhaltig verändert haben, sie dies meist von innen heraus und ohne Bezug auf die Häufigkeiten und Korrelationen internationaler Vergleichsstudien bewerkstelligt haben? Zwar muss man den Trendwendeautoren zustimmen, dass es die Nützlichkeit der Forschung ist, die sie legitimiert, doch machen sich Zweifel breit, ob es wirklich die zitierten Vergleichsstudien sind, die eine die Schulwirklichkeit verändernde Nützlichkeit zu stiften in der Lage sind, wenn man auch zugestehen muss, dass diese Studien der Bildungspolitik »Beine gemacht« haben. Damit einher gingen aber auch Negativetikettierungen, neu verkleidete Schulaufsichtsbemühungen und Evaluationsadministrationen, welche Lehrerinnen und Lehrer bisweilen auch demotivierten und nicht selten von einer nachhaltigen Innovation der schulischen Unterrichts- und Erziehungsformen abhielten.

Vor diesem Hintergrund wirken die Anmerkungen von Heinz-Elmar Tenorth (2011; ebenfalls in der *FAZ*) ernüchternd und klärend, obgleich er nicht veränderungswissenschaftlich, sondern geisteswissenschaftlich argumentiert. Mit klaren Worten weist Tenorth der empirischen Bildungsforschung den Status zu, der ihr gebührt: als Bemühung, für Politik wie Praxis »eine nüchterne Außensicht auf das System zu gewinnen«. Doch damit erschöpft sich auch bereits der mögliche Wirkungsradius einer empirischen Bildungsforschung, so ist Tenorths Zwischenruf zu interpretieren. Und er lenkt auch den Blick auf ihre erkenntnistheoretische Selbstbeschränkung, da nicht alles, was evident ist, auch wirksam, und auch nicht alles, was wirksam ist, auch evident ist – welch grundlegender Hinweis auf einen angemessenen Umgang mit »Fakten«. Es bleibt ein Rest, durch den sich eigene Gewissheit in die Konstruktionen der Wirklichkeit einmischt. Auch für die Evidenz gilt deshalb, was Heinz von Foerster über die »Wahrheit« zu sagen wusste: Sie ist »die Erfindung eines Lügners« (von Foerster u. Pörksen 1998) – Hinterfragungen, die den Propagandisten des vermeintlich neuen Konzeptes der Evidenzbasierung fremd zu sein scheinen: Ihr Evidenzkonzept ist häufig Ausdruck eines erkenntnistheoretisch naiven Realismus, gekoppelt mit instrumentalistischen Wirkungsillusionen. Die Klärungen der empirischen Bildungsforschung verbleiben deshalb auch meist im Kontext dessen, was ihr kategorialer Begriffsrahmen – aber auch die inneren Bilder der Akteure – zu (er)fassen oder auszuhalten vermögen. Sie haben deshalb auch kaum einen Zugang zu der Emergenz des Sozialen, kommen erstaunlicherweise ohne eine selbstreflexive Beobachtertheorie aus und können sich auch Veränderung kaum anders als durch das Übersetzen »eines klugen Fazits aus vielfältigen Forschungen in Pläne«, wie Tenorth sagt (ebd.), vorstellen.

Evidenzbasierte Forschungen, die ohne eine beobachtertheoretische Selbstreflexion agieren und keinen Begriff von der Emergenz des Sozialen haben, teilen mit der Politik, deren Nähe (und Finanzierung) sie suchen, nicht nur die Steuerungsillusion, sondern auch einen strukturellen Konservatismus, der zwar Veränderungsvorschläge unterbreitet, sie jedoch »von oben herab« an die Praxis und die Akteure des Bildungssystems zu übermitteln versucht. Dieser Blick »von oben« mag noch als Außensicht sinnvoll sein, er bleibt aber stets vorgesetzt und vermag deshalb auch Veränderung und Steuerung nur als Intervention zu denken. Doch Interventionen führen nur selten zu den gewünschten »Outcomes«, wie uns nicht nur die systemische Wirkungsforschung, sondern auch das »Schicksal« der ersten empirischen Wende der Pädagogik zur Erziehungswissenschaft in den 1970er-Jahren nachdrücklich vor Augen führt: Ihre diagnostische Einsichten konnten keine wirkliche Veränderung der schulischen Realität auslösen oder gar gestalten. Nachhaltige Schul- und Unterrichtsentwicklungsprozesse entstanden vielmehr dort, wo es gelang, eine von Wertschätzung getragene Kooperation zu beginnen, Netzwerke zu knüpfen, Beteiligung der Akteure zu gewährleisten und sich schrittweise – in einer gemeinsamen Bewegung – über die Veränderungsziele und -schritte zu verständigen, begleitet von einer reflexiven Forschung, die sich informiert, angefragt und ungefragt strukturierend, konzeptionell begleitend und das Projektmanagement mit Daten beliefernd und sich einzuordnen verstehend in die emergierende (aufscheinende) Selbstorganisation der Schulen oder Bildungsinstitutionen. In diesem Sinne benötigen Schulentwicklung und Bildungsverbesserung eine emergenzflankierende Bildungsforschung – neben der evidenzbasierenden Bildungsforschung, welche die Tübinger Bildungsforscher in monopolisierendem Gestus fordern. Immerhin ist in der Entgegnung von Klieme und Prenzel (2011) auch der Satz zu lesen:

> »Verschiedene Wissens- und Erkenntnisformen müssen sich ergänzen. Wer sie gegeneinander ausspielt, schadet der Seriosität der Wissenschaft und verhindert zugleich, dass Politik und Praxis tun, was nach Abwägung aller Erfahrungen, Daten und Forschungsergebnisse getan werden sollte«.

... eine paradigmenpluralistische Position, die man nur unterschreiben kann, die von den beiden PISA-Forschern allerdings an anderer Stelle sogleich dementiert wird, wenn sie pauschal gegen die von Brüggemann betonte Individualpädagogik zu Felde ziehen. Damit schlagen sie die Tür zu, die sie selbst einen Spaltbreit geöffnet hatten. Und auch ihre Argumentation, dass zu einem »kritisch-reflektierten Blick auf die Verhältnisse« eben auch »verallgemeinernde, systematische Forschung gehört«, der man im Prinzip ebenfalls nur zustimmen kann, verliert viel an Glaubwürdigkeit, wenn diese Kritik so gar nicht die Enstehungs- und Verwertungsbedingungen des eigenen Forschens in den Blick nimmt. Vielmehr liest sich das Plädoyer von Prenzel und Klieme so, als sei vergleichende Schulforschung ohne Risiken und Nebenwirkungen zu haben.

Es sind diese Nebenwirkungen, welche u. a. der Skepsis von Brüggemann und anderen eine zusätzliche Berechtigung verschaffen. Sicherlich »profitiert« die Erziehungswissenschaft von dem erstarkten bildungspolitischen Interesse an der empirischen Schulforschung, doch verleitet dieses Interesse auch zu einem disziplinären Opportunismus, der sich geschichts- und gedächtnislos einer politischen Machbarkeits- und Gestaltbarkeitsrhetorik zuordnet, die weit hinter den über Jahrhunderte entwickelten Erkenntnisstand der Pädagogik zurückfällt. Zu den Einsichten dieser Individualpädagogik zählen u. a. folgende, die hier nur thesenartig dargestellt seien:

- Erziehung ist Selbsterziehung, und Bildung ist Selbstbildung. Dies bedeutet, dass die Gestaltung der schulischen Lernbedingungen zwar eine wesentliche, aber vielleicht noch nicht einmal die vorherrschende Rahmenbedingung individueller Bildungs- und Kompetenzerweiterungserfolge darstellt. Die vergleichende

Betrachtung von Kompetenz- und Leistungsentwicklung muss sich deshalb auf alle Faktoren einer Kultur und Gesellschaft beziehen und darf sich keine Ausschnittsblicke gönnen, wenn man nicht verkürzten Ursachenzuschreibungen, welche oft als Schuldzuschreibungen gelesen werden, aufsitzen möchte.

- Bildungsinstitutionen (wie z. B. Schulen) entwickeln sich »von innen« heraus. Dies bedeutet, dass man Rahmenbedingungen schaffen muss, die die inneren Potenziale zur Entfaltung kommen lassen. Standardisierung, Evaluierungen und Rankings alleine wirken hier bisweilen auch kontraproduktiv, da sie von den verantwortlichen Akteuren »vor Ort« oft bloß als erneute – nur subtilere – Kontrolle und Schulaufsicht erlebt werden. Diese Wirkungsbedingung kann man nicht einfach ignorieren und ihr durch eine einseitige Betonung der Datenerhebung zuarbeiten, ohne für das, was mit diesen Ergebnissen dann »gemacht« wird, auch ein Stück weit Verantwortung zu übernehmen.

- Empirische Schulforschung kann der Bildungspolitik, der Gesellschaft und den Schulen selbst wichtige Trends und Evidenzen »vor Augen führen«. Diese Ergebnisse wirken jedoch nicht per se, wie die von Prenzel und Klieme gewählte Überschrift »Doch, Pisa hilft den Schulen!« unterstellt. Was in den Schulen sich wie verändert, ist vielmehr von den Rahmenbedingungen, der Schulleitung, der wertschätzenden Einbindung der Lehrenden, einem Lernkulturwandel und vielen anderen Faktoren abhängig. Sie gilt es zu stärken. Schließlich haben die PISA-Winner ihre bildungspolitischen und didaktischen Erfolge nicht wegen irgendwelcher Schulvergleichstests, sondern wegen einer lernorientierten und nachhaltigen Unterrichtsdidaktik und wegen raumgebender Formen der Schulentwicklung erzielt.

5 Wege aus der Gewissheitsfalle: Muster des Umgangs mit Ungesichertheit

»Die Zukunft ist auch nicht mehr das, was sie einmal war!«[17]

Dieses bekannte Bonmot wird selten in seiner wirklichen Berechtigung und Reichweite für das Verstehen der Fakten sowie für eine evidenzbasierte Gestaltung postmoderner Lebens- und Arbeitszusammenhänge erkannt. Es ist die klare Beschreibung des Zusammenhanges von gestern, heute und morgen als einer aufeinander aufbauenden Stufenfolge, die ins Wanken geraten ist. So, wie es gewesen ist, wird es nicht mehr sein, und auch unsere Konzepte und Theorien erweisen sich häufig als Bilder der Vergangenheit, die uns festlegen und immer wieder dafür sorgen, dass wir das Neue durch die Brillen des Vergangenen – als Wiederholung – zu deuten versuchen. Wir sind auch unsicher, ob unsere Zukunft wirklich die bessere Praxis unserer heutigen Gegebenheiten und Möglichkeiten ist oder ob wir nicht vielmehr mit »Rückschlägen« oder gar »Rückentwicklungen« zu rechnen haben, die uns hinter das zurückführen, was wir an gesellschaftlichen und damit auch biografischen Optionen schon einmal für erreicht und unhintergehbar gehalten haben.

Man denke bloß an die Entwicklungsgeschichte einiger Entwicklungsländer, die nicht nur Industrialisierungs-, sondern auch Deindustrialisierungsschübe durchleben mussten. Ähnlich wandeln sich unsere Vorstellungen von Demokratisierungs- und Entdemokratisierungsprozessen. Diese Vorstellungen relativieren z. B. im Blick auf die lateinamerikanischen Entwicklungen die normative Annahme »einer evolutionären Natur politischen Wandels durch eine Betonung eines ›Pendelmusters‹ und die Möglichkeit der Umkehr« (Waylen 1999, S. 41).

Auch die »riskanten Lebensläufe« in unsicheren oder ungesicherten gesellschaftlichen Lagen, wie z. B. im Kontext der deutschen Vereinigung, sind durch die Dissonanz zwischen überlieferten Erwartungsgewissheiten und den aktuellen Erlebensgewissheiten der Ak-

---

17 Dieses Kapitel stellt eine Überarbeitung und grundlegende Vertiefung sowie Weiterentwicklung der in Teilen bereits als Arnold (2011) veröffentlichten Überlegungen dar.

teure gekennzeichnet. Erstere kann Letztere ignorieren – zu bisweilen erheblichen individuellen oder sozialen Kosten: Biografische Irritation muss dann ignoriert werden und muss in der meist dauerhaften Dissonanz einer »Lebenslüge«verharren, während die sozialwissenschaftlichen Deutungen und Interpretationen in alten Mustern erstarren. Auch die Konzepte der Kritischen Theorie sind nicht ganz frei von solchen unzeitgemäßen Deutungen – bei aller Berechtigung ihrer humanistisch-emanzipatorischen Wertebasis. Matthias Lutz-Bachmann (2003) spricht in diesem Zusammenhang von einer »zeitgemäßen Unzeitgemäßheit der Kritischen Theorie« und stellt fest (S. 173):

> »Das Erkenntnisprogramm der frühen Kritischen Theorie kann [...] als eine ›Theorie aufzuhebender Verhältnisse‹ beschrieben werden, die dem hegelschen Programm einer ›zeitgemäßen Unzeitgemäßheit‹ der Philosophie eine neue Lesart gibt.«

Diese neue Lesart wurde zum leitenden Anspruch eines prinzipiell verdächtigenden Blicks auf die Verhältnisse. Sie nicht durch empirische Detailforschung auszudeuten und ihre Ergebnisse gar einer beliebigen Inanspruchnahme zur Verfügung zu stellen, sondern gleichzeitig stets nach den subtilen Mechanismen der Funktionalisierung und Fremdbestimmung des Subjektes zu fragen, blieb vielfach einer Erwartungsgewissheit der Fortdauer bedrohender – insbesondere wirtschaftlicher – Mechanismen verbunden, die als latente Annahme sowohl den Fokus als auch die Argumentationsstruktur der Kritischen Theorie prägten. Vielen ihrer Denker blieben die Wirkungen dieses blinden Fleckes allerdings bis zum heutigen Tag verborgen. Diese Ausblendungen bestimmen ihre berechenbare Agenda, indem sie ...:

- in der Selbstorientierung der neuen Kompetenzmodelle lediglich die einschränkenden, nicht auch die stärkenden Möglichkeiten für die Subjekte sehen
- den Bologna-Prozess einseitig, unsystemisch und damit unterkomplex lediglich als Verzweckungsszenario verstehen, bei dem eine historisch gewachsene Struktur nicht auf sich selbst, sondern auf eine bildungspolitische Intervention so und nicht anders reagiert
- die darin ihren Ausdruck findende Transformation der Bildungswege und -formen nicht auch als kritische Hinwendung zu den tatsächlichen Wirkungen überlebter Vermittlungsdidak-

tik zu lesen vermögen (und damit unfreiwillig zur Idealisierung vergangener Lernkulturen beitragen)schließlich alles auf die kapitalistische bzw. – so der neue Vorwurfsbegriff – neoliberalistische Marktlogik zurückführen, ohne deren ambivalente Wirkungen auch als Chance für Persönlichkeitsentwicklung, Selbstbestimmung und Mündigkeit auszuloten.

Es ist müßig, daran zu erinnern, dass diese überlieferten Erwartungsgewissheiten den Blick auf das, was faktisch am Wirken ist, mehr verstellen als öffnen, folgen die Arbeiten doch meist einer Entschiedenheit der Erkenntnis, welche die Selbstreflexion ebenso ausblendet wie bewusstseins- oder sprachphilosophische Hinterfragungen des eigenen Arguments. Ungesicherheit ist ihnen kein Thema, zumindest nicht die Ungesichertheit der eigenen Wahrnehmung. Sie bringen ihre Erwartungsgewissheit dominant ins Spiel und halten letztlich ihre eigene Landkarte für das Territorium, welches sie vermessen – ein Beobachtungs- und Denkkurzschluss, der sie darin bestärkt, letztlich

>»ein kohärentes logisches System von Regeln und Ableitungen (zu) entwickeln. Bezogen auf die Erziehungswissenschaft, entspricht dies der Suche nach einem sicheren Territorium, einer gültigen Landschaft, entweder stärker als Theorie oder in der Praxis, von dem wir unsere begründeten pädagogischen Landkarten ableiten, wobei wir Fixpunkte oder wiederkehrende Merkmale ausmachen, um uns in diesen Karten, die manche allerdings dann irrtümlich bereits für das Territorium halten, bewegen zu können« (Reich 2008, S. 98).

Demgegenüber plädiert Kersten Reich in seinen metatheoretischen Klärungen für die Aufgabe »dieses einfachen und schönen Bildes, das so viel Klarheit zu geben scheint« (ebd.), und erinnert an die Unnötigkeit von Karten in unbekanntem, unsicherem und sich wandelndem Gelände. In Anschluss an John Dewey zeigt er,

>»– dass es kein eindeutiges, klares und universales Abbild der Welt da draußen für immer geben kann. Die Welt da draußen erreichen wir in unseren Erfahrungen (experience) und Handlungen in ihr, und dazu konstruieren wir bestimmte Karten (Ideen und Theorien) aus bestimmten Interessen, die mit unseren Handlungen zusammenhängen. Je mehr wir hier Systeme errichten, die unabhängig von den in der Zeit sich verändernden Handlungen stehen, desto unrealistischer werden unsere Karten/Systeme auf Dauer werden;

– dass Auswahl und eine gewisse Einseitigkeit des Auswählens unsere Karten bestimmen. Es gibt für uns keine unveränderlichen und gewissen Daten für alle Zeiten, da wir in unseren Handlungen zwar auf eine gegebene Natur und Realität zurückgreifen, diese jedoch den veränderlichen und unterschiedlichen Bedürfnissen, Interessen und Auswahlen unseres Handelns unterstellen;

– dass daher unsere Karten oder umfassenderen theoretischen Systeme immer nur provisorisch sein können. Sie müssen offen für Revisionen, Ergänzungen, ja mitunter sogar gänzliche Erneuerungen sein, denn keine dieser Karten kann abschließend oder ewig gelten« (ebd., S. 98).

Damit markiert Reich, worum es einer angestrengteren metafaktischen Reflexion zu gehen hat, um letztlich auch zu einem weniger durch Vorannahmen und erkenntnistheoretische Ignoranz gekennzeichneten Umgang mit Fakten in der Lage zu sein. Die in ihrem Kern materialistische – kritische – Theorie trennt nicht wirklich scharf zwischen ihrer wertorientierten Erwartungsgewissheit und der nüchternen Faktenorientierung. Sie folgt deshalb meist einer ethisch-moralischen Beurteilung und taugt weniger zur Analyse. Zudem verstellt sie sich auch durch die meist antiquierten Ökonomiekonzepte einen offenen Blick auf das Erlebbare. Sie weicht nicht bloß der erkenntnis- und beobachtertheoretischen Reflexion aus, sondern meidet in aller Regel auch eine anspruchsvolle sprachphilosophische Überprüfung des Begriffsbestecks, mit dem sie ihre Wirklichkeiten konstruiert – entgegen der wegweisenden Feststellung Adornos, dass »Philosophie, die nicht Sprachphilosophie (ist), heute eigentlich überhaupt nicht vorgestellt werden (kann)« (Adorno 2002, S. 61). Gleichwohl stieß diese Feststellung ebenso wie die Kommunikationstheorie und Sprachpragmatik eines Jürgen Habermas auf wenig Resonanz – ein »Rezeptionsdefizit« (Hogh u. Deines 2016, S. 11) der besonderen Art:

»Entsprechend fanden vor allem Adornos und Benjamins sprachphilosophische Überlegungen zwar Eingang in literaturwissenschaftliche und kunstphilosophische Diskussionen und waren dort höchst einflussreich, blieben aber in den dezidiert sprachphilosophischen und gesellschaftstheoretischen Diskussionen, die in den ersten Jahren nach der Veröffentlichung der Theorie des kommunikativen Handelns stattfanden, mehr oder weniger unbeachtet« (ebd.).

Dieses »Rezeptionsdefizit« ist auch ein »Reflexionsdefizit«. Das merkt man zahlreichen Forschungsarbeiten an, deren Sprachgebrauch zur Reinfizierung bzw. Ontologisierung des Beschriebenen neigt, wobei den Schreibern meist entgeht, als Teil welcher »historischen Semantiken« (vgl. Buskotte 2004, S. 100) sie selbst unterwegs sind. Damit weisen ihre Erklärungen einen schier unaufholbaren Rückstand gegenüber neueren systemisch-konstruktivistischen Theorien auf, welche im Kern sprachphilosophisch reflektierte Beobachtertheorien sind und sich als solche wesentlich nüchterner und bisweilen mit poststrukturalistischer Geste mit dem In-Erscheinung-Treten von »Fakten« befassen (vgl. u. a. de Shazer 2012). Auch die durch systemtheoretische Vorarbeiten von Niklas Luhmann inspirierten Studien (vgl. u. a. Baecker 2013) sind sich immerhin der »unvermeidlichen Unschärfen des Sprachgebrauchs« sowie der »Mehrdeutigkeiten und Überschneidungen« (Luhmann 2008, S. 235) bewusster und begrenzen ihren Fokus weniger ausschließlich auf die »Protestkategorie der Interessengebundenheit« (Arnold 2017c). Implizit werden auch sie von der Frage des späten Luhmanns umgetrieben, der auf »die semantischen Probleme« verwies und feststellte, dass,

> »sobald man [...] Abhängigkeiten und Einflüsse in Bezug auf Veränderungen am Traditionsgut feststellen will, (sich) die Schwierigkeiten (multiplizieren). Wie kann man hier überhaupt Kausalität unterstellen? Man denke nur an die heutigen Zitiergepflogenheiten. Bestimmt das eigene Denken, wen man zitiert? Oder bestimmt der, den man zitiert, das eigene Denken? [...]
>
> Wenn wir überhaupt der Versuchung einer kausal orientierten Analyse nachgehen – und können wir als Soziologen überhaupt anders? –, geraten wir in eine Art von Komplexität, die sich nicht mehr nachvollziehen lässt« (Luhmann 2008, S. 235 f.).

Faktenorientierung bedarf deshalb eines geordneten Zugangs, welcher die semantischen Probleme nicht ignoriert (Referenzfeld der Sprachphilosophie), sich nicht allein in den vertrauten Zitationskartellen verankert (Referenzfelder der Beobachtertheorie), an lieb gewonnenen, wenn auch verbrauchten Protestkategorien der Analyse unnötigerweise festhält (Referenzfeld der selbsteinschließenden Reflexion) und sich bewusst durch eine erkenntnistheoretische Reflexion (Referenzfeld der Epistemologie) gegen die »Einschaltung eines sich selbst begründenden Apriori« (ebd., S. 237) stemmt. Wem das nicht gelingt, der steht letztlich »mit leeren Händen« (ebd.) da und bringt Interpretationen und Lesarten zum gegenwärtigen und zukünftigen Wandel hervor, die zwar Werkkontinuität, aber keine Orientierung zum erfolgreichen Umgang mit dem Faktischen zu stiften vermögen. Oder, wie Luhmann das ausdrückt:

> »Die Kausalanalyse breitet die Vielzügigkeit der Sachverhalte aus, dem Apriori (welchem auch immer) gelingt es nicht mehr, sie zur Einheit zusammenzufassen« (ebd., S. 238).

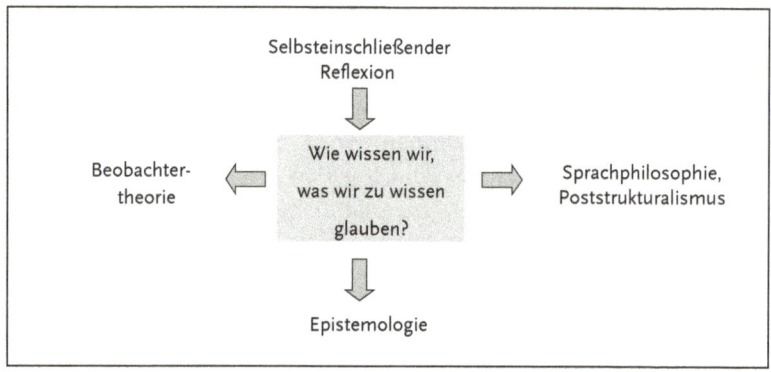

Abb. 3: Die Referenzfelder jenseits der eigenen Erwartungsgewissheit und der Universalisierung

Erschwert wird eine solche Faktenorientierung dadurch, dass prinzipiell kritische Analysen ein weitgehend konsensfähiges, aber lediglich ethisches Konzept (einer erstrebenswerten Landkarte) transportieren, kein deskriptiv-auslotendes. Dieses ethische Konzept lädt ihren Fokus unnötig wertorientiert auf, wodurch man gerade in den Sozial- und Erziehungswissenschaften meist offene Türen einrennt, verstehen sich diese doch als Veränderungs- bzw. um Veränderung bemühte Wissenschaften. Zwar können sie als solche selbst keine Veränderungen auslösen oder gar gestalten, sie wirken gleichwohl über die Professionalisierungsprozesse, öffentliche Stellungnahmen sowie Praxisbegleitungen indirekt, indem sie Lesarten und Orientierungen stiften, welche einen Wechsel der Perspektiven bei den Akteuren auslösen können – gleichwohl nicht müssen. In der Datenerhebung und im Umgang mit Fakten stehen sie sich dennoch meist selbst im Weg, wie sie auch im Diskurs bisweilen zu überzogener Rechthaberei und Zurechtweisungen neigen. Dieser überschießende – »empörende« (Iser 2008) – Gestus ist Ausdruck eines subjektiven Gewissheitsgefühls der kritischen Beobachter selbst, welches keinen erkenntnis- und beobachtungstheoretischen Anfragen standzuhalten vermag, aber sich vielfach zur Marotte versteift hat, welcher die Fakten auch meist bloß so in Erscheinung zu treten vermögen, wie es ihren historisch eingespurten Deutungsmustern möglich ist.

Eine solche Antiquiertheit des Beobachtens ist nicht ausreichend (vgl. Arnold u. Neuser 2017), fördert sie doch bloß immer wieder das zutage, was bereits befürchtet wurde, wobei die neueren Arbeiten der Kritischen Theorie meist keinen Bezug zu aktuellen Konzepten der Ökonomie und Unternehmensentwicklung haben und deshalb im Neuen uninformiert bloß die Defizite des Alten erkennen können (vgl. Ludwig 2013). Gleichwohl stiftet ihre latente Wertorientierung auch und gerade für sozial- und erziehungswissenschaftliche Klärungen wichtige Maßstäbe (z. B. Mündigkeit, Selbstbefreiung, Gleichheit), welche einen Interpretationsrahmen stärken, der aber bereits seit jeher für die Klärungen dieser Wissenschaften konstitutiv gewesen ist. Dieser Aspekt geht in der berechtigten Kritik von Jochen Kade (1993) etwas unter, kommt doch auch seine eigene Deutung der Modernisierungsprozesse im Umkreis des lebenslangen Lernens letztlich nicht ohne Beurteilung auf der Basis einer Soll-Überlegung aus.

Maßstabsprägende Sollkonzepte können jedoch nur entschieden sowie leidenschaftlich begründet und debattiert werden; sie sind nicht substanzieller Bestandteil einer universalen Tendenz der Weltgeist- oder Gesellschaftsentwicklung – ein für zahlreiche Vertreter der Kritischen Theorie ärgerlicher Sachverhalt, welchen sie durch Universalisierungsrhetorik zu übertünchen versuchen, wodurch sie der Bedeutung der Menschenrechte letztlich aber einen Bärendienst erweisen. Diese lebt von der immer wieder neu zu sichernden Akzeptanz im gesellschaftlichen Diskurs, nicht von einer universell sich durchsetzenden Dynamik – ein Sachverhalt, den der in den USA lehrende Philosoph Alasdair MacIntyre in der polemischen Feststellung bündelte:

> »Die Wahrheit ist einfach: Es gibt keine solchen Rechte, und der Glaube daran entspricht dem Glauben an Hexen und Einhörner« (zit. nach Lohmann 2013, S. 5).

Letztlich käme es auch der Faktenorientierung der Kritischen Theorie zugute, wenn sie sich der Vermischung ethische-normativer und beobachtbarer Gegebenheiten entwinden könnte, was allerdings ohne die im vorliegenden Essay mehrfach angemahnte nüchterne beobachtertheoretische Selbstklärung nicht möglich erscheint. Dadurch könnte sie der mehr oder weniger latent gehaltenen Universalisierung des ethischen Arguments entkommen und es als das ins Spiel zu bringen, was es ist: eine Konstruktion der möglichen Formen des Zusammenlebens. Mit der vehementen Zurückweisung des konstruktivistischen Ansatzes begeben sich viele Vertreter der Kritischen Theorie allerdings dieser Chance, nicht erkennend, dass sie letztlich selbst auch auf die selbsterfüllende Wirkung alternativer Entwürfe setzen und beständig vorführen, dass ihre Wirklichkeit eine konstruierte ist. Vielleicht ist die Kritische Theorie gar in ihrem Kern eine konstruktivistische Theorie?

Solange diese Klärungen allerdings ausbleiben, werden wir es weiterhin mit Studien und Veröffentlichungen zu tun haben, die uns mit unzeitgemäßen Deutungen des »Faktischen« konfrontieren, deren durchschaubare Erwartungsgewissheit verstimmt und deren ethische-moralischen Ausgangskonzepte ungefiltert in die selektive Beobachtung Einzug halten. Man kann nicht umhin, wie im Folgenden noch ausführlicher dargestellt, festzustellen, dass solche Erwartungsgemäßheit und die ethisch aufgeladene Beobachtungspraxis eher von einem präfaktischen Weltbild zeugen, wie es uns auch in populistischen Formen des Umgangs mit Fakten vertraut ist.

Es gibt Un(ge)sichertheit

Der wohl grundlegende Einwand gegen die vereinnahmenden Erklärungen des Faktischen unter fast ausschließlicher Zuhilfenahme überlieferter – materialistischer wie empiristischer[18] – Theorien und Konzepte ist der Hinweis auf die Ungesichertheit von Wissen und Wahrheit. Wenn die Begriffe zur Erfassung des Faktischen historisch

---

18 Auch hierzu äußert sich Luhmann in seinen wissenssoziologischen Überlegungen zur ideengeschichtlichen Forschung süffisant mit der Einschätzung: »Forscher, die man mit dem Auftrag, festzustellen, wie es wirklich war, ins Feld jagt, kommen nicht zurück; sie apportieren nicht, sie rapportieren nicht, sie bleiben stehen und schnuppern entzückt an den Details« (Luhmann 2008, S. 234).

variieren, dann ist diese Varianz auch für das Lernen und die Orientierungssuche der Akteure von grundlegender Relevanz. Einerseits ist Lernen schon seit jeher ein Umgang mit Ungesichertheit – allerdings von unterschiedlicher Reichweite. Da ist zum einen das Lernen, welches dazu dient, *Bewährtes* an die nachwachsende Generation zu *vermitteln*, damit – wechselseitige – Irritationen vermieden werden. Dieses Lernen ist durch den Versuch gekennzeichnet, »alte Wahrheiten« in ihrer jeweils aktuellen *Gültigkeit* neu zu belegen und so zu *bewahren*. Es ist ein Integrations- und Traditionslernen, wie wir es eher in weniger dynamisch sich wandelnden und wenig komplexen Lebenskontexten als dominantes Muster vorfinden, ohne welches keine Gesellschaft auszukommen scheint. Ihm geht es um die Vermeidung von Irritation und die Gewährleistung von Kontinuität.

Einer detaillierteren Analyse kann gleichwohl nicht verborgen bleiben, dass sich im historischen Zeitablauf das Verhältnis von Sicherheit und Unsicherheit grundlegend verändert. Während die immer noch dominante Vorstellung von Wissen und Wissenstransfer durch die Weitergabe von Wissen Sicherheit stiften und Irritationen durch erfolgreiche Vorbereitung vermeiden möchte *(Irritationslernen erster Ordnung)*, folgt das *Irritationslernen zweiter Ordnung* einer anderen pädagogischen Bewegung: Mit ihm reagieren Gesellschaften auf die offenkundigen Veränderungen und Wandlungen in ihren Lebens- und Arbeitszusammenhängen. Diesem Lernen geht es darum, die Menschen auf den Umgang mit einem Wandel vorzubereiten, dessen Anforderungen an den Einzelnen und die Gesellschaft man selbst durch intensivste Prognosebemühungen nicht wirklich vorhersagen kann. Es ist eine Art Vorbereitung auf die Offenheit und Ungesichertheit dessen, was da kommen und sich dem Bewährten und Gültigen zu entziehen droht. Aus diesem Grunde hat man für dieses Irritationslernen zweiter Ordnung in den Debatten auch die Bezeichnung »Schlüsselqualifizierung« (vgl. Arnold u. Müller 2005) verwendet, um zu verdeutlichen, dass Lernen nicht mehr *selbst* Türen in die Zukunft hinein zu öffnen, sondern dem Einzelnen lediglich die dafür notwendigen Schlüssel in die Hand zu geben vermag – ein Gedanke, der auch die neueren Konzepte zur Ermöglichung von Kompetenzentwicklung und zur Gestaltung entgrenzter sowie selbstorganisierter Formen des Lernens bestimmt (vgl. Arnold 2012a).

Ungesichertheit →		
		Irritationslernen dritter Ordnung: Vorbereitung auf und Umgang mit Unge-sichertheit: »Learning by Difference« **Motto: Faktisch ist das Mögliche.**
	Irritationslernen zweiter Ordnung: Zerbrechende Lebens- und Gewissheitskontexte: »Learning by Crisis« **Motto: Faktisch ist das Hier und Jetzt.**	
Irritationslernen erster Ordnung: Stabile soziale und kulturelle Lebens-kontexte: Lernen von der Vergangenheit (= Setzen auf Bewährtes und Gültiges) **Motto: Faktisch ist das Vergangene.**		
Irritiertsein → → → → → → → → → → → → → → → → → → →		

Tab. 4: Stufen des Umgangs mit Ungesichertheit

Wiederum anders das Irritationslernen dritter Ordnung. Hier hält eine weitgehend neue Substanz Einzug in die Bildungsdebatte, die in ihren bisherigen Diskursen nur ansatzweise sichtbar gewesen ist:

Bildung wird nicht mehr bloß als eine Vorbereitung auf den – ge-staltenden – Umgang mit Ungesichertheit begründet, sondern als das Bemühen, den Einzelnen zu einem reflexiven Umgang mit den bevorzugten Mechanismen seiner emotionalen und kognitiven Wahr-nehmung – besser Wahr*gebung* – zu befähigen.

Sicherlich: Es wird auch in Zukunft darum gehen, die nachwach-senden Generationen darauf vorzubereiten, sich an den sprachlichen, kommunikativen sowie kooperativen Prozessen der gesellschaftlichen Umfelder, durch welche sie sich in ihrer Biografie bewegen, gestaltend beteiligen zu können, doch werden sie sich ihnen mit ihren Anforderungen wesentlich fluider und gestaltungsoffener präsentieren, da grundlegende Situationselemente sich wandeln:

So verändert das Wissen seine Funktion für die Kompetenzentwicklung – ein Trend, auf den in der Pädagogik und insbesondere in der Berufspädagogik schon verschiedentlich hingewiesen wurde: Es sind die strukturellen bzw. kategorialen Dimensionen des Wissens, welche neu und dringender in den Blick geraten, sowie die Fähigkeit, Beschreibungen, Erklärungen und Deutungen zu nutzen, aber auch zu gestalten – eine Formulierung, die zunächst sehr abstrakt klingen mag.

Konkret geht es z. B. darum, dass Computerfachkräfte zwar die Funktionsmechanismen von Hard- und Software verstehen und mithin auch über grundlegende elektronische, mathematische sowie Informatikkenntnisse verfügen, die wesentliche Basis ihrer spezifischen Problemlösungsfähigkeit ist jedoch darin zu sehen, dass sie über Problemlösungsalgorithmen verfügen, die ihnen helfen, neue Zugänge zu verstehen und zu gestalten. Diese Fähigkeit ist abstrakt-konkret, d. h., sie »betont« die grundlegenden Momente technischer Problemlösung und nicht ihre spezifische Ausgestaltung und ist gerade dadurch näher an der Praxis einer sich beständig entpuppenden Vielfalt, die ihre Wurzeln in ungewohnten Problemlösungen und nicht nur in der kreativen »Anwendung« bekannter Mustererkennungen und Prozessgestaltungen hat. Technikentwicklung – so die in diesem Zusammenhang grundlegende These – entsteht nicht aus einer »Zunahme« von Wissen, sondern aus einer »Abnahme« (vgl. Müller 1999).

Die formale Seite der Kompetenz gewinnt in den modernen Gesellschaften eine in neuer Weise akzentuierte Bedeutung. Zwar kann es als ein Allgemeingut der berufspädagogischen Tradition angesehen werden, dass Berufsbildung auch Allgemeinbildung sei (vgl. Arnold, Gonon u. Müller 2016) – ein alter Gedanke, dem sich letztlich die Existenz allgemeinbildender Fächer im Curriculum der Berufsschule verdankt –, doch konnte sich der eigentliche Gehalt einer allgemeinen Persönlichkeitsbildung im Kontext eines Irritationslernens erster und zweiter Ordnung nicht wirklich entfalten. Allgemeinbildung blieb ein Add-on der beruflichen Ertüchtigung und diente nur vom Anspruch her, doch selten in der gelebten Berufsbildungspraxis der Stärkung von Ich-Kräften und Selbstorganisations- sowie Kritikfähigkeit. Es war der diesen Ansätzen ungewollt innewohnende Vermeidungsgestus, welcher der Absicht entsprang, auf den Umgang mit Irritation dadurch vorzubereiten, dass man den Einzelnen durch Qualifikationsausstattung half, diese Irritation zu minimieren oder gar zu vermeiden. »Bescheidwissen« wurde zum Inbegriff eines modernen Fachmenschentums, wobei seine – bisweilen machtvoll inszenierten[19] – festlegenden Wirkungen, aber auch seine substanzraubenden Auswirkungen für die Identität und das Selbstwirksamkeitserleben der Menschen kaum kritisch in den Blick gerieten:

Das Beruflich-Fachliche entfaltet dabei eine identitätsstiftende Dimension, die oft über das verträgliche Maß hinausgeht. »Fachmensch« (Max Weber) zu sein hat die Kehrseite einer, dass man bei Wandel oder Verlust dieses Fachlichen nichts mehr ist – eine Seite der *déformation professionelle*, welche gerne übersehen wird. Aus diesem Grunde geht mit den Bemühungen um eine Neufassung des Allgemeinen durch die Betonung des Methodischen (vgl. Klippert 1994), die seit Mitte der 1980er-Jahre auch die Berufsbildung prägen, eine grundlegende Öffnung der subjektiven Perspektiven für die Identitätssicherung des modernen Menschen einher: Er ist nicht nur Fachmensch, sondern verfügt über grundlegende Fähigkeiten, sich Wirklichkeiten – in durchaus unterschiedlichen Anforderungskontexten – selbstständig zu erschließen, Lösungen und Erklärungen zu konstruieren und ihre Tragfähigkeit selbstständig und in Kooperation mit anderen zu prüfen. Seine Identität speist sich dabei weniger aus seinem fachlichen Know-how als vielmehr aus gelebter und erprobter, immer wieder neu gestalteter »fachlicher« Selbstwirksamkeit.

Erst in Umrissen zeichnet sich seit etwa 2000 ein neues Muster des Umgangs mit Ungesichertheit ab: Es sind Bemühungen, Menschen zu befähigen, der inneren Selbstfabrikation von Situationsdeutungen gewahr zu werden und zu erkennen, in welch konservativer Weise dieser Mechanismus sie beständig neu dazu (ver)führt, so zu bleiben, wie sie sind oder zu sein meinen (vgl. Arnold 2012c). Arist von Schlippe und Jochen Schweitzer (2009) beschreiben diese Wirkung der eigenen »Sinnattraktoren«, wie sie sie nennen, mit den Worten (S. 10 f.):

---

19 Thomas Kuhn hat in seiner Analyse der Wissenschaftsentwicklung und der *Struktur wissenschaftlicher Revolutionen* (1976) eindrucksvolle Beispiele für das Festhalten an überlebten Paradigmen geliefert und aufgezeigt, mit welch kriegerisch anmutenden Strategien der Ausgrenzung dabei meist vorgegangen wird.

»So bestätigen sich einmal gefundene Sinnattraktoren kontinuierlich selbst, weil sie die einmal gefundene Ordnung aufrechterhalten: Die Welt ist zwar nicht schön, aber sie ist vorhersagbar, der andere ›ist so und nicht anders‹! Jedes Ereignis, das zu dem jeweiligen Attraktor passt, wird als ›typisch‹ bezeichnet, Ereignisse, die davon abweichen, werden entweder ignoriert oder als ›Ausnahme‹ gekennzeichnet.«

Die praktische Bedeutung dieser festlegenden Wirkungen der eigenen Sinnattraktoren bzw. Deutungs- und Emotionsmuster wurde bislang nur für die Führungskräftebildung ausgelotet, indem in diese Formen einer reflexiven Bewusstwerdung eigene (innere) Bilder von Führung, Konflikt- oder Anerkennungserleben stärker einbezogen wurden. Dabei wurde von der beobachtbaren Tatsache ausgegangen, dass Führungskräfte sich in ihrem Handeln kaum von irgendwelchen neueren Führungstheorien leiten lassen – sie verweben sich allenfalls mit ihrer Rhetorik. Das eigentlich tragende Moment ihres situativen Führungshandelns ist vielmehr die erlebte und gelebte eigene Führungspraxis mit ihren daraus erwachsenen emotionalen und kognitiven Deutungsmustern. Ähnliche Auslotungen der eigenen Gestaltung, mit der das Fachliche zutage tritt, stehen für andere Bereiche der beruflichen Kooperation noch aus.

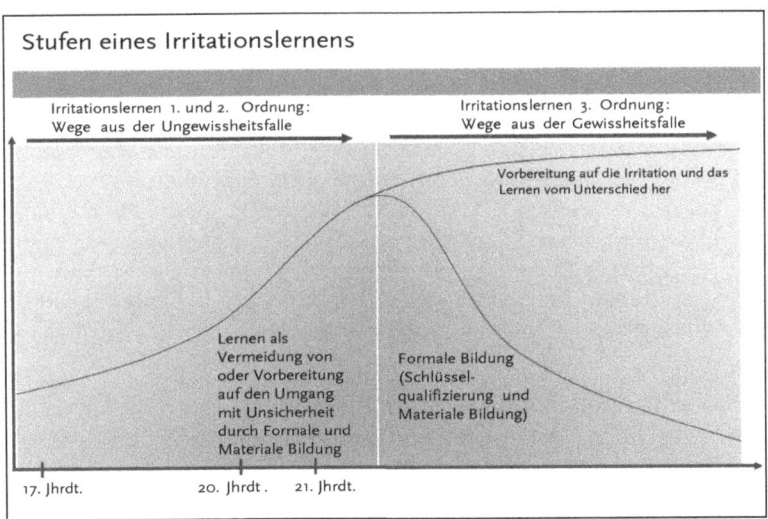

Abb. 4: Stufen eines Irritationslernens

Sichlut → Parnis des Organikum

Der Mensch kann ohne Gewissheit(en) nicht leben. Zumindest benötigt er die Als-ob-Gewissheit, um so zu ruhiger und auch entschlossener Wahrnehmung und Gestaltung zu gelangen. Es ist der kurze prüfende Blick des Fachmanns, der die erfolgreiche Problemlösung einleitet, und es ist die gezielte Fokussierung auf das Wesentliche, der sich der rechtzeitige Eingriff und die Einleitung der lebensrettenden Behandlungsschritte verdanken. Auf sie kann auch in Zeiten einer beschleunigten Modernisierung nicht verzichtet werden, es geht lediglich darum zu lernen, mit diesen Gewissheiten in anderer Weise – stärker in Kenntnis und im Bewusstsein ihrer Entstehungs- und Persistenzsubstanzen – umzugehen. Dies bedeutet z. B., dass die Beurteilung einer bestimmten Situation immer auch Momente der selbstkritischen Hinterfragung benötigt, damit auch Möglichkeiten eines anderen – möglicherweise zukunftsöffnenden – Reagierens geschaffen werden. Mögliche »Klebstoffe«, mit denen wir an unseren alten »Sinnattraktoren« (von Schlippe u. Schweitzer 2009, S. 10) um jeden Preis festzuhalten bemüht sind, sind Angst, Bequemlichkeit und Interesse.

> **Beispiel: »Das machen wir doch schon immer!«**
> Bisweilen begegnet man als Entwicklungsbegleiter auch Situationen einer fast »beleidigten« Reaktion auf die Aufforderung zu Wandel und Weiterentwicklung, die nicht selten in der Abwehrformulierung endet: »Das machen wir doch schon immer!« Mit dieser oder ähnlichen Äußerungen wird Veränderung – eigene oder gar solche der »bewährten« professionellen Techniken – ausgeschlossen, und man kann sich treu bleiben. Es ist in der Regel wenig hilfreich, diesen Abwehrgesten auf der Sachebene zu begegnen. Vielmehr ist es auch bei solchen systemischen Konstellationen geboten, wertschätzend und ressourcenstärkend zu interagieren. Im Kern geht es dabei um eine »Einladung« an Kooperationswillige und Skeptiker gleichermaßen, sich auf eine andere Sicht der Dinge und damit auf etwas anderes einzulassen.

In diesem Sinne knüpft das Irritationslernen dritter Ordnung an das menschliche »Vermögen der Regelreflexion und Interpretation« (Apel 1991, S. 60) an. Dieses Vermögen lässt sich auch in einer pragmatischeren Weise für den Umgang mit Alternativen nutzen und ist nicht darauf festgelegt, den Dingen auf die Spur zu kommen und nach Letztbegründungen zu suchen, die die eigene Wahrnehmung mit dem Nimbus des Rechthabens kontaminieren: Indem man sich vielmehr von den hohen Ansprüchen und Verbindlichkeiten eines Letztbegründungsdenkens zu lösen vermag, gelangen auch die eigenen Denkstile sowie Eigenarten und Unarten der routinemäßigen Weltkonstruktion in den Blick – eine selbstdistanzierende Bewegung, welche für Forschung und Lehre gleichermaßen von grundlegender Bedeutung ist – und als Folge verbreitet sich mehr und mehr eine andere Einstellung gegenüber dem, was uns *zu sein* scheint, und dem, was *auch* sein könnte. Dies ist die systemische Anregung, prinzipiell in Unterschieden zu denken[20] – durchaus eine Annäherung an eine kritische Bildungstheorie, die allerdings ganz ohne realistische Anmaßungen auszukommen vermag. Für sie ist die permanente Negation des Gegebenen zugleich das Festhalten an dem, was das Menschsein als gesellschaftliche und individuelle Lebenspraxis eigentlich bedeutet bzw. bedeuten kann. Bildung ist mithin Utopie und Praxis gleichermaßen: »Das Wissen um die bewohnbare Erde«, so Heinz-Joachim Heydorn (1972, S. 164),

> »führt an den Rand der Verzweiflung und ist zugleich ihre eigene Negation; es ist das Wissen des Menschen um sich selber, das seine Geschichte erhält, nicht als verloren abgibt.«

Diese kritische Dimension des Bildungsbegriff verweist allerdings nicht allein auf eine andere gesellschaftliche Praxis, worauf die Rezeption sie oft beschränkt – mit in der Regel einer erwartungsgemäßen Durchsichtigkeit des Arguments –, sondern auch auf eine individuelle Selbstreflexion, welche sich einer nüchternen Beobachtung der eigenen Wahrnehmungsmuster und der in ihnen sich wiederholenden Formen des Denkens, Fühlens und Handeln erschließen kann – eine Bewegung, die angesichts des bereits einmal desavouierten Weges der Bildungstheorie in die Innerlichkeit nicht ganz unproblematisch ist. Doch kann sich das suchende Ich in gesellschaftlichen Alternativentwürfen ebenso verstricken wie in einer zur Klassik überhöhten materialen Bildung, denn es ist das individuelle Motiv, welches der Suchbewegung des Menschen Kraft zu stiften und ihn zu den inneren Wurzeln seiner Lebendigkeit zu führen oder ihm sie auch zu verstellen vermag.

---

20 Und dieses Denken in Unterschieden beinhaltet selbstredend all das, was andernorts als »Widerständigkeit« oder »irreduzibler Rest« (Pongratz 2010, S. 415) bezeichnet wird. Unnötig zu betonen, dass genau dieser Umgang mit der Negation seit Radcliff-Brown (»to draw a distinction«) das Konstituens systemtheoretischer wie systemisch-konstruktivistischer Modellbildungen darstellt (vgl. Radcliff-Brown et al. 1952).

Gleichwohl gibt es sowohl die festlegenden und als auch läh-
menden Nebenwirkungen des Bescheidwissens – sowohl in der
Forschung als auch in der Lehre. Diese Formen sind verbreiteter, als
wir denken, und sie gilt es wirklich gründlich zu analysieren. Dabei
kommt Unsystemisches zutage. Dies bedeutet, dass Wissen uns
auch mit einer Sicherheit des Erwartungsgemäßen ausstattet, die mit
einer Täuschung über die tatsächliche Ungesichertheit dessen, was
sich uns darstellt, einhergeht. Wer Bescheid weiß, hat seine Suche
oft schon eingestellt, und selbst die Fragen, die er einst stellte, längst
vergessen. Emotional und motivational ist diese Täuschung scheinbar
hochfunktional, stiftet sie uns doch eine Handlungssicherheit, auf
die wir bauen. Sie vermag uns selbst dann mit Entschlossenheit aus-
zustatten, wenn wir längst in die falsche Richtung marschieren, weil
wir so weitermachen wie gewohnt und so z. B. das Zur-Neige-Gehen
der biografischen Optionen nicht als das zu nehmen verstehen, was
sie sind: Aufforderungen zur Vertiefung der Perspektiven und zum
Einschwenken in eine unaufgeregte Innerlichkeit, die in der Lage ist,
uns auch jenseits unserer Identität und Kontinuität zu neuen Formen
des Denkens, Fühlens und Handelns zu führen. Indem die Beobach-
tungen sowie die Such- und Bildungsbewegung des Menschen sich
diesen letzten großen Irritationen bewusst stellen, können sich im
Einzelnen Kräfte entfalten, welche ihn auch zu anderen Formen des
Umgangs mit der Wirklichkeit sowie mit sich selbst und anderen
befähigen (vgl. Arnold 2017b).

Die Ungesichertheit ist eine emotionale Empfindung. Sie ist
charakteristischer für das Leben und die Zusammenarbeit des Menschen, als es das Kontinuitätsempfinden der Moderne nahelegt. Das
moderne Leben im Kontext staatlicher Daseinsvorsorge ist zwar in
vielfacher Hinsicht »sicherer«, doch gilt dies nicht für die menschlichen Grundfragen von Krankheit, Verlust und Tod. Der Tod wird
auch und gerade in pädagogischen Diskussionszusammenhängen
zwar gerne nahezu vollständig ausgeklammert, doch befasst sich die
einschlägige Forschung durchaus mit riskanten Übergängen oder
auch der Frage nach dem lernenden Umgang mit Ungewissheit – in
einer allerdings häufig etwas überschwänglichen Haltung, die die
Vorbereitung auf den Umgang mit Unsicherheit in das Zentrum
ihrer Überlegungen rückt.

Das Faktische im »Gefängnis unserer Sprache« (Wittgenstein)

Zukunft markiert den grundlegendsten Fokus des pädagogischen Nachdenkens;[21] sie steht aber ebenso für seine blinden Flecken. Zumeist nämlich richtet sich die Argumentation auf die Steigerung des Menschlichen in der Zeit, sei es als Fortschreiten der Kompetenz- und Identitätsentwicklung des Einzelnen oder sei es als Gattungsprojekt, genannt: Zivilisation. Letztere wird durch den historisch erreichten Grad des rechten Vernunftgebrauchs definiert. Nur im Kontext dieses Vernunftgebrauchs ist auch begründbar, welche Persönlichkeitsbildung als erreichbar und nötig erscheint. Ihre Ausdrucksformen bemessen sich auch an der erreichbaren Selbstdistanzierung durch die Entwicklung der Fähigkeiten, sich selbst und die Welt nüchtern zu analysieren und das eigene Handeln entsprechend zu begründen.

Unsere Sprache hält uns in ihren Begriffen gefangen – ein Sachverhalt, der im Deutschen insbesondere im Begriff der Bildung deutlich wird. Dieses kaum in andere Sprachen übersetzbare Wort geht mit Konnotationen einher, deren Ursprung letztlich religiöser Art ist: Gott schuf den Menschen nach seinem Ebenbild. Deshalb war Bildung auch immer gedacht als eine Transformation der Individualität, durch welchen das von Gott Gemeinte – das Göttliche in jeder Person – zum Ausdruck gelangt. Es wäre reizvoll, dieser Einspurung der deutschen Bildungsdebatte im Folgenden weiter nachzuspüren, zumal ich sicher bin, dass man auch in anderen Sprachen – wie etwa im Rumänischen – mit konnotativ aufgeladenen Begriffen unterwegs ist. Ein solcher Linguistic Turn würde aber im Spezifischen verbleiben, wo es doch darum geht, sich über die Sprachen hinweg zu verständigen.

Im Folgenden möchte ich bloß kurz auf den Lernbegriff blicken, welcher auch in der europäischen Bildungsdebatte mehr und mehr in den Vordergrund rückt. *Learning – The treasure within* lautete bereits der Titel des 1996er-UNESCO-Reports (Delors 1996). Unterzieht man den deutschen Begriff »Lernen« einer etymologischen Analyse, so stellt man fest, dass er zu der indogermanischen Wortgruppe von »leisten« gehört und u. a. mit den Wörtern »lehren« und »List« verwandt ist.

---

21 Teile der im Folgenden entfalteten Argumentation sind auch bereits als Beitrag in Burow und Gallenkamp (2017) veröffentlicht worden.

»›Lais‹ war die gotische Bezeichnung für ›ich weiß‹. ›Lis‹ ist das indogermanische Wort für ›gehen‹. Es deutet also vieles darauf hin, dass bereits früh Lernen als ein Prozess verstanden worden ist, bei dem der Lernende einen Weg zurücklegen muss und dabei Wissen erlangt.«[22]

Auffällig ist im Deutschen die Nähe der beiden Wörter »Lernen« und »Lehre«; in anderen Sprachen gar gibt es für beide Aktivitäten bloß ein und dasselbe Wort: z. B. im Altgriechischen steht »didaskein« für beides: »lehren« und »lernen«:

> »Der ursprüngliche Grieche vereinigte also den causativen Sinn lehren mit dem immediativen lernen in einer Form [...], wie im Deutschen sonst und beym einfachen Volke noch, lernen auch lehren heißt« (Riemer 1819, S. 385) –

... so ist in einem Griechisch-Deutschen Handwörterbuch aus dem Jahre 1819 zu lesen. Es wäre nun interessant, der Frage nachzugehen, wie aus dem Lernen als einer selbstverständlichen Lebensaktivität (wie das Atmen) mehr und mehr ein durch Lehren bestimmtes Tun hat werden können – bis hin zu der Vorstellung, dass Lehren und Lernen in einen unauflösbaren Zusammenhang rücken und aus der Didaktik eine Lehr- und Vermittlungswissenschaft, keine Subjektwissenschaft (vgl. Holzkamp 1993) wird.

War es die gesellschaftliche Macht, welche das selbstbestimmte Lernen kontrollieren und begrenzen wollte? Waren es die Überwachungsmotive von Kirche und Obrigkeit, die durch Disziplin den »gelehrigen Körper« zu schaffen versuchten, wie Michel Foucault (1976) sagte? Sind es solche Motive, welche letztlich aus dem Begriff des Lernens heraus den des Lehrens erzeugten und das pädagogische Verhältnis zu einem »pädagogischen Unverhältnis« werden ließen, wie Nora Sternfeld, Österreicherin und Professorin an der Aalto-Universität in Helsinki, im Anschluss an Rancière, Gramsci und Foucault feststellt. Zu Foucault schreibt sie:

> »In der Genealogie der Disziplinarmechanismen scheinen die Mitglieder der Gesellschaft nichts als bloß konditionierte Wesen zu sein. Inwieweit handelt es sich bei ›Überwachen und Strafen‹ um eine rein deterministische Perspektive auf Gesellschaft?« (Sternfeld 2009, S. 97).

---

[22] Vgl.: www.h-age.net/hinter-den-kulissen/144-was-ist-lernen-etymologische-wurzeln-definitionen.html [4.11.2017].

Doch ist dieser deterministische Blick, wie er durch die Dualität von Lernen und Lehren überhaupt erst denkbar wurde, realistisch? Oder entstammt er einer Beherrschbarkeitsillusion bezüglich eines Sachverhalts, wo – bei nüchterner Betrachtung – nichts zu beherrschen ist?

Das Faktische der Antizipation

Bis zum heutigen Tag ist die Vorstellung der *Antizipierbarkeit* kommender Herausforderungen für das pädagogische Denken tragend. Zwar ist man sich dessen bewusst, dass kein Mensch tatsächlich die Zukunft voraussehen kann, doch behilft man sich mit der Generalisierungsannahme, dass es schon nicht so ganz anders kommen werde, wie es heute ist. Diese Annahme mag lange Zeit zugetroffen haben, in Zeiten der disruptiven Innovationen verliert sie jedoch nahezu vollständig ihre Berechtigung (vgl. Christensen 2011). Das Wesen dieser Innovationen ist es nämlich geradezu, dass sie sich nicht aus der bisherigen Praxis ergeben, sondern häufig durch Quereinwirkungen aus anderen Bereichen infiltrieren. Dann ist es kein leistungsstärkerer – analoger – Fotoproduzent, der die in diesem Bereich bevorzugte Technologie revolutioniert und den bisherigen Marktführer verdrängt, sondern eine andernorts (z. B. im Silicon Valley) genutzte und perfektionierte digitale Technologie, die sich unvorbereitet und rücksichtslos als unerwartete und extrem leistungsfähige Alternative durchsetzt. Dies das Schicksal der Firma Kodak – des dereinst weltweit größten Fototechnikunternehmens, das durch die digitale Fototechnik fast vollständig überrollt und abgewickelt wurde (vgl. Jackson 2011). Auch im Taxi- und Transportbereich droht sich Google zwischen die bisherigen Marktführer und ihre Kunden zu schieben und dadurch den ersten Schritt zur Übernahme ihres Stammgeschäfts zu tätigen.

Wie kann eine Antizipation späterer Verwendungssituationen aussehen, wenn die Disruption die Innovation ablöst? Wie bereitet man Auszubildende, Studierende und Erwachsene auf die Disruptionen auf den Arbeitsmärkten der Zukunft vor?

Solche Fragen bringen überlieferte Vorstellungen ins Wanken. Wir können uns nicht länger auf dem – vermeintlich – sicheren Terrain des Fachlichen und Berechenbaren bewegen, sondern müssen lernen, aus der Unsicherheit und Offenheit der Zukunft die richtigen bildungspolitischen, curricularen und vor allem didaktischen Konsequenzen zu ziehen. Dies ist alles andere als leicht, zumal das erreichbare fachliche

Niveau der Produkte und Dienstleistungen auch weiterhin der wohl zentrale Wettbewerbspunkt bleiben wird: Wir kaufen alle das besser designte und benutzerfreundlicher gestaltete Handy, ohne nach den Produktions- und Qualifikationsverhältnissen, denen wir diese Vorzüge im Marktvergleich verdanken, zu fragen. Nur ergibt sich die fachliche Überlegenheit nicht mehr allein aus der Professionalität der beteiligten Akteure, sondern aus der weltweiten Vernetzung bei der Produktgestaltung. Einfach ausgedrückt, ließe sich sagen: Die Konzentration aller Fachkompetenz in ein und derselben Person – dem oder der Professional – wird in der digital vernetzten Welt durch die vernetzte Kombination und Nutzung verteilter Spezialisierungen und Wettbewerbsvorteile abgelöst.

Nicht die Fortdauer des »Fachmenschentums« (Max Weber), sondern seine Fragmentierung, Entgrenzung und Entberuflichung scheinen die Zeichen der Zukunft zu sein. Zudem droht uns allen die »Kontinuitätsfalle«. Diese Falle (ver)führt uns zu einem ungewollten Konservatismus, der letztlich an der Annahme festhält, dass auch die Zukunft im Großen und Ganzen so bleiben kann, wie schon die Vergangenheit gewesen ist. Dieser Effekt trägt allerdings auch dazu bei, dass wir uns immer wieder in der Lage finden, die Probleme mit den »Denkweisen« lösen zu wollen, mit denen wir auch die Probleme verursacht haben – eine Selbstbeschränkung der folgenreichen Art, von der bereits Albert Einstein (1879–1955) zu sagen wusste, dass sie niemals wirklich funktionieren könne (vgl. Stahlbaum 2014).

Das Faktische des Noch-nicht

Anregungen für ein Neudenken der Zukunft findet man demgegenüber auch und gerade bei denjenigen, die an den gegebenen Bildungsformen versagt haben und für sich selbst neue – meist informelle – Wege zur eigenen Lernfähigkeit entdecken mussten; man findet diese Wege in den unterstützenden Angeboten der integrativen oder gar therapeutischen Bildung (vgl. Kreszmeier 1994) sowie in den auf Persönlichkeitsstärkung bezogenen Ansätzen der beruflichen Bildung sowie in europäischen Konzepten zum lebenslangen Lernen. Zu erwähnen ist dabei insbesondere der Sachverhalt, dass das Lernen Erwachsener sich über viele Jahrzehnte bloß im Schatten eines Zeitgeistes entwickeln konnte, der durch die Formel geprägt war: »Was Hänschen nicht lernt, lernt Hans nimmermehr!« Nur allmählich öffnete sich der

Blick auf den lebenslangen Kampf der Erwachsenen um Identität und
Kompetenz und machte einer Sichtweise Platz, welche die Schweizer
Kognitionsforscherin Elsbeth Stern (2006, S. 93 ff.) zu der Gegenfor-
mel verdichtete: »Was Hännschen nicht lernt, lernt Hans hinterher.«
Gleichzeitig rückten auch die Lebensweltorientierung sowie der Iden-
titätsbezug und die Informalität des Lernens der Menschen deutlicher
in den Blick. Das Lernen Erwachsener wurde als »lebensweltbezogener
Erkenntnisprozesses« neu gedacht (Schmitz 1984), und man übte sich
in Formen eines *Lernens vom anderen her.* Diese Perspektive – seit den
1990er-Jahren zu konstruktivistischen und systemischen Konzepten
des Erwachsenenlernens erweitert (vgl. Arnold 2010, 2013b) – nahm
vorweg, was die Hirnforschung zur Aneignung von Neuem seit der
Jahrhundertwende zunehmend und in unausweichlicher Deutlichkeit
auf den Punkt brachte. Ein Hirnforscher fasst diese Ergebnisse 2016
mit den Worten zusammen:

> »Immer hängt das Ausmaß der im Inneren ausgelösten Veränderungen
> davon ab, über welche Reaktions- und Antwortmuster das betreffende
> Lebewesen bereits verfügt und wie effizient es diese Muster aktivieren
> und einsetzen kann. Und das wiederum ist abhängig von den jeweili-
> gen Vorerfahrungen, die es bereits bei der Lösung ähnlicher Probleme
> und Herausforderungen machen und in seinem Inneren als geeignete
> Antwort- und Reaktionsmuster verankern konnte.

> Die Vorerfahrungen sind also entscheidend dafür, ob eine bestimmte in
> seiner äußeren Welt oder in seinem Inneren auftretende Veränderung
> von einem Lebewesen als bedeutsam erlebt und bewertet wird – und
> ob dadurch ein eigener Lernprozess ausgelöst wird. [...] Alle Lebewesen
> entwickeln ihre jeweiligen strukturell verankerten Reaktions- und Ant-
> wortmuster anhand der von ihnen im Verlauf ihrer bisherigen Entwick-
> lung gefundenen Lösungen. Diese von ihnen gefundenen Lösungen
> sind bedeutsam. Nicht objektiv und gleichermaßen wichtig für alle,
> sondern immer nur für das betreffende Lebewesen. Deshalb sind alle
> Lernprozesse durch die subjektive Zuschreibung von Bedeutsamkeit
> gekennzeichnet. Und deshalb kann auch nichts gelernt werden, was für
> ein Lebewesen bedeutungslos ist« (Hüther 2016, S. 45).

Diese durch naturwissenschaftliche Forschung genährten Überlegungen stärken einen anderen Blick auf Lehr-Lern-Prozesse. Sie rücken
die Logiken der Aneignung als tragende Bewegungen von subjektiven
Veränderungsprozessen in den Fokus und teilen damit eine Sicht-

weise, wie sie der Erwachsenenbildungspraxis und ihrer Theorie seit jeher vertraut gewesen ist. Das lebensweltliche Selbst findet gewissermaßen seine naturwissenschaftliche Verankerung im »synaptischen Selbst« (LeDoux 2002). Beiden gemeinsam ist die unvermeidbare Einsicht, dass das Lehren und die Konzepte der Steuerung über Inputs überwunden werden müssen, damit man Lernen und Kompetenzentwicklung in ihrer Inside-out-Logik wirksamer anregen, begleiten und unterstützen kann. Für die Kompetenzentwicklung und die EU-Bildungspolitik ist gleichermaßen das didaktische Programm leitend: Wo Input war, muss Outcome sein.

Dieses Noch-nicht der Zukunft der Bildung ist erst in Umrissen zu greifen. Verfolgt man den bildungswissenschaftlichen Diskurs in Europa aufmerksam, so kann man nicht umhin festzustellen, dass der Vorbereitungsanspruch der Bildungsinstitutionen bereits stark ins Wanken geraten ist. Wenn etwas an den Prognosen eines Ray Kurzweil ist, denen zufolge wir im 21. Jahrhundert eine Veränderung der Lebensbedingungen, Anforderungen und Möglichkeiten des Menschen erleben werden, die in ihrer Intensität in etwa dem Wandel der zurückliegenden 20 000 Jahre Menschheitsgeschichte entsprechen (vgl. Kurzweil 2005), dann müssen wir das unser Bildungswesen tragende Konzept »Learning from the Past« dringend modifizieren. Dabei werden wir uns von der Fixierung auf curricularisierte Inhalte lösen müssen, um die Nachwachsenden als Persönlichkeiten so zu stärken, dass sie tatsächlich in der Lage sind, »neuartige Situationen selbstgesteuert und sachgemäß zu bewältigen« – so in etwa die Definition des Kompetenzbegriffs des Europäischen Qualifikationsrahmens. Herausragende Bildungstheoretiker haben bereits früh erkannt, dass dieses Anliegen dem Konzept einer *formalen* Bildungstheorie entspricht, die sich gründlicher um die Klärung der Frage bemüht, wie solche Fähigkeiten in den Subjekten tatsächlich angebahnt und gefördert werden können. Wer in solchen Entwicklungen nur den Untergang bewährter Konzepte zu erkennen vermag (Liessmann 2016; Türcke 2016), ignoriert und banalisiert sie nicht nur, sondern verweigert auch den von Keynes geforderten Evidenzbezug: »Wenn sich die Fakten ändern, ändere ich meine Meinung. Und Sie, was machen Sie?« (zit. nach Chamberland 2016, S. 191). Das Ignorieren von Evidenzen lässt die Bildungspolitik in einem »Weiter-so-wie-bisher« zurück, welches auf Dauer keinen mehr zu überzeugen vermag.

Das bedeutet auch ein anderes Art der Führung!

Was wissen wir über die Förderung und Herausbildung von Fähigkeiten zur selbstgesteuerten Gestaltung neuer – noch nicht absehbarer – Anforderungssituationen? Auch zu dieser Frage findet sich im Diskurs der europäischen Pädagogik bislang nur wenig Orientierung, die über ein Weiter-so hinausweist. Es ist erschreckend, wie wenig kritisch in den Debatten auf die faktischen Wirkungen der bisherigen Bildungspraxis geblickt wird. So setzt man sich weder mit der skandalös geringen Nachhaltigkeit des bisherigen Lernens in curricularisierten Bahnen auseinander, in denen die Kenntnisse mehrerer Schuljahre oft fast vollständig verblassen, noch erfolgt eine wirkliche Auseinandersetzung mit den Ergebnissen der Hirnforscher, die uns unisono zurufen:

Vermitteln von Inhalten oder gar Kompetenzen geht nicht, selbst wenn wir uns das vorstellen und daran festhalten, statt unsere etablierten Deutungsmuster aufzulösen!

Ihre Fakten verweisen auf die *notwendige Gestaltung von Kontexten für die selbstorganisierte Aneignung von Inhalten,* bei denen weniger die Steuerung oder Belehrung durch eine Lehrperson als vielmehr die Begleitung und Beratung von Suchprozessen im Zentrum stehen. Es wird deutlich: Wir müssen das Konzept einer »mehrdimensionalen Bildung« stärken, wie dies eine neuere Denkschrift mit dem programmatischen Titel *Bildung. Mehr als Fachlichkeit* fordert (Vereinigung ... 2015). Einer solchen »mehrdimensionalen Bildung« muss es außer um Fachkompetenzen darum gehen, »Persönlichkeitsstruktur, Verhaltenssicherheit und Charakterbildung der Heranwachsenden zu stärken«. Hierfür bedarf es einer Professionalität bei den Verantwortlichen, die mit dem Begriff »Lernbegleitung« treffender beschrieben ist als mit den eindimensionalen und rückwärtsgewandten Vorschlägen derjenigen, die dem keynesschen Aufruf ausweichen.

Welche Anforderungen sind mit solchen Musterbrüchen für die Rolle der Lehrenden, aber auch für Eltern, Erzieher oder Weiterbildnerinnen im Prozess des lebenslangen Lernens verbunden? Es wird deutlich: Wir benötigen einen zeitgemäßen Lernbegriff. Lernen kann nicht länger vornehmlich als Folge von Lehren begründet werden. Hirnforscher und Pädagogen fokussieren demgegenüber auf das sich entwickelnde Subjekt und sprechen von dem Menschen als dem »lernfähigen Tier«, welches immer schon in der Lage war, mit den Hinweisen seiner Umgebung selbstorganisiert und kreativ umzugehen – seit übrigens mindestens 400 000 Jahren und nicht erst seit es Lehrpersonen gibt (erstes vereinzeltes Auftreten etwa 2000 vor Christus).

Die Frage nach der Zukunft kann die eigene zeitliche Begrenzung und die Frage »Was ist der Mensch?« nicht dauerhaft ausblenden – ein tiefer und traditionsreicher Gedanke der Pädagogik, der aber auch unpopulär geworden ist. Erst aus dem Nichtselbst bzw. der Selbstlosigkeit oder Ichlosigkeit jedoch eröffnet sich uns ein Zugang zu einem Erklärungsansatz, der uns über uns selbst hinauszuführen vermag. Wir sind nicht, was wir denken, und wir müssen auch nicht so bleiben, wie wir haben werden können – so die Hinweise dieser »kontemplativen Wende«, wie sie von Francisco Varela und einzelnen Vertretern der amerikanischen Pädagogik angestrebt wird. Dabei skizzieren sie auch eine Form des erkennenden und gestaltenden Umgangs mit der Wirklichkeit – der eigenen inneren und der vermeintlich äußeren –, und markieren auch ein weiteres Zukunftsbild des pädagogischen Diskurses. Letztlich hat ihr »contemplative approach« das Ziel:

> »Die Fähigkeit entwickeln, seine eigene Subjektivität auf wertneutrale Weise eindeutig wahrnehmen und anwenden zu können « (Roth 2014, p. 102; Übers.: R. A.).

Dieser Ansatz lässt den Dritte-Person-Ansatz des alltäglichen, aber auch wissenschaftlichen Beobachtens, mit dem wir objektzentriert auf die Welt blicken und in unseren zufälligen Sprachen über sie reden, hinter sich. Stattdessen gewinnt der Erste-Person-Ansatz des achtsamen Beobachtens an Bedeutung, wie er u. a. durch die Phänomenologie Husserls und Merleau-Pontys angeregt wurde, wie ihn aber auch buddhistische oder ökologische Konzepte nahelegen (vgl. Karafilidis 2016, S. 227 f.). In dieser Form des Beobachtens, Redens und Handelns bleibt der Sprachgebrauch in einer reflexiven Logik verankert, welche den Selbstbezug als Selbstkritik beständig mitlaufen lässt. Der vielfach zitierte Satz von Ludwig Wittgenstein, »Dass es mir – oder allen – so *scheint*, daraus folgt nicht, dass es so ist« (Wittgenstein 1984, S. 119; Hervorh. im Orig.), ist den solchermaßen kontemplativ Suchenden stets bewusst, weshalb sie mehr und mehr in der Lage sind, die Mechanismen ihrer Kognition und ihrer sprachgebundenen Wahrnehmung zu »handhaben«. In diesem Sinne sprechen Francisco Varela u. a. von einem bewussten und geübten »Handle of cognition«, bei dem die Akteure beständig in dem

Bewusstsein wahrnehmen, urteilen und interagieren, wie – letztlich banal und durchschaubar – Wahrnehmung, Urteilen und Sprache in uns funktionieren (vgl. Depraz, Varela a. Vermersch 2002, pp. 155 ff.). Menschen können erkennen, dass sie hinter ihren Möglichkeiten zurückbleiben und ihr eigenes Leben der Wiederholung unverstandener Muster folgt. Das »Sapere aude!« Immanuel Kants ist auch der Aufruf zur Reflexion und Transformation dieser Muster bzw. der Aufruf zum Musterbruch – ein Anliegen zur Vertiefung des eigenen Weltzugangs, der wenig mit den Aufstiegsversprechen der modernen Pädagogik zu tun hat. In den Vordergrund rücken in den selbstreflexiven und kontemplativen Bildungskonzepten vielmehr die Dimensionen einer Persönlichkeits- und Haltungsbildung.

Zehnter Schritt zur Vermeidung schwachen Denkens: Kontemplation

Selbst die um Nüchternheit bemühte Beobachtung erliegt der Kontinuitätsfalle, indem sie die mögliche Zukunft im Lichte der erreichten Vergangenheit antizipiert und ausleuchtet, ohne sich dabei der faktischen Einschränkungen dieses Vorgehens immer ausreichend bewusst zu sein.

Frage:

Beobachte, denke und schlussfolgere ich »from the past«, oder bin ich darum bemüht, das Faktische der Antizipation durch kontemplative Reflexion zu relativieren, zu ergänzen und zu überschreiten?

---

6 Auswege aus der Unvernunft

Eine nüchterne Befassung mit der Evidenz- bzw. Faktenorientierung führt zu der Position, dass Fakten nicht alles sind, wohl aber ohne Fakten – dort, wo sie einigermaßen nachvollziehbar erhoben und akzeptanzmäßig geteilt vorliegen – alles nichts ist. Man kann nicht an Fakten vorbei für die Wahrheit argumentieren. Gleichwohl liegen diese Fakten häufig nicht offen zutage und sind insbesondere in den Bereichen, in denen wir es mit der weichen Wirklichkeit der symbolischen Formen zu tun haben, auch nicht leicht durch dokumentierende Verfahren ans Licht zu bringen. Insbesondere hilft die mathematische Exaktheit wenig in den Bereichen, in denen sich die verhaltensbestimmenden Einspurungen und Festlegungen hinter dem Rücken der Akteure durchsetzen und eine faktische Wirksamkeit entfalten, die sich ihrer bewussten Intention verschließt. Im Gegenteil:

Der Nimbus der mathematischen Exaktheit schürt das Bild einer Eindeutigkeit, der die Nuancierungen der Bedeutungsverleihung und die Vielfalt der dem Verhalten zugrunde liegenden Muster entgeht.

Empirische Sozialforschung bleibt meist angesichts solcher Wirkungszusammenhänge auf die im Hypothesenstadium bereits ersichtlichen, meist vordergründigen Deutungen beschränkt; sie versagt an der Notwendigkeit, die handlungsleitenden Begründungen »from the inside out« zu rekonstruieren.

Ähnlich ignorant gehen auch *die* wissenschaftlichen Beobachter zu Werke, die sich letztlich von ihrer festlegenden Ausgangsmeinung nicht zu lösen vermögen. Sie fokussieren und interpretieren selektiv, und ihre Forschungen repetieren in einer meist langweiligen Kontinuität das Weltbild, welchem sie schon immer anhingen. An die Stelle der nüchternen Prüfung rücken die werkbiografische Treue und der nicht enden wollende, aber auch nicht zu schlichtende Streit der Schulen. Solche um Kontinuität bemühte Forscherinnen und Forscher erliegen der Falle der Petitio Principii (= Inanspruchnahme des Beweisgrundes; auch: Zirkelschluss): Sie perfektionieren dieses Meinungsspiel, indem sie das zu Erklärende mit sich selbst erklären – häufig bloß notdürftig durch Hinweise legitimiert, dass es dem pädagogischen Denken

»nicht um logische Ableitungen in einem genauen und begrenzten Sinne (geht), sondern um die Abhängigkeit wirklicher Dinge voneinander, und die schließen sich, nach einem Wort Carl Friedrich von Weizsäcker, oft im Kreise. Nach dieser Auffassung können wir ein Bild dessen, was wir Wirklichkeit nennen, wenn überhaupt nur in einem Kreisgang zeichnen. Pädagogik zeigt gerade dann, wenn sie diesen Weg geht, dass sie die Erkenntnis nicht von ausgedachten Dingen, sondern von der Wirklichkeit ist« (Binnenberg, S. 174).

Nun kann man sich solchen hermeneutischen Erklärungen nicht vollständig verschließen – vor allem dann nicht, wenn sie mit einer peniblen Kritik der eigenen Geltungsansprüche einhergehen (was selten genug der Fall ist) –, gleichwohl darf auch nicht übersehen werden, dass die Zirkelhaftigkeit des Vorantastens bisweilen auch dazu einlädt, die erwarteten Ergebnisse in einer Art selbstbezogener Vasallentreue zu verteidigen, wobei aus den Ergebnissen letztlich auch emotionale Starrheit spricht:

Man möchte so bleiben, wie man geworden ist, und zählt sich auch selbstredend zu den gründlicheren, unbestechlicheren und damit besseren Beobachtern.

Solche selbstbezogenen »Beweisgründe« sprechen aus aufschlussreichen Statements, mit denen man sich von den als unzulässig – man möchte fast sagen: ungebührenden – Infragestellungen traditionsgeladener Chiffren zu distanzieren versucht. So löste u. a. der Abgesang von Jochen Kade (1993) auf die »kritisch-emanzipatorische Erwachsenenbildung« eine wahre Flut von aggressiven Entgegnungen aus. Sie erwecken den Eindruck, dass durch die Infragestellungen kritisch-emanzipatorischer Konzepte die Wege zu »alternative(n) Denk- und Handlungsmöglichkeiten« und »zu anderen gesellschaftlichen Verhältnissen« (Holzer 2009, S. 9) geradezu unüberwindbar verstellt seien, ohne zu erläutern, warum dies so sein soll. Manche werden noch deutlicher, indem sie die Infragesteller solcher überlieferten Leitkonzepte dem verschwörungstheoretischen Verdacht aussetzen, selbst zu unfreiwilligen Unterstützern der gesellschaftlichen Verzweckungskonzepte geworden zu sein. Es sagt sich dann leicht, dass sich eine solchermaßen ernüchterte Sicht der Wirkungszusammenhänge »zur Gehilfin des politisch Gegebenen (macht)« und sich »für Instrumentalisierungsversuche durch die aktuelle Politik an(bietet)« (Schlönvoigt 2005, S. 3) – während man sich doch selbst (was man nicht sagt, aber durchblicken lässt) zu den Klardenkern zählt, die diesen ideologischen

Verblendungszusammenhang durchschauen und sich ihm entgegen-
stemmen: eine subtile Aufwertung des eigenen Subjektivierungsmo-
dus, der sich unreflektiert artikuliert und als tragfähige Theorie an-
bietet, in Wahrheit aber dem durchschaubaren emotionalen Anliegen
der Konstanzsicherung des »Ich möchte so bleiben, wie ich bin« dient.
Mit einigen argumentativen Verrenkungen bewegt sich z. B. Klaus
Alheim auf die offensichtlichen Evidenzen einer Veränderung der
Arbeitsverhältnisse zu und konstatiert (nicht ohne sogleich bereits in
der zweiten Zeile eine durchaus berechtigte, aber gleichwohl das alte
Narrativ bemühende Relativierung unterzubringen):

> »Nun ist es in der Tat so, dass sich Qualifikationsanforderungen und
> berufliche Aus- und Weiterbildung in den letzten Jahren (für viele,
> freilich längst nicht für alle) zum Teil gravierend verändert haben
> und das diese Veränderungen auch einhergehen mit Tendenzen der
> Humanisierung am Arbeitsplatz, mit der Zurückdrängung vor allem
> tayloristischer Arbeitsteilung. Und es ist auch so, dass sich insbesonde-
> re die sog. personalen und sozialen Schlüsselqualifikationen wie etwa
> Kreativität, Kommunikations- und Teamfähigkeit, Selbstständigkeit,
> Selbstvertrauen und Kritikfähigkeit – partiell zumindest – der Elemente
> humanistischer Bildungstradition bedienen« (Alheim 2016, S. 292)–

... wobei bereits die Wortwahl »sich bedienen« deutlich zeigt, dass
für Alheim die erwähnten Evidenzen nicht wirklich ein ernst zu neh-
mender Anlass sind, sein gesamtes Theoriegebäude auf den Prüfstand
zu stellen. Ohne zu belegen, wie – durch welche Fakten, eigenen Erfahrungen etc. – er dazu kommt, kehrt er sogleich in den Verschwö-
rungsmodus des »Das ist doch nicht ernst gemeint« zurück und weist
darauf hin, dass der erwähnte »hehre Anspruch« (man beachte die
Wortwahl!) – wie von ihm immer schon (aus)gedacht – »allzu leicht
in bloße Sozialtechnik (umschlägt), die das Individuum ganz und gar
[!] funktionalisiert« (ebd.). Woher weiß Alheim dies so genau? Wieso
liefert er für diese Einschätzung keinerlei empirische Belege und
setzt sich nicht zumindest mit den Studien zu den kompetenzorien-
tierten Wandlungen der betrieblichen Bildungsarbeit wirklich intensiv
auseinander, nimmt sich nicht argumentativ der Denkschrift *Bildung.*
Mehr als Fachlichkeit (Vereinigung ... 2015) an oder verweist nicht auf
eigene penible Fallstudien oder eigene Erfahrungen in dem von ihm
inkriminierten Bereich? Dies alles hat diese Art des Erfindens von
vermeintlichen Gegebenheiten nicht nötig, stattdessen dominiert die

elaboriert daherkommende Meinung. Alheim weiß es einfach und
urteilt pauschal:

>Denn das ökonomisch Nützliche bleibt, allen Anleihen beim humanis-
tischen Bildungsideal zum Trotz, stets dominant« (ebd.) –

... Punktum!, möchte man ergänzen. Eine solche Forschung ist keine.
Sie ist Fortschreibung eines biografischen Lebensmotivs oder einer
Denkmarotte. Entsprechend meinungslastig ist auch die ihr entstam-
mende Theoriearbeit, die auf dem Niveau des präfaktischen Umgangs
mit Wirklichkeiten verbleibt – dies ist das Niveau, welches im öffentlichen Diskurs irrtümlich als postfaktisch beschrieben wird. Auf diesem
Niveau kommt man nämlich (noch) ohne Fakten aus, man unterteilt
die Wissenschaftlergemeinde in Rechtgläubige, die an den eigenen
Glaubenssätzen festhalten, und solche, die sie infrage stellen. Diese
werden günstigstenfalls als »affirmativ« diskreditiert – denn man
selbst hält sich ja irgendwie für »progressiv«!-, eigentlich reagiert man
aber doch eher entschieden, d. h. ausgrenzend, verdächtigend und
brandmarkend – ganz im Sinne der exkommunizierenden Bewegung,
wie wir sie in populistischen Formen des Umgangs mit Andersden-
kenden kennen. So kann man bei Klaus Alheim lesen:

>Während das konstruktivistische Denken sich in den Köpfen der
Theoretiker der Erwachsenenbildung und jetzt auch der Politikdidaktik
einnistet, setzen sich, begleitet von der ideologischen Musik, die der
Konstruktivismus mitliefert, die Mentalitäten des seit dem Ende des
sog. realen Sozialismus befreiten Kapitalismus wie naturwüchsig fort
und auch nach innen und außen, und damit auch die ›Deutungsmuster‹ des Marktes und der politischen Klasse, weil sich schon immer die
unmittelbar mit Macht verbundenen Deutungsmuster durchsetzen,
sich um ›Relativität‹ und ›Subjektivität‹ wenig scherend. Was freilich
wirklich wichtige aktuelle und politische Probleme angeht, so wirkt die
konstruktivistisch orientierte politische (Erwachsenen-)Bildung – und
nicht nur die – merkwürdig uninteressiert, rat- und substanz- und
sprachlos – politische Bildung, wenn man so will, ohne politisches
Interesse, politische Bildung selbstentleibt« (ebd., S. 304).

In einer völlig faktenfreien und auch an keiner Stelle tastenden Bewegung wird hier beurteilt, bewertet und belehrt – ein Ex-cathedra-
Modus, der sich nicht mit der Empirie und schon gar mit der Selbstreflexion aufhält. Dieser populistische Modus der Argumentation zeugt

von einer Selbstbeschränkung des Vernunftgebrauchs, der weder die Wissenschaft selbst noch die gesellschaftliche Praxis wirklich weiterbringt. Er zwingt diese vielmehr in das Prokrustesbett der persönlich bevorzugten Sicht auf die Fragestellung, wodurch man zwar persönliche Kontinuität wahren kann, diesen biografischen Konservatismus allerdings mit dem Preis eines Denkens von der Vergangenheit her bezahlt.

Der selbsteinschließende Umgang mit Fakten und Theorie

Anders geht eine Form der wissenschaftlichen Beobachtung und Schlussfolgerung zu Werke, die sich selbsteinschließend mit Wirklichkeiten befasst (vgl. Varela et al. 1992). Sie folgt der hermeneutischen Suchbewegung in einer beobachtertheoretisch sowie sprachphilosophisch gleichermaßen verlangsamten Bewegung – stets wissend, dass, wie es Pierre Bourdieu (1974, S. 27) ausdrückte, wir dazu neigen,

»Präkonstruktionen zu konstatieren, die sich ihm [dem forschenden Beobachter] gegen seinen Willen aufzwingen, da er sich einfach nicht mit den Mitteln versah, deren Konstruktionsregeln zu erkennen.«

Zu diesen entscheiden wir uns nicht, weshalb wir – wie Dirk Baecker (2013, S. 9) anregt – den Blick dafür öffnen sollten,

»dass unsere Beobachtung der Welt nicht unbeeinflusst von anderen Beobachtern ist, die die Welt anders beobachten. Das gilt unter Menschen, die gelernt haben, mit kultureller Diversität zu rechnen. Und es gilt im Verhältnis zu Körpern, Gehirnen, Bewusstsein, sozialen Systemen und künstlich intelligenten Maschinen und Algorithmen, deren Eigensinn zu respektieren jede Kulturtheorie fordert und jede Kulturkritik nicht bedingungslos akzeptiert. Wie wir Menschen die Welt beobachten, ist durch dieses Verhältnis zu anderen Menschen und weiteren Beobachtern bereits mehrfach konditioniert, bevor wir beginnen, darauf aufmerksam zu werden, dass wir Beobachter sind und die Wahl haben, mithilfe welcher Unterscheidungen wir die Welt und uns beobachten.«

Forschende Beobachtung ist deshalb gut beraten, sich zunächst der Tatsache bewusst zu werden, dass Wissenschaft und Praxis systemisch geschlossene Kontexte darstellen, die sich im Wechselspiel erfahrener

Perspektivität herausgebildet haben, nach eigenen internen Regeln funktionieren und lediglich durch eine bewusste Verschränkung der Blicke aufeinander bezogen bzw. strukturell miteinander verkoppelt werden können. Eine wesentliche Bewegung ist dabei die »selbstein-schließende Reflexion« (Varela et al. 1992), von der Francisco Varela zu sagen weiß, dass sie uns zu der »unausweichlichen Schlussfolgerung« zu führen vermag, dass

> »der Erkennende und das Erkannte, der Geist und die Welt einander wechselseitig (bestimmen) oder in gegenseitiger Abhängigkeit (ent-stehen).

> Trifft diese Analyse zu, wird der wissenschaftliche Fortschritt beim Ver-ständnis der Kognition davon abhängen, ob wir weiterhin annehmen, die Welt sei vorgegeben, existiere ›da draußen‹ und werde intern durch Repräsentationen wiedergewonnen« (ebd., S. 209).

Für Varela war Kognition ein »verkörpertes Handeln«, und er wies in zahlreichen Untersuchungen nach, wie das Wahrnehmen und Be-obachten Substanzen hervorbringt, welche dem »eigenen Wahrneh-mungsraum« (ebd., S. 224) entstammen. Die kognitiven Bewegungen, die mit unserem Beobachten und Schlussfolgern zusammenwirken, können deshalb nicht länger als selbstverständlich vorausgesetzt werden, sondern können höchstens insoweit in Rechnung gestellt werden, dass sie der »Patchworkarchitektur des Sehens« (ebd., S. 231), mit der wir die faktische Welt für uns konstruieren, erkennt und ge-wissermaßen alles das in Abzug bringt, was wir als bewährte und zur Routine gewordene Aufordnungsform unserer eigenen Kognition zu erkennen vermögen. Auch dann zeigt sich uns nicht eine »objektive Wirklichkeit«, sondern lediglich die von unseren erkannten Verzer-rungen mehr oder weniger »befreite« Sicht der Dinge. Mit Humberto Maturana spürte Francisco Varela den subtilen Mechanismen nach, mit denen »wir die Welt durch unsere Wahrnehmung erschaffen« (Maturana u. Varela 1987); beide kamen zu der für die Frage nach den Fakten grundlegenden Einschätzung,

> »die das Erkennen nicht als eine Repräsentation der ›Welt da draußen‹ versteht, sondern als ein andauerndes Hervorbringen einer Welt durch den Prozess des Lebens selbst. [ ] Realität ergibt sich dabei aus dem erkennenden Tun des Beobachters, der Unterscheidungen trifft und somit den Einheiten seiner Beobachtung Existenz verleiht« (ebd., S. 7).

Hinter diese Einschätzung kann keine erkenntnis- sowie beobachtertheoretisch informierte wissenschaftliche Beobachtung zurück, will
sie sich nicht den Vorwurf einhandeln, einen besonderen Beobachterstatus für sich zu reklamieren, der über eine Kognition verfügt, die
frei von den überlieferten Unterscheidungsroutinen und biologischen
Funktionsmechanismen des Erkennens einen Zugang zur objektiven
Realität zu erreichen vermag. Luhmann hat diesen Zugang zur Objektivität nicht für sich selbst in Anspruch genommen. Für ihn gehörte
die gründliche Ausarbeitung sowie Abgrenzung von Beobachterper-
spektiven sowie ihre zurückhaltende Nutzung zur Grundlage jeder
gehaltvollen Beobachtung und Theoriebildung (vgl. Luhmann et al.
1990). Volker Redder hat in seiner Einleitung zu dem Band *Beobachter.
Konvergenz der Erkenntnistheorien?* mit Beiträgen von Maturana, Luhmann, Namiki und Varela deutlich auf den Punkt gebracht, was von
einer Forschung und Theoriebildung zu erwarten ist, die nicht selbst
in ihrer Erkenntnisbewegung der Meinungsebene verhaftet bleibt:

»Der Beobachter als externer Beobachter, der in der Lage ist, falsch
und richtig zu beobachten, hat bekanntlich eine lange Tradition. Lag
der europäischen Kultur seit der frühen Neuzeit die ›klare‹ Unterscheidung zwischen dem Menschen als Subjekt der Beobachtung und der
Welt als Objekt seiner Beobachtung zugrunde, so führte zu Beginn des
19. Jahrhunderts die Einbeziehung des Menschen selbst in die Gegenstände seiner Beobachtung zu den bekannten erkenntnistheoretischen
Problemen.

Heute beobachten wir uns beim Beobachten unserer selbst als Beobachter. Und die Eindeutigkeit der Grenze zwischen Beobachter und Beob-
achtungsgegenstand verschwindet zusehends zugunsten einer Vielfalt
kontingenter Grenzziehungen.

Dennoch scheint sich generell die Beobachtungstradition im Sinne
der klassischen Subjekt/Objekt-Dichotomie ungehindert fortzusetzen.
Zwar wird die Labilität menschlicher Wirklichkeitsbeziehungen akzeptiert und zumindest im Alltag mit einer Pluralisierung von Welten
umgegangen, aber die Erwartung an die Wissenschaft – insbesondere
an die Naturwissenschaften und die ihr anhängenden Technologien –,
die eine objektive Wirklichkeit aufzudecken, bleibt unvermindert bestehen. Trotz der genannten intellektuellen Rahmenbedingungen einer
im Sinne J.-F. Lyotards ettikettierbaren ›condition postmoderne‹ lässt
sich nach den Aussagen des Soziologen N. Luhmann eine theoretische

Aufarbeitung dieser Erkenntnisproblematik für die Philosophie und die Soziologie nicht erkennen. Man verharrt im fundamentalistischen Reservat der richtigen Position und pflegt die Illusion, sich Wissen über die Wirklichkeit aneignen zu können« (Redder 1990, S. 7 f.).

Um nicht einer solchen Ausblendung des eigenen Beobachterstatus beim Umgang mit Fakten zu erliegen und weit hinter einer möglichen Evidenzbasierung, dem Respekt vor der eigensinnigen Beobachtung anderer sowie den Maßgaben einer metafaktischen Reflexion zurückzubleiben, lohnt sich ein Check der Beobachtungsform (Observer-Check), bevor man sich in pauschale Gegenpositionen verrennt und sie versteift. Wer sich dieser metafaktischen Bewegung entzieht, dem bleibt bloß das Meinungsspiel in der Form populistischer Behauptungen und faktenfreier Belehrung.

Ein wirklicher Observer-Check vermeidet den unwissenschaftlichen Kampf um das Rechthaben und lenkt den Blick auf die Vorgehensweisen und die typischen Muster der bevorzugten Konstruktion von Wirklichkeiten. Der Observer-Check kann auch als Selbst-Check genutzt werden und einen dazu führen, den tieferen Motiven der eigenen Rechthaberei nachzuspüren, das eigene Beobachten, Denken und Schlussfolgern mit gegenläufigen Argumentationen zu verzahnen, Gegensätze als Einladung zur Überprüfung und zum Überdenken eigener blinder Flecken, Zirkelargumentationen und unnötig scharfer Ausdrucksweisen zu nutzen, statt bei der Beurteilung, Abwertung und Ausgrenzung des Gegensätzlichen[23] zu verweilen, um schließlich an die Stelle des erwartbaren Arguments eine offene und teilbare Form der Wirklichkeitskonstruktion zu entwickeln.

Für eine solche selbsteinschließende Reflexion des Beobachters lassen sich die vorstehenden Klärungen zum Umgang mit Fakten zu einem Kriterienraster verdichten (s. Tab. 5).

---

23 Ausgrenzung wird zur Kennzeichnung des eigenen Schicksals oder des der anderen Gleichgesinnten gerne ins Feld geführt, etwa, wenn Klaus Alheim (2016, S. 303)darüber Klage führt, die Position von Ludwig Pongratz zur Kritik an systemisch-konstruktivistischen Ansätzen »im erwachsenenpädagogischen Diskurs auf ›aggressive Nichtwahrnehmung‹« stoße. Was ihm dabei allerdings entgeht, ist die Tatsache, dass es eher die faktenfrei daherkommende Position von Pongratz ist, welche sich der Debatte entzieht, indem er, Pongratz, z. B. einer Auseinandersetzung mit den über zehn Seiten aufgefächerter detaillierter Hinterfragung seiner Argumente in »Selbstbildung« (Arnold 2013a, S. 303–315) bis zum heutigen Tage ausweicht und sich stattdessen in Kollegenbeschimpfungen ergeht (vgl. Pongratz 2010).

Der Observer-Check	
Kriterien	*Frage*
1 Akzeptanz	Sind die Argumentationen, Entwürfe und Ergebnisse verstehbar, erlebbar und mitteilbar sowie rückgebunden an die Lebenszwecke der Menschen?
2 Beteiligung	Werden die Fakten und ihre Interpretationen allgemeinverständlich und kommunikativ anschlussfähig präsentiert, oder verbleibt die Darstellung im Rahmen geschlossener – innerwissenschaftlicher – Referenzsysteme mit mehr oder weniger offen zur Schau getragenem Überlegenheitsgestus?
3 Selbstdistanzierung	Inwieweit sind die eigenen Befunde erwartungsgemäß und nutzen die Wirklichkeit bloß als Belegstelle für das eigene bewährte Vorurteil? Oder, andersherum gefragt: Welche Vorerwartung konnte durch die spezifische Besonderheit des konkreten Falles infrage gestellt und verändert werden?
4 Uneindeutigkeit	Wo erliegt die eigene Schlussfolgerung einem Sphärenirrtum, indem sie die Welt des Sozialen und Interaktiven mit den Mitteln einer ausschließlich erklärenden Vernunft (Mathematisierung, Kausalitätsnachweise etc.) zu verstehen versucht und dadurch eine Scheineindeutigkeit um den Preis der Unterkomplexität hervorbringt?
5 Strukturdeterminiertheit	Wo bleibe ich mit meiner eigenen Perspektive den Strukturbesonderheiten meiner gewordenen Gewissheit treu, und wie vermeide ich dadurch, dass sich mir die Wirklichkeit anders bzw. eine andere Wirklichkeit zu zeigen vermag?
6 Zirkularität	Bin ich in der Lage, meine eigene Beobachtung und daraus abgeleitete Handlungsimpulse zu relativieren und mich als Teil eines komplexen Wirkungsgefüges zu verstehen?
7 Interesse	Inwieweit bestimmen Publikations- und Karrieremöglichkeiten sowie Konformitätszwänge das, was ich denke und beobachte und wie ich dabei vorgehe?
8 Weltbildstatus	An welcher Stelle gehe ich über das Faktische hinaus, indem ich selbstreflexiv sowie erkenntnis- und beobachtertheoretisch in den nüchternen Blick rücke, wie ich zu Gewissheiten gelange und mit Wissen gestaltend umgehe?
9 Reflexivität	Was rufen mir die Art meiner Beobachtung sowie der Stil meiner Schlussfolgerungen und Interpretationen über mich selbst in Erinnerung?
10 Kontemplation	Beobachte, denke und schlussfolgere ich »from the past«, oder bin ich darum bemüht, das Faktische der Antizipation durch kontemplative Reflexion zu relativieren und zu ergänzen?

Tab. 5: Selbsteinschließender Observer-Check

Nimmt man mithilfe dieses Observer-Checks die durch wissenschaftliche Beobachtung zutage geförderten »Fakten« in den Blick, so wird man selten fündig. In einem erdrückenden Maße vermeiden wissenschaftliche Texte die selbsteinschließende Reflexion und bleiben ihren Ursprungsparadigmen treu. Gleichermaßen enttäuschend ist diesbezüglich die Bilanz ...:

- derer, die glauben, durch Mathematisierung harte Zusammenhänge in den Blick rücken oder aus Varianzanalysen tragfähige Erklärungen zur kausalen Determinationen ableiten zu können, ohne die tiefer liegenden Wirkungszusammenhänge, die sich »hinter dem Rücken der Akteure« artikulieren und nach faktischer Geltung streben, auszudeuten
- derer, die sich auf Begriffspurismus kaprizieren, was sie für theoretische Klärung halten, in immer gleicher Weise – erwartbar – bestimmte Interpretationen ausschließen und zu harten – ausschließenden – Urteilen gelangen, ohne sich auch nur ansatzweise der Frage zu stellen, welcher Rigorismus und welche Rechthaberei in dieser Anstrengung und der Verurteilung gegengesetzter Ansätze zum Ausdruck kommt
- derer, die mit Kritik persönlich getroffen umgehen und der »gegnerischen« Position die fachliche Seriosität oder gar im wertschätzenden Umgang zumindest eine Teilberechtigung der vorgetragenen Kritik zusprechen.

Es ist hier nicht der Raum, sich erneut mit den nicht enden wollenden Attacken gegen eine systemisch-konstruktivistische Beobachtertheorie auseinanderzusetzen (vgl. Arnold 2013a, S. 301 ff.). Die Argumentationen sind wenig ergiebig – sie kreisen immer und immer wieder um die Rehabilitierung des eigenen – dialektischen – Zugangs zur Welt. Sie werfen dem konstruktivistischen Faktenbegriff vor, sich in den Widersprüchen einer Subjekt-Objekt-Verquickung unauflösbar zu verheddern, von der man zugleich zu berichten weiß, dass sie seit Jahrhunderten in den Erkenntnistheorien theoretisch unlösbar geblieben ist, während man selbst an zahlreichen Stellen deutlich spürbar einem dialektischen Materialismus und seinen eher naiven Realismuskonzepten verpflichtet bleibt, für den die Erkennbarkeit der Welt und die zweiwertige Logik keine Fragen offenlassen – vorausgesetzt, man kann sich berechtigterweise selbst zu den durch keine falschen Bewusstseinsgehalte verblendeten Erkennern der Realität zählen.

Diese Argumentationsfigur ist durchschaubar: Man nimmt die dem eigenen Begriffspurismus aufstoßenden begrifflich-logischen Widersprüche als auch tatsächlich gegeben an, erwartet zudem von der konstruktivistischen Beobachtertheorie zugleich die befriedigende Lösung der erwähnten Jahrtausendaufgabe, nur um ihr Ausbleiben als Beleg für die Fragwürdigkeit des gesamten Ansatzes zu nehmen. Entsprechend ausgrenzend fällt auch die Bewertung in einer Schwarz-Weiß-Betrachtung aus: »widersinnig, unnötig, unkritisch« (Pongratz 2014). Die eigene dialektische Bildungstheorie hingegen hält man für sinnvoll, notwendig und kritisch – eine Selbstbewertung, mit der man allerdings relativ alleine dasteht in der Zunft der angestrengten Denker über Bildung sowie Lehren und Lernen. Die Schärfe des Insistierens auf bestimmten – überwiegend: logischen – Gegebenheiten erklärt sich aus dieser zunehmenden Selbstisolierung der Position einer kritischen Bildungstheorie in der Moderne.

Rückt man solche Argumentationsweisen in den Kontext der skizzierten Weltbildentwicklungen, so fällt ihre präfaktische Verankerung deutlich auf. Vergebens sucht man faktische Belege oder gar Bezugnahmen auf – unterschiedliche und widersprüchliche – Datenlagen sowie ein spürbares Vertrautsein mit den Gegebenheiten an den Arbeitsplätzen und Bildungsorten der modernen Gesellschaft. Auffällig ist zudem die rigide Aufteilung der wissenschaftlichen Auslegungen in solche, die richtig liegen – die eigenen! –, und solche, denen man alle möglichen intellektuellen Schlampereien und auch Gewissenlosigkeiten nachsagen kann. Schließlich lassen sich die konstruktivistischen Beobachtertheorien doch bereitwillig »für übergreifende Interessen« funktionalisieren« (ebd.) – so der verschwörungstheoretische Vorwurf. Schaut man genau hin, so weisen solche Bekenntnisse eine große Ähnlichkeit mit populistischen Standortbestimmungen auf. Die Faktenorientierung wird deshalb nicht bloß durch einen schwachen Umgang mit der Vordergründigkeit empirischer Zuordnung und Interpretation bedroht, sondern auch durch behauptende und verdächtigende Positionen eines wissenschaftlichen Populismus, der für Gefolgschaften schreibt, nicht für den Austausch, die Annäherung und die selbstkritische Revision bisheriger Positionen in gegenseitiger Kooperation, Wertschätzung und »Wahrheite«-Suche, um sich mitgestaltend in Veränderungsprozesse einzuschalten und Wirkungen zu entfalten.

Diese beurteilende Form der Beobachtung folgt meist den selektiven Blicken einer zur Marotte verkommenen Kritischen Theorie. Ihr gerät alles zum Verdacht – mit teilweise ärgerlicher und schuldzuweisender Rhetorik. Ihr sind die Selbstkritik und die sprachphilosophische Fragwürdigkeit ihrer eigenen begrifflichen Festlegungen fremd, und sie bleibt weitgehend abstinent gegenüber der gesellschaftlichen Praxis und ihrer Empirie (vgl. Beyer 1971, S. 20). Demgegenüber gilt es, der Erkenntnis einen Kritikbegriff zugrunde zu legen, der die Tatsache berücksichtigt,

>»dass es die Menschen selbst sind, die moralische und politische Normen mithilfe ihrer praktischen Vernunft erzeugen« (Iser 2008, S. 23) –

... weshalb es geradezu unzulässig ist, die Ergebnisse einer »kritisch« eingespurten Beobachtung in einem behauptenden Gestus als quasiontologische Gegebenheit der Realität selbst hinzustellen – in Beschreibungen gipfelnd, die die Gegenwartsgesellschaft

>»als offenen Kampfplatz, auf dem sich Unterwerfungsmechanismen und Souveränitätszumutungen überkreuzen« (Pongratz 2017, S. 159),

zum Faktum stilisieren. Diese implizieren ein deterministisches Modell der Subjektivität, welche stets in Abhängigkeit vor- oder übergeordneter Kontexte gesellschaftlicher Möglichkeiten gedacht wird. Diese schließen die Selbstorganisation des Subjektes aus – so die in den Raum gerückte Behauptung; Souveränität kann sich nach dieser Sicht der Dinge allenfalls als »Zumutung« entfalten – nicht als Ausdruck uneinholbarer Autonomie sowie Autopoiesis des Bewusstseins. In diesem Sinne erinnern Systemtheoretiker gerne an die »soziale Kontingenz der Welt«, deren vielfältige Komplexität zu reduzieren der theoretischen Analyse erst den Fokus zu stiften vermag, aus dem heraus Fakten ihren Sinn beziehen. Dies aber bedeutet, dass auch die Kritische Theorie mit ihren Interpretationen bloß eine Variante der Reduktion von Komplexität darstellt; auch sie konstruiert letztlich bloß eine Wirklichkeit und

>»(duldet) in der sozialen Polykontextualität keinen Universalismus (mehr)« (Amstutz u. Fischer-Lescano 2013, S. 8).

Die verantwortliche Fabrikation von Erkenntnis

Ja, es gibt das schwache Denken. Doch es begegnet uns in unterschied-lichen Gewändern. Da sind zum einen die dreisten Faktenleugner, welche sich ihre Wirklichkeit auch zu *den* Fragen erfinden, in denen der bloße Augenschein oder gar die deskriptive Statistik den unvor-eingenommenen Beobachter leicht eines Besseren belehrt. Ihnen gilt es mit den unabweisbaren Argumenten entgegenzutreten, dabei aber nicht zu verkennen, dass das zugrunde liegende Thema ein Akzep-tanzthema ist und als solches behandelt werden muss. Es gibt unter-schiedliche Wege, um Ignoranten bei *den* Themen mit den Fakten zu konfrontieren, zu denen wir über evidenten Belege verfügen. Gleich-wohl können sie nur *dann* ihre Überzeugungskraft entfalten, wenn sie nicht arrogant daherkommen, um denjenigen, die mal wieder Unrecht haben, dieses ohne Empathie und ohne ein wirklich tiefes Verständnis der sozialen und emotionalen Konstruktion ihrer Wirklichkeit vorzu-führen. Auch die kalte Logik der belegten Sichtweise zerschellt an den Grenzen des subjektiv Aushaltbaren. Der Umgang mit den Fakten-leugnern ist ein Wertschätzungs- und Bildungsproblem. Er droht nicht nur durch ihre Ignoranz, sondern auch durch die rechthaberische und verachtende Bewegung der Faktenkenner die Faktenleugner eher zu stärken, als sie aus der Unvernunft herauszuführen. Denn für sie ist die unvernünftige Erklärung nicht selten ein Lichtblick gegenüber der Unerträglichkeit der Perspektivlosigkeit ihres Daseins.

Aber vorsichtig: Nicht alle, die die verfügbaren Fakten leugnen, tun dies, weil sie die nüchterne Sicht der Dinge nicht auszuhalten vermögen. Viele machen dies auch aus Dummheit oder gar aus stra-tegischem Interesse. Für sie rentiert sich die Wahrheit nicht, weshalb sie die Unwahrheit bemühen, um sich selbst eine scheinbare, aber immerhin wirksame Berechtigung zu stiften – zwar keine universal anerkannte, aber in ihren Kreisen doch immerhin wirksame. Natürlich muss man dieser Unvernunft entgegentreten und Farbe bekennen – aber besser nicht mit schrillen, sondern mit (aus)leuchtenden Farben. Und man sollte aber auch die Lage nicht unnötig dramatisieren oder es damit gut sein lassen, die Verbreiter von Fake-News einfach der Lächerlichkeit und Unzeitgemäßheit preiszugeben:

> »Einerseits kommt es von den Eliten, von renommierten Wissenschaft-lern und Politikern. Einige von ihnen erklären die Gegenwart zum ›postfaktischen‹ Zeitalter. Sie behaupten also, wir hätten bis vor Kurzem

in einer Epoche gelebt, in der sich die Bürger anhand von Fakten ihre Meinung bildeten. Und jetzt sei die Zeit gekommen, in der Tatsachen niemanden mehr interessierten. Meinungen kämen stattdessen aufgrund von Emotionen und Lügen zustande. Diese verkürzte Darstellung der Wirklichkeit ist nicht nur arrogant, sondern zeigt, dass viele von denjenigen, die einst Deutungshoheit über das Weltgeschehen hatten, mit der neuen Niederschwelligkeit des Internets nicht zurechtkommen« (Winkler 2017, S. 121).

Was bleibt, sind das Bemühen um eine epistemologische Bescheidenheit im Diskurs und das Bewusstsein, dass wir nicht automatisch »richtig« liegen mit dem, was uns berechtigt erscheint. Dazu müssen wir uns von den in sich kreisenden Debatten lösen und mutige Schritte eines frischen Umgangs mit den Fakten üben. Gleichzeitig gilt es, die eigenen Fähigkeiten einer spürenden Vernunft in den Themenbereichen zu stärken, in denen das faktisch Wirksame der Beobachtung nicht leicht zugänglich ist, aber gleichwohl das Denken, Fühlen und Handeln der Akteure prägt. Wissenschaftliches Beobachten und Forschen wandeln sich dabei in eine kontextverbundene Bewegung, die über die Vielfalt der Bedeutungen Bescheid weiß, aber auch verstanden hat, dass Wahrheit vielfach eine regionale Größe ist, die von lebensweltlicher Vielfalt und biografischer Logik in stärkerem Maße geprägt ist als von »objektiven« Bedingungen im Außen. Mit diesem Hinweis wird keineswegs die bisweilen nötigende Kraft gesellschaftlicher Bedingungen und Möglichkeiten bestritten, es wird lediglich daran erinnert, dass auch deren faktische Bedeutung von dem getragen wird, was die Akteure in ihr sehen können.

Deshalb ist es m. E. weiterführend, wenn man der Konstruktion der Sinnwelten unterschiedlicher Lebenswelten nachspürt, um diese Vielfalt sozialer Welten angemessen in ihren Sinnbezügen für die Akteure zu erfassen. Dabei erweitert sich das Modell der »5 K« (Tab. 1, S. 35) um ein weiteres »K«: das »K« von »Konstruktivität«. Konstruktivität verweist auf die Notwendigkeit einer Beobachtung zweiter Ordnung, bei der die Beobachter auch lernen, ihre eigene Form der Beobachtung zu beobachten, um letztlich zu begreifen, in welcher Weise die Fakten, die sie in den Blick nehmen, Ergebnis der Beobachtungsroutinen sind, mit denen sie erfahrungsgemäß – oder bevorzugt – zu Werke gehen, wenn sie Zusammenhänge beobachten, die Ergebnisse dieser Beobachtung auf den Begriff bringen und zu Beurteilungen oder gar Schlussfolgerungen gelangen. Im Kern handelt es sich dabei um eine Beobachtungstheorie, die der eigenen Beobachtung systematisch misstraut. Die Beobachtung wird dabei zur Selbstbeobachtung, und die Kritik bleibt in ihrem Kern Selbstkritik.

Literatur

Adorno, T. W. (2002): Ontologie und Dialektik. Frankfurt a. M. (Suhrkamp).

Alheim, K. (2016): Kritik, Aufklärung, politische Intervention. Gesammelte Aufsätze zur Erwachsenenbildung. Ulm (Klemm & Öhlschläger).

Amstutz, M. u. A. Fischer-Lescano (2013): Einleitung. In:M. Amstutz u. A. Fischer-Lescano (Hrsg.): Kritische Systemtheorie. Zur Evolution einer normativen Theorie. Bielefeld (Transcript), S. 7–10.

Apel, K.-O. (1991): Wittgenstein und Heidegger: Kritische Wiederholung und Ergänzung eines Vergleichs. In: K.-O. Apel et al.: »Der Löwe spricht ... und wir können ihn nicht verstehen.« (Ein Symposon an der Universität Frankfurt anlässlich des hundertsten Geburtstages von Ludwig Wittgenstein). Frankfurt a. M. (Suhrkamp), S. 27–68.

Arnold, R. (o. J.): Was ist systemische Forschung? Verfügbar unter: https://systemisch-forschen.de/systemisch-forschen/ [18.10.2017].

Arnold, R. (2002): Wann ist der Mann ein Mann? Die doppelt gebrochene emotionale Identität des Mannes. *PÄD Forum: unterrichten erziehen* 30 (4): 269–271.

Arnold, R. (2005): Die emotionale Konstruktion der Wirklichkeit. Beiträge zu einer emotionspädagogischen Erwachsenenbildung. Baltmannsweiler (Schneider).

Arnold, R. (2011): Irritationslernen – eine systemische Strategie des Capacity-building. In: R. Arnold (Hrsg.): Veränderung durch Selbstveränderung. Impulse für das Changemanagement. Baltmannsweiler (Schneider), S. 159–170.

Arnold, R. (2012a): Ermöglichung. Texte zur Kompetenzreifung. Baltsmannsweiler (Schneider).

Arnold, R. (2012b): Evidenz oder Emergenz? Gegenrede: Zum erkenntnistheoretischen Rückfall einer evidenzbasierten Bildungsforschung. *Weiterbildung* 4: 24–27.

Arnold, R. (2012c): Seit wann haben Sie das? Grundlinien eines Emotionalen Konstruktivismus. Heidelberg (Carl-Auer), 2., unveränd. Aufl.

Arnold, R. (2012d): Systemische Bildungsforschung – Anmerkungen zur erziehungswissenschaftlichen Erzeugung von Veränderungswissen. In: M. Ochs u. J. Schweitzer (Hrsg.): Handbuch Forschung für Systemiker. Göttingen (Vandenhoeck & Ruprecht), S. 123–136.

Arnold, R. (2013a): Selbstbildung. Oder: Wer kann ich werden und, wenn ja, wie? Baltmannsweiler (Schneider), 2. korr. Aufl.

Arnold, R. (2013b): Systemische Erwachsenenbildung. Die transformierende Kraft des begleiteten Selbstlernens. Baltmannsweiler (Schneider).

Arnold, R. (2014): Begriffe sind Fenster. Systemische Pädagogik von A bis Z. Antworten, Algorithmen und Akronyme. Baltmannsweiler (Schneider).

Arnold, R. (2016a): Erziehung durch Beziehung. Plädoyer für einen Unterschied. Bern (Hep).

Arnold, R. (2016b): Wie man wird, wer man sein kann. 29 Regeln zur Persönlichkeitsbildung. Heidelberg (Carl-Auer).

Arnold, R. (2016c): Wie man liebt, ohne (sich) zu verlieren. 29 Regeln für eine kluge Beziehungsgestaltung. Heidelberg (Carl-Auer), 2. Aufl.

Arnold, R. (2017a): Entlehrt Euch! Wege aus dem Vollständigkeitswahn. Bern (Hep).

Arnold, R. (2017b): Es ist später, als du denkst! Perspektiven für die Restbiografie. Bern (Hep).

Arnold, R. (2017c): Traditionalismus, Grobgranularität und Wirkungsvergessenheit – Anmerkungen zur Konvergenz zwischen ökonomischer und pädagogischer Vernunft in der Betrieblichen Weiterbildung. *Hessische Blätter für Volksbildung* 3: 207–214.

Arnold, R. (2017d): Vom Verstehen zur Veränderung. Grundlinien einer Systemischen Hermeneutik. In: R. Arnold u. W. Neuser (Hrsg.): Beobachtung des Wissens – Das Wissen des Beobachters. Annäherung an eine Systemische Hermeneutik. Baltmannsweiler (Schneider), S. 13–27.

Arnold, R. u. J. Erpenbeck (2014): Wissen ist keine Kompetenz. Texte zur Kompetenzreifung. Baltmannsweiler (Schneider).

Arnold, R. u. H.-J. Müller (Hrsg.) (2005): Kompetenzentwicklung durch Schlüsselqualifizierung. Baltmannsweiler (Schneider), 2. Aufl.

Arnold, R. u. W. Neuser (Hrsg.) (2017): Beobachtung des Wissens – Das Wissen des Beobachters. Annäherungen an eine systemische Hermeneutik. Baltmannsweiler (Scheider).

Arnold, R. y D. Nittel (2015): Del déficit tecnológico a la autotecnología? In: F. J. Henandez y. A. Villar (eds.): Educación y biografías. Perspectivas pedagógicas y sociológicas actuales. Barcelona (UOC), p. 211–238.

Arnold, R. u. H. Siebert (2006): Konstruktivistische Erwachsenenbildung. Von der Deutung zur Konstruktion von Wirklichkeit. Baltmannsweiler (Schneider), 4. Aufl.

Arnold, R., P. Gonon u. H.-J. Müller. (2016): Einführung in die Berufspädagogik. Opladen (Barbara Budrich), 2. Aufl.

Arnold, R., E. Nuissl u. M. Rohs (2017): Erwachsenenbildung. Baltmannsweiler (Schneider).

Arnold, R., J. Kade, S. Nolda u. I. Schüßler (Hrsg.) (1998): Lehren und Lernen im Modus der Auslegung. Erwachsenenbildung zwischen Wissensvermittlung, Deutungslernen und Aneignung. Baltmannsweiler (Schneider).

Baecker, D. (2013): Beobachter unter sich. Eine Kulturtheorie. Frankfurt a.M. (Suhrkamp).

Banaji, M. R. u. a. G. Greenwald (2015): Vor-Urteile. Wie unser Verhalten unbewusst gesteuert wird und was wir dagegen tun können. München (DTV).

Bateson, G. (1977): The thing of it is. In: M. Katz, W. P. Marsh a. G. G. Thompson (eds.): Explorations of planetary culture at the Lindisfarne Conferences: Earth's answer. New York (Harper & Row).

Baumann, Z. (2005): Verworfenes Leben. Die Ausgegrenzten der Moderne. Bonn (Hamburger Edition).

Beyer, W. R. (1971): Die Sünden der Frankfurter Schule. Ein Beitrag zur Kritik der »Kritischen Theorie«. Frankfurt a. M. (Akademie).

Binneberg, K. (2010): Pädagogische Sprache und pädagogische Begriffe. Frankfurt a. M. (Peter Lang).

Blog Daochan [Blog-Betreiber: C. Orth] (2012): Die Illusion des Buddhas – ist das Leben real? Verfügbar unter: https://kujiin.wordpress.com/2012/06/10/die-illusion-des-buddhas-ist-das-leben-real/ [1.1.2018].

Bohm, D. (2011): Der Dialog. Das offene Gespräch am Ende der Diskussionen. Stuttgart (Klett-Cotta).

Bortz, J. (1989): Statistik für Sozialwissenschaftler. Berlin (Springer), 3. Aufl.

Bourdieu, P. (1974): Zur Soziologie der symbolischen Formen. Frankfurt a. M. (Suhrkamp).

Bourdieu, P. (1992): Homo academicus. Frankfurt a. M. (Suhrkamp).

Brinkbäumer, K. (2017): SPIEGEL-Zeiten. Augsteins Auftrag, unser Erbe: Worum es damals ging, worum es heute geht. *DER SPIEGEL* (1): 12.

Broch, H. (1986): Das dichterische Werk. Kommentierte Werkausgabe. (Hrsg. von P. M. Lützeler.) Teil 1: Bände 1–8. Frankfurt a. M. (Suhrkamp), 4. Aufl.

Radcliffe-Brown, A. R., E. E. Evans-Pritchard a. F. Egan (1952): Structure and function in primitive society. Essays and addresses. London (Cohen and West).

Brügelmann, H. (2011): Pisa macht die Schulen nicht besser. Der internationale Leistungsvergleich hat Schwächen des Schulsystems offengelegt. Doch den Lehrern hilft er nicht. *DIE ZEIT* Nr. 3, 13.1.2011.: Auch verfügbar unter: www.zeit.de/2011/03/C-Pisa-Kritik [18.10.2017].

Bude, H. (2016): Das Gefühl der Welt. Über die Macht von Stimmungen. München (Carl Hanser), 2. Aufl.

Burow, O. F. (2016): Creative Collaboration: Schlüsselkompetenz für LehrerInnen und SchülerInnen im Digitalen Zeitalter. *Journal für Lehrerbildung* 1: 7–16.

Burow, O. F. u. C. Gallenkamp (Hrsg.) (2017): Bildung 2030. Sieben Trends, die die Schule revolutionieren. Weinheim (Beltz).

Buskotte, F.-J. (2004): Der Stellenwert von Zeit, Gedächtnis und Geschichtswissenschaft in der Systemtheorie. In: F. Becker (Hrsg.): Geschichte und Systemtheorie. Exemplarische Fallstudien. Frankfurt a. M. (Campus), S. 76–107.

Capra, F. (1988): Das Tao der Physik. Die Konvergenz von westlicher und östlicher Philosophie. Bern/München/Wien (Scherz), 10. Aufl.

Cassirer, E. (1995): Nachgelassene Manuskripte und Texte. Bd. 1: Zur Metaphysik der symbolischen Formen. (Hrsg. von O. Schwemmer u. J. M. Krois.) Hamburg (Felix Meiner).

Chamberland, M. (2016): Von Eins bis Neun. Große Wunder hinter kleinen Zahlen – Über 100 mathematische Exkursionen für Neugierige und Genießer. Heidelberg/Berlin (Springer).

Christensen, C. M. (2011): The Innovator's Dilemma. Warum etablierte Unternehmen den Wettbewerb um bahnbrechende Innovationen verlieren. München (Vahlen).

Conein, S., J. Schrader u. M. Stadler (Hrsg.) (2004): Erwachsenenbildung und die Popularisierung von Wissenschaft. Probleme und Perspektiven bei der Vermittlung von Mathematik, Naturwissenschaft und Technik. Bielefeld (Bertelsmann).

Crouch, C. (2008): Postdemokratie. Frankfurt a. M. (Suhrkamp).

Damasio, A. R. (2000): Ich fühle, also bin ich: Die Entschlüsselung des Bewusstseins. München (List).

Damasio, A. R. (2006): Descartes' Irrtum. Fühlen, Denken und das menschliche Gehirn. München (List), 3. Aufl.

Dauth, W., S. Findeisen a. J. Südekum (2017): Trade and manufactoring jobs in Germany. *American Economics Review* 107 (5): 337–342.

Day, L. (1998): PI – Praktische Intuition. Der sechste Sinn in Liebe, Partnerschaft und Beruf. München (DTV), 4. Aufl.

de Shazer, S. (2006): Das Spiel mit Unterschieden. Wie therapeutische Lösungen lösen. Heidelberg (Carl-Auer), 5. Aufl.; 6. Aufl. 2009.

de Shazer, S. (2012): Worte waren ursprünglich Zauber: Von der Problemsprache zur Lösungssprache. Heidelberg (Carl-Auer), 4. Aufl. 2017.

Delors, J. (1996): Learning: The treasure within. Paris (Unesco).

Denning,, S. (2005): The leader's guide to storytelling. Mastering the art and discipline of business narrative. San Francisco (Jossey-Bass).

Depraz, N., F. Varela a. P. Vermersch (2002): On becoming aware. A pragmatics of experience. Amsterdam (John Benjamins).

Detel, W. (2002): Der Sozialkonstruktivismus und die Wissenschaftsgeschichtsschreibung des 17. Jahrhunderts. In: C. Zittel (Hrsg.): Wissen und soziale Konstruktion. Berlin (Akademie), S. 67–86.

Dörner, D. (1989): Die Logik des Misslingens. Strategisches Denken in komplexen Situationen. Reinbek bei Hamburg (Rowohlt), 10. Aufl.

Drieschner, E. (2012): Verstehen. In: J. V. Wirth u. H. Kleve (Hrsg.): Lexikon des systemischen Arbeitens. Grundbegriffe der systemischen Praxis, Methodik und Theorie. Heidelberg (Carl-Auer), S. 444–447.

Dubiel, H. (1985): Das Gespenst des Populismus. *Merkur* 39 (438): 639–651.

Eder, K. (1998): Gibt es Regenmacher? Vom Nutzen des Konstruktivismus in der soziologischen Analyse der Natur. In: K.-W. Brand (Hrsg.): Soziologie und Natur. Theoretische Perspektiven. Wiesbaden (Leske + Budrich), S. 97–116.

Eisler, R. (1904): Mechanisierung des Bewußtseins. In: R. Eisler: Wörterbuch der philosophischen Begriffe. Berlin (Mittler & Sohn), passim; und siehe einschlägige alphabetische Stichwörter.

Elias, N. (1978): What is sociology? New York (Columbia University Press).

Emirbayer, M. (1997): Manifesto for a relational sociology. *The American Journal of Sociology* 103 (2): 281–317.

Eribon, D. (2016): Rückkehr nach Reims. Berlin (Suhrkamp).

Erpenbeck, J. u. W. Sauter (2016): Stoppt die Kompetenzkatastrophe. Wege in eine neue Bildungswelt. Wiesbaden (Springer).

Feller, A. (2003): Muster, die verbinden. Die Subjektive Didaktik im Kontext der Ökosophie. Heidelberg (Carl-Auer).

Feyerabend, P. K. (1998): Die Torheit der Philosophen. Dialoge über Erkenntnis. Frankfurt a. M. (Fischer).

Foerster, H. von (1985): Sicht und Einsicht. Versuche einer operativen Erkenntnistheorie. Braunschweig (Vieweg).

Foerster, H. von u. E. von Glasersfeld (2010): Wie wir uns erfinden. Eine Autobiographie des radikalen Konstruktivismus. Heidelberg (Carl-Auer).

Foerster, H. von, N. Luhmann, B. Schmid, H. Stierlin u. G. Weber (1988): Diskussion des Fallbeispiels. In: F. B. Simon (Hrsg.): Lebende Systeme. Wirklichkeitskonstruktionen in der systemischen Therapie. Berlin/ Heidelberg (Springer), S. 110–125.

Foucault, M. (1976): Überwachen und Strafen. Die Geburt des Gefängnisses. Frankfurt a. M. (Suhrkamp).

Foucault, M. (1991): Die Ordnung des Diskurses. Frankfurt a. M. (Suhrkamp).

Foucault, M. (2009): Die Regierung des Selbst und der andere. Frankfurt a. M. (Suhrkamp).

Foucault, M. (2010): Der Mut zur Wahrheit. Die Regierung des Selbst und der anderen II. (Vorlesungen am Collège de France 1983/84.) Berlin (Suhrkamp).

Frizell, S., Z. J. Miller, P. Rebala a. C. Wilson (2017): Can Trump handle the truth? *Time magazine* 3: 20–27.

Fürstenau, P. (1992): Entwicklungsförderung durch Therapie. Grundlagen psychoanalytisch-systemischer Psychotherapie. München (Pfeiffer).

Gadamer, H.-G. (1980): Rhetorik, Hermeneutik und Ideologiekritik. In: K.-O. Apel et al.: Hermeneutik und Ideologiekritik. Frankfurt a. M. (Suhrkamp), S. 57–82.

Glasersfeld, E. von (1992): Konstruktion der Wirklichkeit und der Begriff der Objektivität. In: H. Gumin u. H. Meier (Hrsg.): Einführung in den Konstruktivismus. München (Piper), 5. Aufl, S. 12–20.

Glasersfeld, E. von (1997): Radikaler Konstruktivismus. Frankfurt a. M. (Suhrkamp).

Gretic, G. (2001): Einige Aspekte der Spätphilosophie Husserls. In: W. Kuhlmann (Hrsg.): Anknüpfen an Kant. Konzeptionen der Transzendentalphilosophie. Würzburg (Königshausen und Neumann), S. 37–49.

Groeben, N. (2017): Außenseiter. Fluch und Segen des Anders-Seins. *Forschung & Lehre* 7: 594–595.

Habermas, J. (1971): Strukturwandel der Öffentlichkeit. Neuwied/Berlin (Luchterhand), 5. Aufl.

Habermas, J. (1977): Erkenntnis und Interesse. Frankfurt a. M. (Suhrkamp), 4. Aufl.

Habermas, J. (2004): Öffentlicher Raum und politische Öffentlichkeit. Lebensgeschichtliche Wurzeln zweier Gedankenmotive. *Neue Zürcher Zeitung*, 11./12.12.2004, S. 48.

Habermas, J. (2014): Faktizität und Geltung. Beiträge zur Diskurstheorie des Rechts und des demokratischen Rechtsstaats. Frankfurt a. M. (Suhrkamp), 5. Aufl.

Han, B.-C. (2016): Die Austreibung des Anderen. Gesellschaft, Wahrnehmung und Kommunikation heute. Frankfurt a. M. (Suhrkamp).

Hartleb, F. (2017): Die Stunde der Populisten. Wie sich unsere Politik trumpetisiert und was wir dagegen tun können. Schwalbach (Wochenschau).

Hayek, F. A. von (2007): Die »Tatsachen« der Sozialwissenschaften. [1942.] In: F. A. von Hayek: Wirtschaftstheorie und Wissen. Aufsätze zur Erkenntnis- und Wirtschaftslehre. (Abt. A, Bd. 1 der Gesammelten Schriften in deutscher Sprache.) Tübingen (Mohr), S. 159–177.

Hecker, S. (1997): Kommunikation in ökologischen Unternehmenskrisen: Der Fall Shell und Brent Spar. Wiesbaden (Deutscher Universitätsverlag).

Heinerth, K. (1998): Können Computer Bewusstsein entwickeln? Verfügbar unter: www.heinerth.de/Computerbew.htm [18.10.2017].

Heisenberg, W. (1955): Das Naturbild der heutigen Physik. Reinbek bei Hamburg (Rowohlt).

Heisenberg, W. (1973): Der Teil und das Ganze. Gespräche im Umkreis der Atomphysik (1920/21). München (DTV).

Heller, K. D. (1964): Ernst Mach – Wegbereiter der modernen Physik mit ausgewählten Kapiteln aus seinem Werk. Wien/New York (Springer).

Henningsen, J. (1960): Die Neue Richtung in der Weimarer Zeit. Dokumente und Texte von Erdberg, Flitner, Hofmann, Rosenstock-Hussey. Stuttgart (Klett).

Herzog, W. (2003): Zwischen Gesetz und Fall. Mutmaßungen über Typologien als pädagogische Wissensform. *Zeitschrift für Pädagogik* 49 (3): 383–399.

Heydorn, H.-J. (1972): Zu einer Neufassung des Bildungsbegriffs. Frankfurt a. M. (Suhrkamp)

Hirschauer, S. (2004): Peer Review Verfahren auf dem Prüfstand. Zum Soziologiedefizit der Wissenschaftsevaluation. *Zeitschrift für Soziologie* 33 (1): 62–83.

Hirschauer, S. (2005): Publizierte Fachurteile. Lektüre und Bewertungspraxis im Peer Review. *Soziale Systeme. Zeitschrift für Soziologische Theorie* 11 (1): 52–82.

Hogh, P. u. S. Deines (2016): Sprache und Kritische Theorie. Zur Einleitung. Frankfurt a. M. (Campus), S. 9–28.

Holzer, D. (2009): Kritisch-emanzipatorische Erwachsenenbildung: Totgesagt und doch lebendig? *Magazin erwachsenenbildung.at. Das Fachmedium für Forschung, Praxis und Diskurs* (7/8): 2–10.

Holzkamp, K. (1993): Lernen. Ein subjektwissenschaftlicher Ansatz. Stuttgart (Klett-Cotta).

Höppner, G. (2006): Heilt Demut, wo Schicksal wirkt? Evaluationsstudie zu Effekten des Familien-Stellens nach Bert Hellinger. Heidelberg (Carl-Auer).

Husserl, E. u. W. Biemel (1962): Die Krisis der europäischen Wissenschaften und die transzendentale Phänomenologie. (Husserliana VI.) Den Haag (Nijhoff).

Hüther, G. (2008): Die Macht der inneren Bilder. Wie Visionen das Gehirn, den Menschen und die Welt verändern Göttingen (Vandenhoeck & Ruprecht).

Hüther, G. (2016): Mit Freude lernen – ein Leben lang. Weshalb wir ein neues Verständnis vom Lernen brauchen. Göttingen (Vanderhoeck & Ruprecht).

Ioannidis, J. P. A. (2005): Contradicted and initially stronger effects in highly cited clinical research. *Journal of the American Medical Association* 294: 218–228.

Iser, M. (2008): Empörung und Fortschritt. Grundlagen einer kritischen Theorie der Gesellschaft. Frankfurt a. M. (Campus).

Jackson, T. (2011): Kodak fell victim to disruptive technology. Verfügbar unter: https://www.ft.com/content/f49cb408-ecd8-11e0-be97-00144feab49a [DATUM].

Jellouschek, H. (1991): Im Irrgarten der Liebe. Dreiecksbeziehungen und andere Paarkonflikte. Zürich (Kreuz).

Jörke, D. (2011): Bürgerbeteiligung in der Postdemokratie. *Aus Politik und Zeitgeschichte* 1/2: 1–7.

Kade, J. (1993): Was ist aus der Theorie emanzipatorischer Erwachsenenbildung geworden? *Grundlagen der Weiterbildung* 4 (4): 233–236.

Kant, I. (1784): Beantwortung der Frage: Was ist Aufklärung? *Berlinische Monatsschrift* 4 (12): 481–494.

Kara, S. (2017): Kann das stimmen? Von Statistiken, Umfragen und Hochrechnungen lassen wir uns leicht beeindrucken – So erkennen Sie die Tricks der Täuscher. *DIE ZEIT* Nr. 18, 27.4.2017, S. 33–35.

Karafilidis, A. (2016): Unmittelbares Handeln und die Sensometorik der Situation. Über Francisco Varela, Ethical Know-how (1992). In: D. Baecker (Hrsg.): Schlüsselwerke der Systemtheorie. Wiesbaden (Springer), 2. Aufl., S. 223–254.

Kenny, A. (Hrsg.) (1996): Wittgenstein. Ein Reader. Stuttgart (Reclam).

Keys, R. (2004): The post-truth era. Dishonesty and deception in contemporary life. New York (St. Martin's).

Klieme, E. u. M. Prenzel (2011): Doch, Pisa hilft den Schulen. Eine Replik auf die Kritik Hans Brügelmanns an der Pisa-Studie. *DIE ZEIT* Nr. 05, 27.1.2011. Auch verfügbar unter: www.zeit.de/2011/05/C-Pisa-Replik [18.10.2017].

Klippert, H. (1994): Methodentraining. Übungsbausteine für den Unterricht. Weinheim/Basel (Beltz).

Kneer, G. u. A. Nassehi (1991): Verstehen des Verstehens. Eine systemtheoretische Revision der Hermeneutik. *Zeitschrift für Soziologie* 20 (5): 341–356.

Knöbel, W. (2017): Und täglich grüßt der Populismus. *Frankfurter Allgemeine Zeitung*, 26.6.2017.

Knorr Cetina, K. (1984): Die Fabrikation von Erkenntnis. Zur Anthropologie der Naturwissenschaften. Frankfurt a. M. (Suhrkamp).

Knorr Cetina, K. u. W. Reichmann (2015): Professional Epistemic Cultures. In: I. Langemeyer, M. Fischer u. M. Pfadenhauer (Hrsg.): Epistemic and Learning Cultures. Wohin sich Universitäten entwickeln. Weinheim (Beltz), S. 18–33.

Köhler-Ludescher, A. (2014): Paul Watzlawick. Die Biografie. Bern (Huber).

Kohlhauser, M. u. F. Assländer (2005): Organisationsaufstellungen evaluiert. Studie zur Wirksamkeit von Systemaufstellungen in Management und Beratung. Heidelberg (Carl-Auer).

Koncsik, I. (2011): Synergetische Systemtheorie. Ein hermeneutischer Schlüssel zum Verständnis der Wirklichkeit. Berlin (LIT).

Kreszmeier, A. H. (1994): Das Schiff Noah. Dokumente einer therapeutischen Reise. Graz (Bibliothek der Provinz).

Kucklick, C. (2014): Die granulare Gesellschaft: Wie das Digitale unsere Wirklichkeit auflöst. München (Ullstein).

Kuhn, T. (1976): Die Struktur wissenschaftlicher Revolutionen. Frankfurt a. M. (Suhrkamp).

Kurzweil, R. (2005): The singularity is near. When humans transcendend biology. New York (Viking).

Ladwig, B. (2017): Mein Wort zum Feyerabend. Wissenschaftstheorie in postfaktischen Zeiten. *Forschung und Lehre* 5 (17): 423.

Langemeyer, I., M. Fischer u. M. Pfadenhauer (Hrsg.) (2015): Epistemic and Learning Cultures. Wohin sich Universitäten entwickeln. Weinheim (Beltz).

Langner, I., F. Schulz von Thun u. R. Tausch (2015): Sich verständlich ausdrücken. München (Reinhardt), 10 Aufl.

LeDoux, J. (2002): Synaptic self: How our brains become who we are. London (Penguin).

Lenzen, D. (1997): Lösen die Begriffe Selbstorganisation, Autopoiesis und Emergenz den Bildungsbegriff ab? (Niklas Luhmann zum 70. Geburtstag.) Zeitschrift für Pädagogik 43 (6): 949–968.

Liessmann, K. P. (2016): Geisterstunde. Die Praxis der Unbildung. Eine Streitschrift. München (Zsolnay).

Locke, J. (2016 [1690]): Versuch über den menschlichen Verstand. Buch 2. Norderstedt (BoD – Books on Demand).

Löffler, W. (2014): Brüchige Demarkationslinien. In: C. Trapp u. C. Breitsamer (Hrsg.): Theologie und Naturwissenschaft. Berlin u. a. (o. V.), S. 95–122.

Lohmann, G. (2013): Editorial. In: G. Lohmann et al. (Hrsg.): Menschenrechte und Kritik. Zeitschrift für Menschenrechte und Kritik: 5–8.

Lüdke, U. (2008): Henne oder Ei? Die Beziehung von Sprache, Kognition und Emotion. diskurs 12 (3): 22–29.

Ludwig, C. (2013): Kritische Theorie und Kapitalismus. Die jüngere Kritische Theorie auf dem Weg zu einer Gesellschaftstheorie. Wiesbaden (Springer).

Lueken, G.-L. (1997): Inkommensurabilität, radikale Interpretation und das principle of charity. In: G. Meggle a. A. Mundt (eds.): Analyomen 2. Proceedings of the 2nd conference »Perspectives in Analytic Philosophy«. Vol. III: Philosophy of mind. Practical philosophy. Miscellanea. Berlin/New York (De Gruyter), S. 500–509.

Luhmann, N. (1997a): Die Gesellschaft der Gesellschaft. Bd. 1. Frankfurt a. M. (Suhrkamp).

Luhmann, N. (1997b): Die Gesellschaft der Gesellschaft. Bd. 2. Frankfurt a. M. (Suhrkamp).

Luhmann, N. (1982): Liebe als Passion. Zur Codierung von Intimität. Frankfurt a. M. (Suhrkamp).

Luhmann, N. (1986): Systeme verstehen Systeme. In: N. Luhmann u. K. E. Schorr (Hrsg.): Zwischen Intransparenz und Verstehen. Frankfurt a. M. (Suhrkamp), S. 72–117.

Luhmann, N. (2002): Das Erziehungssystem der Gesellschaft. (Hrsg. v. D. Lenzen.) Frankfurt a. M. (Suhrkamp).

Luhmann, N. (2008): Ideenrevolution. Beiträge zur Wissenssoziologie. (Hrsg. von A. Kieserling.) Frankfurt a. M. (Suhrkamp).

Luhmann, N. u. K.-E. Schorr (1979): Reflexionsprobleme im Erziehungssystem. Stuttgart (Klett-Cotta).

Luhmann, N., H. Maturana, M. Namiki, V. Redderu. F. Varela (1990): Beobachter. Konvergenz der Erkenntnistheorien? München (Fink).

Lutz-Bachmann, M. (2003): Zeitkern der Theorie und Zeitkritik. Zur zeit-gemäßem Unzeitgemäßheit der Kritischen Theorie. In: S. Speer(Hrsg.): Anachronismen. (Tagung des Engener Kreises der Allgemeinen Gesell-schaft für Philosophie in Deutschland – AGPD – vom 3. bis 6. Oktober 2001 in der Würzburger Residenz.) Würzburg (Könighausen & Neu-mann), S. 171–178.

Mach, E. (2015): Erkenntnis und Irrtum. Skizzen zur Psychologie der For-schung. Villingen-Schwenningen (Nexx).

Mahler-Görges, G. (1989/1990): Die Frage der Ganzheit im Spannungsfeld zwischen Naturwissenschaft und Mystik. Ein Kommentar zu Capras Deutung von moderner Physik und östlicher Philosophie. Philosophi-sche Fakultät I der Universität Zürich (Lizentiatsarbeit). Verfügbar unter: http://www.reality.org.uk/Articles/Article7/Capra.pdf [18.10.2017.

Mahr, A. (Hrsg.) (2003): Wissende Felder: Systemaufstellungen in der Friedens- und Versöhnungsarbeit. Heidelberg (Carl-Auer).

Mann, A. (1948): Denkendes Volk, volkhaftes Denken. Braunschweig (Wes-termann).

Marinic, J. (2016): Radikal hoffen. *Süddeutsche Zeitung*, 18.11. 2016. Auch verfügbar unter: http://www.sueddeutsche.de/politik/kolumne-radikal-hoffen-1.3255987 [2.1.1928].

Maturana, H. (1982): Erkennen: Die Organisation und Verkörperung von Wirklichkeit. Braunschweig (Vieweg).

Maturana, H. (2001): Was ist erkennen? Die Welt entsteht im Auge des Be-trachters. München (Goldmann).

Maturana, H. u. F. Varela (1987): Der Baum der Erkenntnis. Bern (Scherz), 3. Aufl.

Maturana, H., V. Riegas u. C. Vetter (1990): Ein Gespräch mit Humberto Maturana. In: V. Riegas u. C. Vetter (Hrsg.): Zur Biologie der Kognition. Frankfurt a. M. (Suhrkamp), S. 11–90.

Mau, S. (2017): Das metrische Wir. Über die Quantifizierung des Sozialen. Frankfurt a. M. (Shrukamp).

Meier-Seethaler, C. (1983): Gefühl und Urteilskraft. Ein Plädoyer für die emotionale Vernunft. München (Ravensburger).

Metzinger, T. (2009): Eine neue Philosophie des Selbst: Von der Hirnfor-schung zur Bewusstseinsethik. Berlin (Berlin), 7. Aufl.

Miklós, T. (2016): Der kalte Dämon. Versuche zur Domestizierung des Wissens. München (C. H. Beck).

Moldaschl, M. (2000): Reflexivität. Zur Bestimmung und Anwendung der Kategorie in Organisationsforschung, Beratung und Gestaltung. (Arbeitspapiere Nr. 3.) München (Lehrstuhl für Soziologie der TU-Mün-chen.) Verfügbar unter: https://www.tu-chemnitz.de/wirtschaft/bwl9/forschung/fprojekte/reflex/instReflex/ergebnisse/download/MM_Ref-lexivitaet_TUM_2000.pdf [2.1.2018].

Moynihan, D. P. (ed.) (1969): On understanding powerty: Perspectives from the social sciences. New York (Basic Books).

Müller, A. (1999): Nachhaltiges Lernen. Oder: Was Schule mit Abnehmen zu tun hat. Beatenberg (Hep).

Müller, H.-J. (2011): Devereux revisited – Anmerkungen zur Beobachtertheorie der empirischen Verhaltensforschung. In: R. Arnold (Hrsg.): Veränderung durch Selbstveränderung. Baltmannsweiler (Schneider), S. 171–190.

Müller-Doohm, S. (2014): Jürgen Habermas. Eine Biographie. Frankfurt a. M. (Suhrkamp).

Nachmanovitch, S. (o. J.): Gregory Bateson. Ein Porträt des englischen Anthropologen, Denkers, Sehers. Verfügbar unter: http://www.danrichter.de/improblog/Nachmanovitch-GregoryBateson-German.pdf [16.10.2017].

Nachtwey, O. (2016): Die Abstiegsgesellschaft. Über das Aufbegehren in der regressiven Moderne. Frankfurt a. M. (Suhrkamp).

Nassehi, A. (2017): Zu Fakten gibt es oft eine Alternative. *Frankfurter Allgemeine Zeitung*, 28.6.2017.

Neukamm, M. (2009): Der ontologische Naturalismus ist keine Ideologie, sondern die Nullhypothese der Naturwissenschaften. Eine Replik auf den Ideologie-Vorwurf des Philosophen C. Kummer. *Aufklärung und Kritik* 1: 94–109.

Noack, W. (2016): Ethische Grundlagen der Sozialen Arbeit. Berlin (Frank & Timme).

Nöthlich, R., O. Breidbach u. U. Hoßfeld (2005): »Was ist Natur?« Einige Aspekte zur Wissenschaftspopularisierung in Deutschland. In: M. Steinbach u. S. Gerber (Hrsg.): »Klassische Universität« und »akademische Provinz«: Die Universität Jena von der Mitte des 19. bis in die 30er Jahre des 20. Jahrhunderts. Jena (Bussert & Stadeler), S. 239–250. Verfügbar unter: www.biodidaktik.uni-jena.de/imndipmedia/Publikationen+UH/Noethlich_Rosemarie_Breidbach_Hossfeld_2005_Was_ist_Natur__Einige_Aspekte_zur_Wissenschaftspopularisierung_in_Deutschland_Steinbach_Gerber_Klassische_Universitaet_und_akademische_Provinz_239_240-p-136.pdf [16.10.2017].

Nuissl, E. (2017): Der Nutzen von Datenerhebungen (Interview). *Weiterbildung* 4: 6–8.

Nüse, R. (1995): Über die Erfindungen des Radikalen Konstruktivismus. Kritische Gegenargumente aus psychologischer Sicht. Weinheim (Deutscher Studien Verlag), 2. überarb. u. erw. Aufl.

Oevermann, U. (1996): Konzeptionalisierung von Anwendungsmöglichkeiten und praktischen Arbeitsfeldern der objektiven Hermeneutik. (Manifest der objektiv-hermeneutischen Sozialforschung.) Verfügbar unter: http://www.objektivehermeneutik.de > »Manifest ...« [2.1.2018].

Oevermann, U. (2002): Klinische Soziologie auf der Basis der Methodologie der objektiven Hermeneutik – Manifest der objektiv hermeneutischen

Sozialforschung. Verfügbar unter: https://www.ihsk.de/publikationen/ Ulrich_Oevermann-Manifest_der_objektiv_hermeneutischen_Sozialforschung.pdf [16.10.2017].

Pearl, J. (2009): Causality. Models, reasoning, and inference. Cambridge (Cambridge University Press), 2. ed.

Peglau, A. (2017): Rechtsruck im 21. Jahrhundert. Wilhelm Reichs Massenpsychologie des Faschismus als Erklärungsansatz. Berlin (Nora).

Peters, D. P a. S. J. Ceci (1982): Peer review practices of psychological journals: The fate of published articles, submitted again. *Behavioral and Brain Science* 5: 187–195.

Pfeiffer, T. (2001): Das »zirkuläre Fragen« als Forschungsmethode zur Luhmannschen Systemtheorie. Heidelberg (Carl-Auer).

Pongratz, L. A. (2003): Zeitgeistsurfer. Beiträge zur Kritik der Erwachsenenbildung. Weinheim (Beltz).

Pongratz, L. A. (2010): Kannitverstan. Eine Replik. In: L. A. Pongratz: Sammlung. Fundstücke aus 30 Hochschuljahren. Darmstadt (E-Publishing-Service der TU Darmstadt), S. 409–419.

Pongratz, L. A. (2014): Widersinnig, unnötig, unkritisch: Die konstruktivistische Wende in der Pädagogik. Verfügbar unter: http://bildungwissen.eu/wp-content/uploads/2014/11/Pongratz-Konstruktivismus.pdf [14.11.2017].

Pongratz, L. A. (2017): »Das unzerstörte Gesicht des Menschen freilegen.« Kritische Einsätze bei Adorno, Heydorn und Foucault. In: M. Rühle, S. Kuhnert, A. Hellinger u. M. Rießland (Hrsg.): Pädagogik als praktische Gesellschaftskritik. Baltmannsweiler (Schneider), S. 151–163.

Popper, K. (1992): Die offene Gesellschaft und ihre Feinde. Bd. I: Der Zauber Platons. Tübingen (J. C. B. Mohr), 7. Aufl.

Pörksen, B. (2015): Die Beobachtung des Beobachters. Eine Erkenntnistheorie der Journalistik. Heidelberg (Carl-Auer).

Pörksen, B. (2017): Das peinliche Zeitalter. *Forschung & Lehre* 2: 97.

Reckwitz, A. (2003): Grundelemente einer Theorie sozialer Praktiken. Eine sozialtheoretische Perspektive. *Zeitschrift für Soziologie* 32 (4): 282–301.

Redder, V. (1990): Ich sehe was, was Du nicht siehst. In: N. Luhmann, H. Maturana, M. Namiki, V. Redder u. F. Varela (1990): Beobachter. Konvergenz der Erkenntnistheorien? München (Fink), S. 7–12.

Reich, K. (2002): Grundfehler des Konstruktivismus – Eine Einführung in das konstruktivistische Denken unter Aufnahme von 10 häufig gehörten kritischen Einwänden. In: J. Fragner, U. Greiner u. M. Vorauer (Hrsg.): Menschenbilder. Zur Auslöschung der anthropologischen Differenz. (Schriften der Pädagogischen Akademie des Bundes in Oberösterreich.) Linz (Trauner).

Reich, K. (2008): Handlungsbezug und Diversität in Pragmatismus und Konstruktivismus. In: G. Mertens, U. Frost u. W. Böhm (Hrsg.): Handbuch der Erziehungswissenschaft. 1: Grundlagen, Allgemeine Erziehungswissenschaft. Paderborn (Schoeningh), S. 98–106.

Reinmann, G., S. Sippel u. C. Spannagel (2010): Peer Review für Forschen und Lernen: Funktionen, Formen, Entwicklungschancen und die Rolle der digitalen Medien. In: S. Manel, M. Rutishause u. E. Seiler Schiedt (Hrsg.): Digitale Medien für Lehre und Forschung. Münster (Waxmann), S. 218–229.

Ricœur, P. (2006): Wege der Anerkennung. Frankfurt a. M. (Suhrkamp).

Riemer, F. W. (1819): Griechisch-Deutsches Handwörterbuch für Anfänger und Freunde der griechischen Sprache. Jena/Leipzig (Friedrich Frommann), 3., neu bearb. Aufl.

Ritscher, W. (2007): Soziale Arbeit: systemisch. Ein Konzept und seine Anwendung. Göttingen (Vandenhoeck & Ruprecht).

Roll, E. (2016): Die Lüge. Was bedeutet es für die Politik, wenn Fakten nicht mehr zählen? *Süddeutsche Zeitung*, 19./20.11.2016. Auch verfügbar unter: http://www.sueddeutsche.de/leben/demokratie-vs-postfaktisches-zeitalter-die-luege-1.3254089 [2.1.2018].

Rosa, H. (2016): Resonanz. Eine Soziologie der Weltbeziehung. Frankfurt a. M. (Suhrkamp).

Rößner, T. u. K.-E. Hain (2017): Wie man Lügen am besten bekämpft. *Frankfurter Allgemeine Zeitung*, 07.03.2017. Auch verfügbar unter: http://www.faz.net/aktuell/feuilleton/debatten/umgang-mit-fake-news-helfen-schaerfere-gesetze-14912030.html?printPagedArticle=true#pageIndex_0 [2.1.2018].

Roth, G. (2007): Persönlichkeit, Entscheidung und Verhalten. Warum es so schwierig ist, sich und andere zu verändern. Stuttgart (Klett-Cotta).

Roth, H. D. (2014): A pedagogy for the new field of contemplative studies. In: O. Gunnlaugson, E. W. Sarath, C. Scott a. B. Heeson (eds.): Contemplative learning and inquiry across disciplines. New York (SUNY), pp. 97–118.

Rousseau, J.-J. (2003): Abhandlung über den Ursprung und die Grundlagen der Ungleichheit unter den Menschen. (Discours sur l'origine et les fondements de l'inégalité parmi les hommes. 1755). (Übers. u. hrsg. von P. Rippel.) Stuttgart (Reclam).

Saalmann, G. (2007): Argumente gegen die Radikalität des Radikalen Konstruktivismus. In: A. Riegler (Hrsg.): The Radical Constructivism homepage papers archive. Verfügbar unter: http://www.univie.ac.at/constructivism/papers/2007/saalmann-argumente.pdf [16.10.2017].

Sagebiel, J. u. E. Vanhoefer (2006): Es könnte auch anders sein. Systemische Variationen der Teamberatung. Heidelberg (Carl-Auer).

Schäffter, O. (2012): Systemische Veränderungsforschung aus relationaler Sicht. Erwachsenenbildung zwischen Inklusion und Exklusion. In: W. Gieseke, E. Nuissl u. I. Schüßler (Hrsg.): Reflexionen zur Selbstbildung.

Festschrift für Rolf Arnold. (Theorie und Praxis der Erwachsenenbildung.) Bielefeld (Bertelsmann), S. 32–58.

Scharmer, C. O. (2009): Theory U. Leading from the future as It emerges. San Francisco (Berrett-Koehler).

Scharmer, C. O. u. K. Käufer (2011): Lernen als Begegnung mit dem werdenden Selbst. In: R. Arnold (Hrsg.): Veränderung durch Selbstveränderung. Impulse für das Changemanagement. Baltmannsweiler (Schneider), S. 35–50.

Schein, E. H. (1996): Kurt Lewin's change theory in the field and in the classroom. Notes towards a model of managed learning. *Systemic Practice and Action Research* 9: 27–47.

Schenkel, E. (2017): Der Blick vom Rand. Außenseiter und Exzentriker in der Wissenschaftsgeschichte. *Forschung und Lehre* 7: 592–593.

Schirrmacher, F. (2000): Der natürliche Mensch. Helmuth Plessners religionsanthropologische Systematik in ihrer Bedeutung für die theologisch-anthropologische Urteilsbildung. Würzburg (Königshausen & Neumann).

Schlippe, A. von u. J. Schweitzer (2009): Systemische Interventionen. Göttingen (Vandenhoeck & Ruprecht).

Schlippe, A. von u. J. Schweitzer (2012): Lehrbuch der systemischen Therapie und Beratung I. Das Grundlagenwissen. Göttingen (Vandenhoeck & Ruprecht).

Schlönvoigt, D. (2005): Einblicke in die Modernisierungseuphorie politischer Bildung. Verfügbar unter: https://www.rosalux.de/fileadmin/rls_uploads/pdfs/allg_Texte/Schloenvoigt_Dieter/modernisierungeuphorie.pdf [15.11.2017] .

Schmidt, G. (2007): Einführung in die hypnosystemische Therapie und Beratung. Heidelberg (Carl-Auer), 7. Aufl. 2016.

Schmitz, E. (1984): Erwachsenenbildung als lebensweltbezogener Erkenntnisprozess. In: E. Schmitz u. H. Tietgens (Hrsg.): Enzyklopädie Erziehungswissenschaft. Bd. 11. Stuttgart (Klett-Cotta), S. 95–123.

Schrader, J., U. Trautwein u. F. Hesse (2011): Von der Konfession zur Profession. *Frankfurter Allgemeine Zeitung*, 27.10., S. 8.

Schrape, J.-F. (2013): Aufriss: Norbert Elias und die relationale Soziologie. Verfügbar unter: https://gedankenstrich.org/wp-content/uploads/2013/07/Norbert-Elias-und-die-relationale-Soziologie.pdf [16.10.2017].

Schwehm, J. (2017): Systemisch unterrichten. Fachunterricht prozessorientiert gestalten. Heidelberg (Carl-Auer).

Seifert, J. (2009a): De Veritate. – Über die Wahrheit. Bd. 2: Der Streit um die Wahrheit und Wahrheitstheorien. Frankfurt a. M. (Ontos).

Seifert, J. (2009b): Der Streit um die Wahrheit. Wahrheit und Wahrheitstheorien. Frankfurt a. M. (De Gruyter).

Sellars, W. (1997): Empiricism and the philosophie of mind. (With an introduction by Richard Rorty and a study guide by Robert Brandom.) Cambridge (Harvard University Press).

Senge, P. et al. (2011): Die notwendige Revolution. Wie Individuen und Organisationen zusammenarbeiten, um eine nachhaltige Welt zu schaffen. Heidelberg (Carl-Auer).

Siebert, H. (2011): Selbsteinschließende Reflexion als pädagogische Kompetenz. In: R. Arnold (Hrsg.): Veränderung durch Selbstveränderung. Impulse für das Changemanagement. Baltmannsweiler (Schneider), S. 9–18.

Sigmund, K. (2015): Sie nannten sich Der Wiener Kreis. Exaktes Denken am Rand des Untergangs. Wiesbaden (Springer).

Simon, F. B. (2004): Gemeinsam sind wir blöd? Die Intelligenz von Unternehmen, Managern und Märkten. Heidelberg (Carl-Auer), 4., unveränd. Aufl. 2013.

Simon, F. B. (2006): Einführung in Systemtheorie und Konstruktivismus. Heidelberg (Carl Auer), 8. Aufl. 2017.

Simon, F. B. (2013): Wenn rechts links ist und links rechts. Paradoxiemanagement in Familie, Wirtschaft und Politik. Heidelberg (Carl-Auer).

Singer, W. u. L. Montada (2003): Polemik oder Diskurs. Ein Gespräch. Download verfügbar unter: https://edoc.bbaw.de/frontdoor/index/index/docId/1019 [16.10.2017].

Souza Soares, P. A. de (2012): Unverständlich schreiben. Verfügbar unter: www.faz.net/aktuell/beruf-chance/campus/wissenschaftssprache-unverstaendlich-schreiben-11938775.html [16.10.2017].

Spiewak, M. (2013): Die Stunde der Propheten. Bestsellerautoren verkünden die Schulrevolution, allen voran der »Hirnforscher« Gerald Hüther. Mit Wissenschaft hat das alles nicht viel zu tun. Verfügbar unter: www.zeit.de/2013/36/bildung-schulrevolution-bestsellerautoren [16.10.2017].

Stahlbaum, D. (2014): »Probleme kann man niemals mit derselben Denkweise lösen, durch die sie entstanden sind« (A. E.). Zeitkritische Beiträge. München (BookRix).

Stegmüller, W. (1969): Wissenschaftliche Erklärung und Begründung. (Probleme und Resultate der Wissenschaftstheorie und Analytischer Philosophie. Bd. 1.) Berlin/Heidelberg/New York (Springer).

Stern, E. (2006): Was Hänschen nicht lernt, lernt Hans hinterher. Der Erwerb geistiger Kompetenzen bei Kindern und Erwachsenen aus kognitionspsychologischer Perspektive. In: E. Nuissl (Hrsg.): Vom Lernen zum Lehren: Lern- und Lehrforschung für die Weiterbildung. Bielefeld (Bertelsmann), S. 93–106.

Sternfeld, N. (2009): Das pädagogische Unverhältnis. Lehren und lernen bei Rancière, Gramsi und Foucault. Wien (Turia + Kant).

Stierlin, H. (1995): Adolf Hitler. Familienperspektiven. Frankfurt a. M (Suhrkamp).

Stierlin, H. (2010): Sinnsuche im Wandel. Herausforderungen für Psychotherapie und Gesellschaft. Eine persönliche Bilanz. Heidelberg (Carl-Auer).

Stojanow, K. (2011): Bildungsgerechtigkeit. Rekonstruktionen eines umkämpften Begriffs. Wiesbaden (VS – Verlag für Sozialwissenschaften).

Süss, J. (2015): Wir Nebelkinder. In: M. Schneider u. J. Süss (Hrsg.): Nebelkinder. Kriegsenkel treten aus dem Traumaschatten der Geschichte. Berlin (Europa), 2. Aufl., S. 26–41.

Tenorth, H.-E. (2011): Nicht ohne Reputationsverluste. *Frankfurter Allgemeine Zeitung*, 27.10.2011, S. 8.

Thenorth, H.-E. (2016): Historische Verortung – gesellschaftliche Hintergründe. In: O. Köller et al. (Hrsg.): 15 Jahre PISA. Ergebnisse und Perspektiven. (Schulmanagement-Handbuch. Bd. 157.) München (Oldenburg), S, 19–25.

Thomas, W. I. a. D. S. Thomas (1928): The child in America: Behavior problems and programs. New York (A. A. Knopf).

Titz, S. (2010): Peer-Review unter Erfolgsdruck. Verfügbar unter: www.nzz.ch/peer-review_unter_erfolgsdruck-1.7169970 [18.10.2017].

Türcke, C. (2016: Lehrerdämmerung. Was die neue Lernkultur in den Schulen anrichtet. München (C. H. Beck).

Valéry, P. (1993): Cahiers/Hefte 6. Frankfurt a. M. (Fischer).

Varela, F., E. Thompson u. E. Rosch (1992): Der mittlere Weg der Erkenntnis. Der Brückenschlag zwischen wissenschaftlicher Theorie und menschlicher Erfahrung. Bern (Scherz), 1. Auflage

Varela, F., E. Thompson u. E. Rosch (1995): Der mittlere Weg der Erkenntnis. Der Brückenschlag zwischen wissenschaftlicher Theorie und menschlicher Erfahrung. Bern u. a. (Goldmann).

Vereinigung der Bayerischen Wirtschaft e. V. (Hrsg.) (2003): Bildung neu denken! Das Zukunftsprojekt. Opladen (Leske + Budrich).

Vereinigung der Bayerischen Wirtschaft e. V. (Hrsg.) (2015): Bildung. Mehr als Fachlichkeit. (Gutachten.) Münster (Waxmann).

Vollmer, G. (1991): Ordnung durch Chaos. Zur Weltbildfunktion wissenschaftlicher Erkenntnis. *Universitas* 8: 761–773.

Vorländer, H., M. Herold u. S. Schäller (2015): Wer geht zu PEGIDA und warum? Eine empirische Untersuchung von PEGIDA-Demonstranten in Dresden. Dresden (ZVD – Zentrum für Verfassungs- und Demokratieforschung). Auch verfügbar unter: https://tu-dresden.de/gsw/phil/powi/poltheo/ressourcen/dateien/news/vorlaender_herold_schaeller_pegida_studie?lang=de [2.1.2018].

Warsitz, R.-P. u. J. Küchenhoff (Hrsg.) (2015): Psychoanalyse als Erkenntnistheorie – psychoanalytische Erkenntnisverfahren. Stuttgart (Kohlhammer).

Waylen, G. (1999): Demokratisierung, demokratische Konsolidierung und Geschlecht. Überlegungen für eine feministische Analyse. In: G. Abels u. S. Stifft (Hrsg.): Demokratie als Projekt. Feministische Kritik an der Universalisierung einer Herrschaftsform. Frankfurt a. M./New York (Campus), S. 37–63.

Weber, G., G. Schmidt u. F. B. Simon (2013): Aufstellungsarbeit revisited ... nach Hellinger? (Mit einem Metakommentar von Matthias Varga von Kibéd.) Heidelberg (Carl-Auer), 2., unveränd. Aufl.; 3. Aufl. 2016.

Wecker, K. (2017): Erlösung. Interview mit Lars Langnau. *Süddeutsche Zeitung*, 8./9.4.2017.

Weisband, M. (2017): Keine Macht der Lüge. Die Methoden der neuen US-Regierung ähneln jenen aus der UdSSR. Wir dürfen uns nicht auf sie einlassen. Verfügbar unter: http://www.zeit.de/2017/05/alternative-fakten-luegen-donald-trump-regierung-methode [2.1.2018].

Weizsäcker, C. F. von (1980): Der Garten des Menschlichen. Beiträge zur geschichtlichen Anthropologie. Frankfurt a. M. (Suhrkamp).

Weizsäcker, C. F. von (1990): Die Tragweite der Wissenschaft. Stuttgart (Hirzel).

Weizsäcker, C. F. von (1991): Der Mensch in seiner Geschichte. München (Carl Hanser).

Westhofen, R. W. (2012): Zwischen Realismus und Konstruktivismus: Beiträge zur Auseinandersetzung mit systemischen Theorien Sozialer Arbeit. Münster (Waxmann).

Willke, H. (2014): Demokratie in Zeiten der Konfusion. Frankfurt a. M. (Suhrkamp).

Winkler, B. (2017): Wütend in die neuen Zeiten. Was in der Politik falsch läuft und warum der Zorn darüber unser größtes Problem ist. Norderstedt (BoD – Books on Demand).

Winograd, T. u. F. Flores (1989): Erkenntnis, Maschinen, Verstehen. Zur Neugestaltung von Computersystemen. Berlin (Rotbuch).

Wittgenstein, L. (1984): Über Gewissheit. (Werkausgabe. Bd. 8: Bemerkungen über die Farben. Über Gewissheit. Zettel. Vermischte Bemerkungen.) Frankfurt a. M. (Suhrkamp).

Wüthrich, H. A. et al. (2009): Musterbrecher: Führung neu leben. Wiesbaden (Gabler), 3. Aufl.

Yanagihara, H. (2015): Ein wenig Leben. München (Hanser).

Zeibig, D. (2015): Erweiterter Suizid. Verfügbar unter: www.spektrum.de/news/erweiterter-suizid/1339678 [16.8.2017].

Zylka-Menhorn, V. (2006): Forschungsbetrug. Fachjournale in der Kritik. *Deutsches Ärzteblatt* 103 (5): S. A 234, A 236 Auch verfügbar unter: unter: https://www.aerzteblatt.de/archiv/50035/Forschungsbetrug-Fachjournals-in-der-Kritik [16.10.2017].

Über den Autor

Rolf Arnold, Prof. Dr. Dr. h. hc., Professor für Pädagogik; Wissenschaftlicher Direktor des Distance and Independent Studies Center (DISC) an der TU Kaiserslautern; systemischer Berater im nationalen und internationalen Rahmen. Schwerpunkte: Berufs- und Erwachsenenbildung, Systemische Pädagogik, Emotionale Bildung, Führungskräftebildung und Interkulturelle Bildung. Lehrtätigkeiten an den Universitäten Bern, Heidelberg und Klagenfurt sowie an der Pädagogischen Hochschule Luzern.

Veröffentlichungen u. a.: *Aberglaube Disziplin. Antworten der Pädagogik auf das »Lob der Disziplin«* (2007), *Ich lerne, also bin ich* (2. Auflage 2012), *Seit wann haben Sie das?* (2. Auflage 2012), *Wie man ein Kind erzieht, ohne es zu tyrannisieren – 29 Regeln für eine kluge Erziehung* (2. Auflage 2014), *Wie man führt, ohne zu dominieren* (3. Aufl. 2015), *Wie man lehrt, ohne zu belehren. 29 Regeln für eine kluge Lehre. Das LENA-Modell* (4. Aufl. 2018), *Wie man liebt, ohne (sich) zu verlieren. 29 Regeln für eine kluge Beziehungsgestaltung* (2. Aufl. 2016), *Wie man wird, wer man sein kann. 29 Regeln zur Persönlichkeitsbildung* (2016).

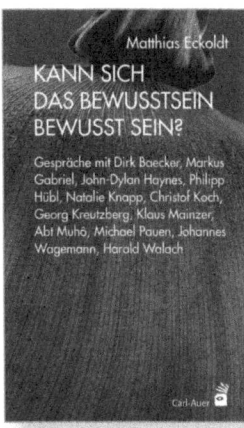

Bernhard Pörksen | Friedemann Schulz von Thun

Kommunikation
als Lebenskunst

Philosophie und Praxis des Miteinander-Redens

217 Seiten, 25 Abb., Kt
2. Aufl. 2016
ISBN 978-3-8497-0173-4

Auch als eBook erhältlich

Warum funktionieren Kommunikationsrezepte nie? Was bedeutet Schweigen? Mit wie vielen Ohren hören wir zu? Warum sind Missverständnisse normal? Wie übt man Kritik, ohne den anderen zu verletzen? Ist das Miteinander-Reden eine Lebenskunst?

Dies ist ein Buch über die großen und kleinen Fragen der Kommunikation, ein Dialog zwischen dem Psychologen Friedemann Schulz von Thun und dem Medienwissenschaftler Bernhard Pörksen.

Gleichermaßen humorvoll und ernst, mit Lust an der Debatte und der erhellenden Zuspitzung entfalten die Autoren die zentralen Modelle der Kommunikationspsychologie (das Kommunikations- und Wertequadrat, die Metapher vom Teufelskreis und das Bild vom inneren Team, das Situationsmodell und das Ideal der Stimmigkeit) und zeigen, wie sich humanistische Psychologie und systemisches Denken, die Betrachtung innerer und äußerer Kräftefelder produktiv verbinden lassen. Überdies wird deutlich, wie sich die verschiedenen Modelle und Perspektiven in der Praxis (Coaching, Pädagogik, interkulturelle Kommunikation) bewähren.

Den Schluss des Buches bildet ein Gespräch über das Glück und den Tod und die Frage, was Kommunikation im Angesicht der eigenen Endlichkeit zu leisten vermag. Offenbar wird so das Panorama eines Denkens, das keine Fertig-Rezepte der besseren Lebensführung bietet, wohl aber Reflexionswerkzeuge und gedankliche Geländer für individuell stimmige Lösungen.

 Carl-Auer Verlag • www.carl-auer.de

George Lakoff | Elisabeth Wehling

Auf leisen Sohlen ins Gehirn

Politische Sprache und ihre heimliche Macht

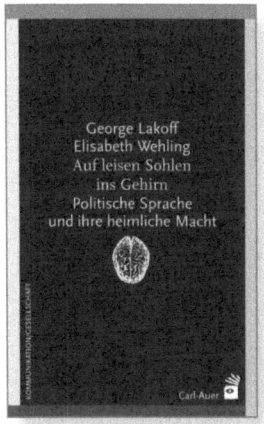

191 Seiten, Kt
4., erw. Aufl. 2016
ISBN 978-3-8497-0141-3

Auch als eBook erhältlich

80 Prozent unseres Denkens bleiben unbewusst und werden durch Metaphern und Deutungsrahmen geprägt. Unser vermeintlich freies Denken wird durch diejenigen beeinflusst, die bewusst bestimmte Metaphern in die öffentliche Diskussion einführen. Diesen „heimlichen Macht-Habern" sind George Lakoff und Eva Elisabeth Wehling auf der Spur: Welcher Sprache bedienen sich Politiker in öffentlichen Debatten, um in den Köpfen der Menschen die gewünschte „Wirklichkeit" entstehen zu lassen?

In lebhaften Gesprächen klären die beiden Wissenschaftler anhand von Sprachschöpfungen wie „Krieg gegen den Terror" oder „Achse des Bösen", wie Menschen denken, wie solche Denkstrukturen unser Gehirn auch physisch verändern und wie wir die Welt begreifen. Dabei werfen sie ein völlig neues Licht auf Fragen der politischen Identität, der Moral und religiöser Werte oder der Rolle von Medien und Berichterstattern.

Als Leser lernt man so die Mechanismen seines eigenen politischen Denkens, Sprechens und Handelns besser kennen. Man erfährt, wie stark und gleichzeitig subtil die eigenen politischen Einstellungen durch Metaphern bestimmt sind und was nötig ist, um sich davon zu befreien.

„In lebendigem Gespräch gewähren uns George Lakoff und Elisabeth Wehling einen Blick in unser ‚politisches Gehirn'."   Freimut Duve

 **Carl-Auer Verlag • www.carl-auer.de**